Katharina M.
Aufgezeichnet von Barbara Schmid

SCHNEEWITTCHEN UND DER BÖSE KÖNIG

Katharina M.
Aufgezeichnet von Barbara Schmid

SCHNEEWITTCHEN UND DER BÖSE KÖNIG

Wie mein Reitlehrer mich manipulierte und
zur Prostitution zwang
und wie ich mich daraus befreite

mvgverlag

Bibliografische Information der Deutschen Nationalbibliothek
Die Deutsche Nationalbibliothek verzeichnet diese Publikation in der Deutschen Nationalbibliografie. Detaillierte bibliografische Daten sind im Internet über http://dnb.d-nb.de abrufbar.

Für Fragen und Anregungen
info@mvg-verlag.de

Originalausgabe
2. Auflage 2020

Nymphenburger Straße 86
D-80636 München
Tel.: 089 651285-0
Fax: 089 652096

Redaktion: Silke Panten
Umschlaggestaltung: Karina Braun
Umschlagabbildungen: Shutterstock/MikeDotta
Satz: Carsten Klein, Torgau
Druck: CPI books GmbH, Leck
Printed in Germany

ISBN Print 978-3-7474-0190-3
ISBN E-Book (PDF) 978-3-96121-550-8
ISBN E-Book (EPUB, Mobi) 978-3-96121-551-5

Inhalt

Vorwort von Dr. Nahlah Saimeh

Jede Lebensphase eines Menschen birgt spezifische Bedürfnisse und Sehnsüchte und daraus resultieren auch spezifische Gefahren. Jugendzeit und Adoleszenz sind eine Lebensphase der Autonomieentwicklung und Loslösung von den Eltern. Es geht um die Entwicklung eines eigenen Selbstbildes und die Frage, wer wir sein und wie wir leben wollen. In der Übergangsphase vom Kind zum Erwachsenen fällt die Entwicklung eines erotischen und sexuellen Selbstkonzepts. Es geht um das Ausloten des Nicht-mehr-Kind-Seins und den Eintritt in die erwachsene Welt erlebbarer Sexualität. Dies ist eine heikle Phase, denn in der Phase der häufig konfliktbelasteten Ablösung von den Eltern ist Manipulation durch Dritte ein Kinderspiel. Eines der viel zu wenig bekannten Risiken für junge Frauen ist die Gefahr, an einen »Loverboy« zu geraten. Es geht um Männer, die sehr jungen Frauen ein romantisches Idyll mit einer gemeinsamen Zukunft und glücklichen Kindern versprechen und die mit großem Geschick die Sehnsucht junger Frauen nach Liebe und Begehrtwerden ausnutzen. Der Loverboy erkennt in der jungen Frau, dass sie kein Kind mehr ist, dass sie von den Eltern missverstanden wird und dass er ihre Wünsche erfüllen kann. Freilich ist dazu notwendig, dass sie für die gemeinsame Zukunft mit ihm auf den schädlichen Kontakt mit der Familie und bisherigen Freunden verzichtet. Dafür führt er sie in die Welt seiner schillernden Freunde ein und behandelt sie als Erwachsene –

zunächst. Und dann schnappt die Falle zu: Völlige soziale Isolation, die Erzeugung einer starken emotionalen Abhängigkeit und Verschuldung sorgen für die optimalen Rahmenbedingungen der Zwangsprostitution. Ein psychopathisches Spiel mit großen Gewinnen für die Zuhälter und desaströsen Folgen für die Opfer. Wer etwas über prekäre Beschäftigungen lernen will, der sollte den Blick auf Zwangsprostitution werfen. Barbara Schmid widmet sich der Geschichte einer jungen Frau, die einem Loverboy in die Hände fiel, und gibt damit Betroffenen eine Stimme – zur Warnung nicht nur der Eltern, sondern vor allem junger Frauen.

Prolog

Warum erzähle ich hier meine Geschichte? Warum tue ich mir das an, mich noch einmal an all diese furchtbaren Jahre zu erinnern und beim Schreiben dieses Buches noch einmal alles zu durchleben? Ist es richtig, die Dämonen der Vergangenheit noch einmal zu beschwören?

Vor sechs Jahren habe ich die *SPIEGEL*-Redakteurin Barbara Schmid in Bayreuth kennengelernt. Wir haben lange Gespräche geführt, unzählige E-Mails hin und her geschrieben und Berge von Akten ausgetauscht, bis wir uns schließlich mehrfach wochenlang zum Schreiben zusammengesetzt haben.

Nach dem schrecklichen Finale, bei dem ich fast umgekommen bin, kam der anstrengende Prozess, an dessen Ende der Täter am 30. Dezember 2011 zu neun Jahren Haft verurteilt wurde. Nach dem Urteil musste ich erst mal lernen, wieder zu leben. Ich war zuvor jahrelang eingesperrt, wusste oft nicht einmal, welche Jahreszeit wir hatten, kannte die Welt draußen nur von meinen wenigen Arzt- und Behördenbesuchen. Dazu war ich alkoholabhängig und gesundheitlich schwer angeschlagen. Nach meiner Flucht brauchte ich jahrelang psychiatrische Hilfe, um die elf schrecklichen Jahre zu verarbeiten. Und ganz fertig bin ich damit immer noch nicht.

Mein Ziel war immer, wieder zur Schule zu gehen, die ich nach der 10. Klasse abgebrochen hatte. Es war nicht einfach, mit fast 30 Jahren eine Schule für mich zu finden. Doch ich habe meinen Schulabschluss gemacht und im Sommer 2018 meine Ausbildung zur Steuerfachangestellten bestanden. Mit 35 Jahren habe ich nun angefangen zu arbeiten, bei einem Steuerberater. Ich bin ein Zahlenmensch und arbeite gerne mit Akten – solange ich nur nicht mehr direkt mit Menschen zu tun haben muss.

Ich weiß, dass ich erst meinen Frieden finden werde, wenn ich das alles aufgeschrieben habe. Mit diesem Buch ist das grausame Kapitel in meinem Leben für mich abgeschlossen. Das Buch ist aber auch eine Botschaft an Frauen und Mädchen, die in meiner Lage sind oder Gefahr laufen, dort hinzukommen: Kein Mann, der euch liebt, schickt euch auf den Strich! Niemand, der euch liebt, kommt auf so eine abartige Idee. Ich habe mit vielen Frauen gearbeitet, die das nicht freiwillig getan haben. Diese Zwangsprostituierten hatten einen Geliebten und Zuhälter. So wie ich. Sie »gehörten« irgendwelchen Verbrechergruppen, die sie illegal eingeschleust und die ihnen die Pässe abgenommen haben. Sie hatten Familie und Kinder irgendwo in Osteuropa oder Afrika, mit denen sie erpresst werden konnten.

Das ist der andere, mein ganz persönlicher Grund, dieses Buch zu schreiben: Alle sollen wissen, dass ich das nicht freiwillig und schon gar nicht gerne gemacht habe! Nie! Ich will nie wieder erleben, dass ich mit einer Freundin in der Eisdiele sitze und ein Kellner zu mir an den Tisch kommt und mich auffordert, ich solle ihm doch mal eben für 50 Euro in der Küche einen blasen.

Viele Erlebnisse habe ich nur noch undeutlich vor Augen. An die meisten Gesichter erinnere ich mich genauso wenig wie an das dieses Mannes aus der Eisdiele, der offenbar einmal ein Freier von mir war. Zum Glück schützt mich irgendetwas in mir vor allzu schlimmen Erinnerungen. Ich weiß zum Beispiel nicht mehr, wie der erste Freier aussah. Meine geschätzt 25 000 »Kunden« verschwimmen in meiner Erinnerung zu einer grauen, düsteren Masse. Und das ist auch gut so.

Barbara Schmid hat meine Prozessakten, die Vernehmungsprotokolle, ärztliche Gutachten und vieles mehr für dieses Buch zu einem roten Faden verwoben. Es sind alles nachprüfbare Fakten. Sie hat als gründliche Journalistin auch mit dem Täter korrespondiert, sich seine Sicht der Geschehnisse schildern lassen. Er bleibt bei der Variante, die er vor Gericht und in all den juristischen Auseinandersetzungen danach erzählt hat: Ich hätte ihn, den fast 50-Jährigen, als 14-Jährige verführt. Es wäre meine Idee gewesen, mich zu prostituieren. Meine zahlreichen Verletzungen hätte ich mir selbst beigebracht und natürlich hätte er nie Geld von mir verlangt oder bekommen. Ich hätte ein Luxusleben mit teuren Autos geführt und meine Liebhaber ausgehalten.

Im Auftrag der Staatsanwaltschaft Bayreuth wurde der Täter psychiatrisch untersucht. Das Ergebnis ist in der Hauptverhandlung vor der Schwurgerichtskammer des Landgerichts behandelt worden. Demnach ist der Täter ein Sadist, aggressiv und gewalttätig, ein Mensch ohne Empathievermögen. Zudem erfüllt er die Kriterien einer dissozialen Persönlichkeitsstörung. Der Täter neigt dazu, andere zu beschuldigen und für seine Taten verantwortlich zu machen. Der Gutachter kam zu dem Ergebnis, dass Sicherungsverwahrung angeordnet werden müsste, weil der Täter für die Allgemeinheit gefährlich ist.

Leider ist das Gericht dem nicht gefolgt. In einigen Monaten kommt der Mann voraussichtlich frei. Eine vorzeitige Haftentlassung kam bisher nicht infrage, weil er immer wieder Kripobeamte, Richter, Staatsanwälte, alle möglichen Verfahrensbeteiligten beschuldigt, ein Fehlurteil gefasst zu haben. Ich habe Angst vor dem Tag, an dem er freigelassen wird. Damit bin ich bei einem weiteren Grund für dieses Buch: Ich möchte beschreiben, wie unser Staat mit Tätern und Opfern umgeht.

Viele Jahre überzog mich der Täter aus dem Gefängnis heraus mit immer neuen Strafanzeigen und Gerichtsverfahren. 2018 hat er ein Wiederaufnahmeverfahren beantragt. 2012 ist er sogar bis zum Bundesgerichtshof gegangen. All seine Versuche, das Urteil von damals abzuändern oder gar aufzuheben, sind bisher gescheitert. Doch er findet immer wieder Anwälte, die für ihn die Justiz und nicht zuletzt mich belasten. Oft frage ich mich, wie er die Anwälte bezahlt. Etwa mit meinem Geld, das er irgendwo gebunkert hat? Eine Million muss er mir zurückzahlen, hat das Gericht geurteilt. Davon werde ich nie auch nur einen Cent sehen.

Ich habe für Prozesse, in die mich der Täter gezwungen hat, Anwälte und dafür Prozesskostenhilfe gebraucht. Ich hatte ja nichts, als ich endlich freikam. Nach meiner Flucht hat mein Vater für mich eine private Rentenversicherung abgeschlossen. Er wollte vorsorgen, weil ich viele Jahre nicht in die Rente einzahlen konnte. Der bayerische Staat überprüft regelmäßig, ob Menschen, die einmal Prozesskostenhilfe in Anspruch genommen haben, immer noch mittellos sind. Bei einer solchen Überprüfung ist man auf diese von meinem Vater abgeschlossene Rentenversicherung gestoßen. Daraufhin musste ich die Versicherungssumme von 15 266,05 Euro auflösen und den größten Teil an die Staatskasse überweisen.

Mit 35 Jahren habe ich angefangen, zu arbeiten und in die Rentenkasse einzuzahlen. Von meiner Rente werde ich später nicht leben können, mir droht Altersarmut. Der Täter, der offenbar nie Steuern gezahlt oder in die Rentenversicherung eingezahlt hat, wird dagegen staatliche Unterstützung bekommen. Aber das ist noch nicht alles: Kann ich in meiner kleinen Wohnung bleiben, wenn der Täter freikommt? Dabei ist sie meine Heimat, mein Fluchtort. In dieser Wohnung habe ich ein bisschen Lebensfreude zurückgewonnen. Muss ich dies nun aufgeben, weil der Täter keine Sicherungsverwahrung bekommen hat? Aus seinen Briefen an Barbara Schmid geht hervor, dass er nichts bereut, sich als Justizopfer fühlt und mir die Schuld an allem gibt. Wenn er freikommt, bin ich nicht mehr frei.

Ich nenne den Mann, der mir das alles angetan hat, hier absichtlich nur den Täter; im Buch hat er einen Aliasnamen, und biografische Daten wurden geändert – nicht um ihn zu schützen, sondern um ihm nicht wieder neue Anlässe für juristische Auseinandersetzungen zu bieten.

Ich würde so gerne ein ganz normales Leben führen. Manchmal träume ich von einer eigenen Familie, einem Partner, mit dem ich neu anfangen kann. Das alles hat mir der Täter zerstört oder es mir doch zumindest sehr, sehr schwer gemacht.

Er hatte, als er sich an mich rangemacht hat, leichtes Spiel mit mir. Ich habe ihn auf seinem Reiterhof kennengelernt, als ich zehn Jahre alt war. Er war der immer gut gelaunte und verständnisvolle Reitlehrer. Ich war schwierig, wie viele junge Mädchen in der Pubertät, hatte große Probleme mit meinen Eltern. Diese Lücke hat der Täter für sich ausgenutzt. Aus der Therapie, mit der mir meine Mutter wegen meiner Magersucht und Ritzerei gedroht hatte, wurde in seinen Worten schnell ein Irrenhaus, aus dem ich nie mehr rauskommen würde; ich würde dahinvegetieren, vollgepumpt mit Medikamenten. Er nutzte jede Gelegenheit, um mich gegen meine Mutter aufzuhetzen.

Ein Gutachter hat im Prozess beschrieben, warum ich mich nicht wehren konnte, warum mir die Welt draußen noch viel schlimmer erschien als das, was ich erleiden musste. Ich hatte gar keine Chance, eine eigene Persönlichkeit zu entwickeln, weil er mich so jung und über so viele Jahre in seine Gewalt bekommen hat. Darum war es mir unmöglich, zu fliehen und ihn zu verlassen. Ich war ihm hörig, er war meine große Liebe, und ich konnte mir ein Leben ohne ihn nicht vorstellen. (Lesen Sie dazu am Ende des Buches ein Interview mit der forensischen Psychiaterin Dr. Nahlah Saimeh.)

Meine Familie ist fast zerbrochen, an dem was der Täter uns angetan hat. Mein Vater und später auch meine Brüder sind durch Bordelle in ganz Deutschland gezogen, um mich zu finden. Als sie dann wussten, dass ich im »Club Erotica« in Bayreuth bin, haben sie mich mit Briefen bombardiert und Freunde geschickt, als Freier getarnt, die mich zum Aufgeben überreden sollten. Mich hat das nur noch mehr in Panik versetzt, und ich habe mich gar nicht mehr vor die Tür getraut, in der Angst, dann für immer in einem Irrenhaus weggesperrt zu werden.

Einmal hat mir meine Mutter meine todkranke Katze Micki in einem Korb in den Club gebracht, in der Hoffnung, das würde mich aufrütteln, und ich würde nach Hause kommen. Meine Schwester Conny hat mir sogar ein Fluchtauto vor die Tür gestellt, ihr »Baby«, einen alten roten Renault. Dazu hat sie mir einen herzergreifenden Brief geschrieben – das Auto sei zwar alt und verbeult, aber fahrtüchtig und würde mir helfen rauszukommen.

Am Ende war es Conny selbst, die mir dabei geholfen hat. Sie ist Polizistin geworden, um mir, der großen Schwester, einmal helfen zu können. Am Morgen, als der Täter mich fast umgebracht hat, stand Conny auf einmal vor mir vor der Klinik. Eine Arbeitskollegin hatte sie verständigt. Als ich Conny sah, wusste ich, es ist vorbei. Ich konnte nicht mehr lügen für den Mann, der mich gerade mal wieder halb totgeschlagen hat. Der 9. April 2011 war der Tag, auf den meine Familie elf Jahre hingearbeitet hatte. Der Tag meiner Befreiung.

Katharina M., Bayreuth im Februar 2020

1

Blutiges Finale

»Ich bring dich um, du Scheißtier«, höre ich ihn brüllen, und ein Faustschlag trifft mich mitten ins Gesicht. Ich gehe in die Knie und versuche, mich vor weiteren Schlägen zu schützen. Dieser Gewaltausbruch trifft mich völlig unvorbereitet. Ich habe gedacht, er schläft, ich reiße die Arme hoch, um meinen Kopf zu schützen, und versuche, in Deckung zu gehen. Da trifft mich ein Leberhaken. Ich bekomme keine Luft mehr und gehe zu Boden. Er tritt und schlägt überall hin, dann landet seine Faust wieder in meinem Gesicht.

Heinz ist wie von Sinnen. Während ich am Boden liege, bespuckt er mich und brüllt: »Du kleine dreckige Schlampe, du besoffene Drecksau!« Immer wieder tritt er auf mich ein, als wäre ich ein Fußball. »Mein Wort ist dein Gesetz«, brüllt er weiter und bespuckt mich wieder, um mir zu zeigen, wie sehr er mich verachtet.

Was habe ich bloß getan? Warum ist er so außer sich? Ich wollte doch nur ins Bett. Es ist fünf Uhr morgens. Ich versuche weiter, mich zu schützen, irgendwie; und ich versuche wegzukommen. Endlich komme ich auf die Beine, doch da trifft mich schon der nächste Schlag. Mit voller Wucht haut Heinz mich um und ich lande rücklings auf dem Bett. Rasend schnell ist er neben mir, packt meinen Hals und drückt mit beiden Händen fest zu. Ich bekomme keine Luft mehr. »Ich bring dich um, du Scheißtier«, brüllt er erneut, und diese Worte hallen nach in meinem Kopf, wieder und wieder. Heinz ist direkt über mir und in seinen Augen sehe ich nur noch blanken Hass. Mir wird schummrig, alles in mir ringt nach ein bisschen Luft. »Bitte lass mich, bitte!«

Endlich lässt er locker, aber nur, weil er seine Hände zum Schlagen braucht. Und wieder brüllt er: »Ich bring dich um, du Scheißtier!« Wieder umfasst er meinen Hals und drückt mir die Luft ab, drückt immer weiter zu. »Ich werde dir schon beibringen, dass du das zu tun hast, was ich dir sage«, zischt er. Ich versuche erneut aufzustehen, doch da trifft mich wieder ein Schlag mitten ins Gesicht, anschließend spüre ich seine Hände von Neuem an meinem Hals. Schlagen, würgen. Schlagen, würgen. Wieder und wieder.

Heinz ist mehr als doppelt so alt wie ich, über 60. Aber er ist immer noch fit. Als er jung war, hat er eine Zeit lang geboxt. Daher weiß er, wie man trifft – und wo die Schläge besonders wehtun.

Irgendwann verschwimmt das Zimmer vor meinen Augen. Unser Zimmer. Ein Doppelbett steht drin, eine dunkelblaue Sitzgarnitur, ein großer Glastisch, der auf goldenen Füßen steht, ein großer schwarzer Kleiderschrank mit Spiegeltüren, ein Fenster aus Milchglas, das Tag und Nacht mit dunkelblau gemusterten Vorhängen verdeckt ist, ein paar schwarze Regale, alles voll von Plastikblumen – Heinz mag es kitschig. Was habe ich mich damals gefreut, als wir dieses Zimmer bezogen haben. Unsere erste eigene Wohnung.

Verschwommen sehe ich rechts von mir die braun gestrichene Eisentür, die in den Flur führt. Raus. Aber sie ist abgesperrt und den Schlüssel hat Heinz. Das fällt mir jetzt wieder ein. Und dass ich nochmal hoch in die Bar wollte. Weil ich noch jemanden gehört habe. So hat er mich abgerichtet. Wenn noch Kunden da sind, egal wie kaputt und müde ich bin, habe ich raufzugehen und Geld zu verdienen. Ist es das, was ihn aufregt? Dass ich nochmal nach oben wollte?

Der Abend hatte ganz normal angefangen. Ich habe oben in meinem »Büro«, eigentlich die Abstellkammer für Getränke, die Buchführung gemacht und schon mal mit drei Bier vorgeglüht. Eine Stunde, bevor wir offiziell aufmachen, bin ich nach vorne gegangen und habe alle Lichter angemacht. Dann habe ich Rosenstolz aufgelegt und mich mit einem weiteren Bier auf meinen Platz, den ersten Barhocker am Tresen, gesetzt. Ein fünftes Bier kam dazu. »Lachen, hast du mir gesagt, du musst lachen, komm steh wieder auf. Vergiss die Welt und lass die Augen zu, meine Hand ist bei dir …«, drang es im Obergeschoss durch alle Räume. Das ist unsere inoffizielle Hymne. So gut wie jeden Tag läuft Rosenstolz.

Fünf Frauen arbeiten hier wie ich als Prostituierte, ich animiere die Gäste an der Bar zum Trinken und mache Tabledance. Mir ist alles recht, solange ich nur nicht die Beine breit machen muss. 50 Prozent der Umsätze gehen an die Frauen und 50 Prozent an den Club. Dessen Chefin ich bin – allerdings nur auf dem Papier. Das hier ist das Reich von Heinz. Er ist der unbestrittene König.

In meinem »Büro« gibt es ein kleines kaputtes Fenster. Das Einzige im ganzen Haus, das nicht schwarz zugeklebt ist. Es hat mehrere Sprünge und hat von außen Moos in den Rissen angesetzt. Oben links kann man noch durchschauen und ein Stück vom Himmel sehen und die Kronen der großen Bäume, die hinter dem Club stehen. Heute sah ich, dass die Bäume Blätter bekommen haben. »Lachen, hast du mir gesagt, du musst lachen, komm steh wieder auf. Vergiss die Welt und lass die Augen zu, meine Hand ist bei dir …«, summte ich beim Rausschauen vor mich hin. Es war Frühjahr geworden. Ich war schon lange nicht mehr draußen.

Noch immer summend, machte ich mich auf nach vorne in die Bar und freute mich, dass gut zu tun war, ein paar Freier waren schon mit den Frauen auf den Zimmern. Dann ging die Tür auf und ein alter Bekannter kam grüßend herein. Seinen richtigen Namen kenne ich nicht, bei uns heißt er nur »Bimpf«. Bimpf steuerte direkt auf mich zu und begrüßte mich, als hätten wir uns 100 Jahre nicht mehr gesehen. Die meisten Gäste brauchen erst einmal eine feste Anlaufstelle, um sich zu akklimatisieren, und diese Anlaufstelle bin ich. Ich kenne jeden Gast beim Namen, und sie spendieren mir etwas zum Trinken, damit sie sich in Ruhe umschauen können: Welche Frauen sind heute da? Ist eine Neue dabei? Mit welcher Frau gehe ich heute aufs Zimmer?

Wir bestellten eine Flasche Sekt und stießen auf einen schönen Abend an. Während Bimpf seine üblichen Witze riss, winkte ich Tereza herbei, und wir tranken zu dritt weiter. Auch Kristyna holte ich zu uns, und jetzt fühlte sich Bimpf so richtig wohl; umringt von drei hübschen Frauen war er nun der King am Tresen. Ich ließ die zweite Flasche Sekt kommen, wir lachten und feierten. Ich bestellte noch eine dritte Flasche Sekt und klinkte mich wieder aus. Bimpf war mit Kristyna und Tereza gut bedient und ich musste mich jetzt wieder um die neuen Gäste kümmern.

Die Nacht verlief normal. Noch ahnte ich nicht, was mich in den frühen Morgenstunden erwarten würde. Ich saß mal bei diesem, mal bei jenem Gast, und ehe ich michs versah, waren zehn weitere Bier dazugekommen. Ich vertrage wirklich viel, aber den ganzen Sekt und 15 Bier à 0,33 Liter merkte selbst ich. Es war noch nicht ganz fünf Uhr, und normalerweise darf ich die Bar erst verlassen, wenn der letzte Gast gegangen ist. Aber alle Gäste waren gut versorgt und daher verabschiedete ich mich aus der Bar. In diesem Zustand ist das Leben erträglich und ich wollte eigentlich nur noch schlafen. Ziemlich angetrunken, ging ich nach unten durch den Club, in unsere Wohnung.

Ich bin es gewöhnt, dass Heinz mich schlägt. Er hat mich schon so sehr geschlagen, dass ich weder laufen noch sitzen konnte, hat mein Gesicht malträtiert, sodass ich fast nichts mehr sehen konnte, weil meine Augen so zugeschwollen waren. Nicht nur einmal mussten mir die anderen Frauen beim Anziehen helfen und mich schminken. Doch selbst das dickste Make-up konnte diese schlimmen Verletzungen nicht übertünchen. Immer wieder war ich wochenlang grün und blau geprügelt und habe den Schmerz mit Alkohol betäubt.

Mit meiner rechten Hand kann ich nicht einmal mehr schreiben, seitdem mir Heinz den Daumen gleich dreimal gebrochen hat und ich lange nicht zum Arzt gehen durfte. Die Nase hat er mir ebenfalls schon ein paar Mal gebrochen, Rippen, Hüfte und Schädel waren des Öfteren geprellt, und von Schlägen mit Haselnussrute und Reitgerte war mein Körper lange mit dünnen Narben gezeichnet. Natürlich habe ich immer weitergearbeitet. Naiv wie ich war, habe ich anfangs noch gedacht, das sei geschäftsschädigend. Doch das Gegenteil ist der Fall. Nie habe ich besser verdient als in solchen Zeiten. Die Freier stehen drauf. Je elender wir Frauen ausschauen, desto besser …

Hinterher tut es Heinz immer furchtbar leid. Er tröstet mich dann und verspricht, dass das nie mehr vorkommen wird. Dass er mich doch liebt. Dass ich die Einzige für ihn bin. Das sind die wenigen schönen Momente in meinem beschissenen Leben. Ich habe ja nichts außer ihm.

Jetzt ist es wieder mal so weit, er schlägt wie von Sinnen auf mich ein. Wie komme ich hier nur weg? Ich muss hier raus. Heinz macht mir schreckliche Angst. So wütend wie jetzt habe ich ihn noch nie gesehen. Sein ganzer Körper bebt vor Jähzorn, und sein Blick hat nichts Menschliches mehr – nur noch Hass. Eiskalter, unmenschlicher Hass. Der nächste Schlag trifft mich oberhalb des Kinns, meine Lippe platzt auf. Blut spritzt durchs Zimmer und mischt sich mit Heinz' Speichelfetzen.

Oben in der Bar wird man die Schreierei nicht hören, die Musik ist zu laut. Vielleicht ist noch jemand unten im Club, auf einem der Zimmer, in die wir mit den Freiern gehen? Ich kann mich nicht erinnern, ob noch Gäste dort sind. Von den Frauen wird mir keine helfen, das weiß ich nur zu gut. Ich habe ihnen immer gesagt, dass sie sich raushalten sollen: »Das macht alles nur noch viel schlimmer für mich. Wenn ihr euch einmischt, bekomme ich das nur doppelt und dreifach ab. Der beruhigt sich schon wieder.« Aber was ist, wenn er heute nicht aufhört? Wenn er immer weitermacht?

Er macht weiter. Ich habe inzwischen jedes Zeitgefühl verloren. Hat es vor einer halben Stunde angefangen? Oder sind es schon zwei oder gar mehr Stunden? Heinz hat mich schon so oft geschlagen und anschließend vergewaltigt, um mir zu zeigen, dass es ihm völlig egal ist, was ich will. Er ist mein Master. Er darf sich alles mit mir erlauben. Wie oft habe ich mir schon gewünscht, dass er es zu Ende bringt. Dass mein elendes Leben in diesem Bunker endlich vorbei ist. Aber heute, heute habe ich Angst, dass er mich wirklich umbringt.

Da ist ein Geräusch an der Tür. Kommt doch jemand nachschauen? Heinz lässt von mir ab, greift nach seinem Schlüsselbund und durchquert das Zimmer. Er verschwindet im kleinen Vorraum, öffnet die schwere orangefarbene Eisentür und geht hinaus. Ich denke ›Das ist die einzige Chance, die ich habe‹, renne los, reiße das Fenster auf und springe hinaus. Es ist ebenerdig, ich renne um mein Leben. Rum ums Gebäude und die Metalltreppe hinauf. Doch der Eingang zur Bar ist abgesperrt. Panisch hämmere ich mit beiden Fäusten an die Tür. »Lasst mich doch endlich rein!«, wimmere ich, und Verzweiflung steigt in mir auf. Was, wenn Heinz mich doch noch erwischt? Mit letzter Kraft hämmere ich immer weiter auf die Tür zur Bar ein.

Endlich! Die Tür geht auf, Zuzanna lässt mich rein. Ich muss schrecklich aussehen, mein Gesicht ist blutverschmiert, und ich habe ein Hämatom am linken Oberarm, das so groß ist wie eine Orange. Ein Gast sitzt noch an der Bar. Er hat sein Handy schon in der Hand, um die Polizei zu rufen. »Wenn du nicht anrufst, dann tun wir es«, sagt Zuzanna, und mir ist klar, dass ich die Situation nicht mehr schönreden kann. Ich bin es dann selbst, die die 110 wählt.

In diesem Moment weiß ich noch nicht, welche Folgen mein Anruf haben wird, welchen Stein ich damit lostreten werde. Nichts wird mehr so sein, wie es vorher war, alles, wofür ich gelebt und geschuftet habe. Heinz wird mich nie heiraten. Wir werden nie Kinder haben. Wir werden nie auf dem Reitstall leben, für den ich seit elf Jahren anschaffen gehe. Wir werden nie gemeinsam auf unseren Pferden und mit den Hunden ausreiten. Es war alles umsonst.

»Lachen, hast du mir gesagt, du musst lachen, komm steh wieder auf. Vergiss die Welt und lass die Augen zu, meine Hand ist bei dir …«. Diese Liedzeile dröhnt höhnisch in einer Endlosschleife in meinem blutig geschlagenen Kopf. Da taucht Heinz noch einmal auf. Er winkt die Frauen zu sich und sagt: »Glaubt ihr kein Wort, die redet nur Scheiße. Die ist doch total besoffen.« Er gibt den beiden mein Handy und meinen Schlüsselbund. Dann verschwindet er wieder. Mir ist in diesem Moment alles egal, ich bin einfach nur noch müde, so unendlich müde.

Vor ein paar Tagen habe ich Heinz noch eine SMS geschrieben:

Wenn ich einen Wunsch freihätte, dann den, dass du mich liebst.

Ich bin der einsamste Mensch der Welt. Heinz ist alles, was ich habe; der Club mit den Frauen ist meine Familie. Gedankenversunken sitze ich auf meinem Platz, mache mir noch ein Bier auf und warte auf die Polizei.

Die Polizisten geben sich keine große Mühe. Zu oft schon haben sie erlebt, dass ich am anderen Tag alles zurücknehme und für Heinz lüge – Pack schlägt sich, Pack verträgt sich. Mal bin ich besoffen die Treppe runtergefallen, mal mit dem Kopf gegen das Waschbecken gestoßen. Ich habe alle angelogen, und alle wussten, dass ich lüge. Die Polizisten nehmen kurz meine Aussage auf, machen ein paar Fotos, und dann holt mich schon der Krankenwagen ab. Im Klinikum wird meine Platzwunde genäht und ich werde wieder entlassen.

Als ich durch den Hauptausgang gehe, steht plötzlich meine Schwester Conny da! Sie ist Polizistin geworden, weil sie mich irgendwann da rausholen wollte. Und offensichtlich ist heute, am 9. April 2011, dieser Tag endlich gekommen, auch wenn ich das selbst noch nicht realisieren kann. Ich laufe, so gut ich kann, die Treppen hinunter und falle ihr weinend um den Hals. Conny hat auch Tränen in den Augen, als sie mich so sieht, zusammengeschlagen und völlig am Ende. Sie lächelt mich an, und ich weiß: Jetzt wird alles gut.

Conny fährt mit mir zum Club. Denn ich will unbedingt nach Hause, im Club fühle ich mich sicher. Der Club ist mein Zuhause, ich kenne kein anderes. Und Heinz wird so schnell nicht zurückkommen, nachdem die Polizei im Haus war. Im Auto erzähle ich Conny, was passiert ist. Ihr vertraue ich und ihr erzähle ich die Wahrheit. Meine kleine Schwester. Es tut so gut, dass sie an meiner Seite ist. Conny weiß, wie groß meine Angst ist und dass ich noch immer nicht den Mut aufbringe, mich gegen Heinz zu wehren. Aber Conny hat diesen Mut. Sie ist fest entschlossen und fährt zur Polizei. Sie setzt sich bei ihren Kollegen gegen all deren Vorbehalte durch und erstattet Anzeige gegen Heinz, wegen versuchter Tötung und schwerer Körperverletzung. Wenig später wird er zur Fahndung ausgeschrieben. Landesweit wird nach ihm und seinen drei Mercedes – alle von mir bezahlt – gesucht.

Ich begreife erst sehr viel später, dass an diesem 9. April 2011 mein Martyrium zu Ende geht. In der Zwischenzeit trauere ich um Heinz. Ich konnte mir lange ein Leben ohne ihn nicht vorstellen.

2

Meine zweite Heimat

»Mach dir den Classic Boy fertig und geh mit ihm auf den Reitplatz«, ruft mir Heinz, mein Reitlehrer, zu. Das teuerste Pferd im Stall, eines, mit dem Heinz demnächst auf M-Springen gehen will! Ein wunderbarer Holsteiner Wallach – und ich darf ihn reiten und mit ihm trainieren. Mein Herz platzt beinahe vor Freude und Stolz, da werden die anderen aber neidisch sein. Normalerweise lässt Heinz niemanden an seinen neuen Superstar.

Seit vier Jahren sind meine Schwester Conny und ich auf dem Hof von Heinz und seiner Frau Sandra in der Nähe von Bamberg; 20 Minuten brauchen wir mit dem Rad von zu Hause dorthin. Die beiden haben uns nicht nur das Reiten beigebracht, sondern auch alles, was man sonst über Pferde wissen muss. Ich war zehn Jahre alt, als ich zum ersten Mal hierherkam. Pferde sind seither meine große Liebe. Ich male Pferde, ich schlafe in Pferdebettwäsche, und es gibt keinen schöneren Ort auf der ganzen Welt für mich als diesen Reiterhof, am Waldrand mitten in Oberfranken. Im Hof liegt ein großer Misthaufen, die Pferdeboxen sind an den Seiten. Dahinter können wir direkt über die Felder in die Hügel und Täler der Umgebung reiten. Die Pferde lieben es, im Gelände unterwegs zu sein, und ich liebe es auch: Hier gibt es Wälder, in denen einem stundenlang kein Mensch begegnet.

Für die Sättel und das Zaumzeug gibt es einen Container und daneben unser »Reiterstübchen«. Dort spielt sich das Leben nach dem Reiten und der Arbeit ab: Drinnen haben wir es schön gemütlich mit einem großen Tisch und Stühlen sowie einer Theke. Im Winter läuft die Heizung hier auf Hochtouren. Die Wände im Stübchen sind voll mit unseren Schleifen, und es gibt ein ganzes Regal voller Pokale, die die Reiter vom Hof erkämpft haben.

Viele Erwachsenen meckern, es sei dreckig auf dem alten Bauernhof. Wir finden das nicht. Wir, das sind ein ganzer Haufen junger Mädchen und ein paar Jungs. Meine Schwester Conny ist mit zwölf fast die Jüngste. Wir alle sind verrückt nach Pferden, und wir alle himmeln Heinz an, den Chef des Reitstalls. Seine Frau finden wir alle etwas komisch; sie ist immer so eisig und total verschlossen. Ich habe sie noch nie von Herzen lachen gehört. Heinz ist da ganz anders. »Ich bin der schöne Heinz!«, so stellt er sich neuen Besuchern vor und grinst dabei über das ganze Gesicht. Er ist nicht einmal besonders groß, fast ein bisschen untersetzt, mit blonden, von grauen Fäden durchzogenen Locken. Ein echt cooler Typ. Meistens trägt er bequeme, ausgebeulte Jogginghosen und verwaschene T-Shirts oder Jeans und seine spitzen Cowboy-Stiefel. Er ist immer lustig und immer für den größten Unsinn zu haben. Für mich ist er einfach der tollste Mann, den ich kenne. Die Tiere gehorchen ihm aufs Wort, bei ihm werden die wildesten Vollblüter handzahm. Ich kenne niemanden, der besser mit Pferden umgehen kann als er.

Wir kommen natürlich nicht nur zum Reiten hierher. Wir misten die Ställe aus, füttern und tränken die Tiere, holen Hafer, Heuballen und das Stroh für sie aus dem Lager. Viele haben eigene Pferde hier stehen und alle packen mit an. »Das gehört alles zum Reiten dazu«, sagt Heinz immer wieder. Ich bin so froh, dass unsere Eltern uns das erlauben. Ich bin nirgendwo so glücklich wie hier. Auf dem Hof ist jeder Tag wie Ferien. Selbst im Winter, wenn es kalt ist und matschig, macht es noch Spaß.

Wir Reitschüler sind eine eingeschworene Gemeinschaft, fast schon eine große Familie. Isa und Tina, die Zwillingstöchter vom Chef, sind unsere Jüngsten, gerade fünf Jahre alt. Fast all unsere Freundinnen und Freunde sind hier auf dem Hof, und Conny und ich haben sogar ein eigenes Pferd: Madonna. Damals ist für uns ein riesengroßer Traum in Erfüllung gegangen. Pferde sind die besten Freunde, die man sich vorstellen kann. Sie sind warm und groß. Sie spüren, wenn du Trost brauchst, und sie haben die schönsten Augen der Welt. Die allerschönsten Augen hat natürlich unsere Madonna. Sie ist temperamentvoll und eigensinnig. Ich habe sie sehr lieb.

Der Springplatz vom Hof liegt direkt am Waldrand. In der Nähe gibt es mehrere kleine Seen, wo wir mit den Pferden schwimmen gehen können. Sie lieben es, im Wasser zu sein, besonders im Sommer. An den Wochenenden fahren wir oft zusammen auf Turniere. Heinz weiß genau, wer von uns auf welchem Pferd einen Preis holen kann. 100 Schleifen, das sind die Gewinnabzeichen, holen wir im Jahr zusammen. Die hängen wir dann im Reiterstübchen auf. Der Gewinner muss eine Runde spendieren.

Der Hof ist meine zweite Heimat, ja, fast schon die erste. Hier geht es immer locker zu, ganz anders als zu Hause. Wir dürfen sogar rauchen und manchmal auch was Alkoholisches trinken; Heinz hat immer einen versauten Witz auf Lager. Ich kenne keinen anderen Erwachsenen, der mit einem Bocksprung auf einen Haflinger steigt.

Anfangs kam meine Mutter auch noch mit zum Reitstall, wenn sie mit ihrer Arbeit zu Hause fertig war, trank dann einen Kaffee im Reiterstübchen und schaute uns zu. Mein Vater kommt fast nie hierher, er arbeitet ja eigentlich immer. Heinz hat immer Zeit für mich. Er tröstet mich, wenn ich wieder mal Krach mit meiner Mutter habe. Und das kommt ziemlich oft vor. Er gibt mir Tipps für die Schule. Einen wie ihn hätte ich so gerne als Vater. Mein Vater ist das genaue

Gegenteil von Heinz. Immer ernst und gestresst, immer beschäftigt. Richtig schlimm ist es geworden, seitdem er sich als Rechtsanwalt selbstständig gemacht hat. Seine Kanzlei hat er bei uns zu Hause eingerichtet. Er ist immer da und meine Geschwister und ich haben alle Angst vor ihm. Er braucht ständig Ruhe zum Arbeiten, doch wir Kinder können einfach nicht immer ruhig sein. Ganz schlimm ist es, wenn er sich zur Mittagsruhe ins Schlafzimmer zurückzieht. Unsere Zimmer liegen daneben. Er schläft immer genau 20 Minuten, keine Minute länger, und wehe, wenn er gestört wird. Das ist die Zeit, in der wir Kinder am besten gar nicht atmen sollten. Beim kleinsten Geräusch kommt er aus seinem Schlafzimmer und dann setzt es Ohrfeigen.

Nach außen hin sind wir die perfekte Zuckerguss-Familie: Vater, Mutter und vier wohlgeratene Kinder – zwei Jungs, zwei Mädchen. Meine Mutter hat schon als junges Mädchen von einer großen Familie geträumt, fünf Kinder sollten es sogar werden. Am Anfang hat sie noch als Kindergärtnerin gearbeitet. Bis dann Conny und mein kleiner Bruder kamen. Ich bin das Sandwich-Kind: zwischen meinem großen Bruder und den Kleinen. Ich bin dabei, aber gehöre irgendwie nicht dazu.

Meiner Mutter kann ich nichts recht machen. Nie! Schreibe ich mal eine schlechte Note, ist das gleich ein Drama. Dann rennt sie mit mir zu den Lehrern und hängt der Vertrauenslehrerin in den Ohren. Jetzt will sie mit mir sogar zu einem Psychologen. Weil ich so viele Probleme mache, mich ritze und schlecht in der Schule geworden bin. Alles muss bei ihr perfekt sein. Aber ich bin kein perfekter Mensch. Heinz versteht das. Wenigstens einer, der mich versteht.

Mit 13 war ich magersüchtig. Ich bin da irgendwie reingerutscht. Es fing mit einer Klassenkameradin an, die als Muslimin regelmäßig gefastet hat. Nichts zu essen und zu trinken, ist ganz schön schwer, aber es hat mir gefallen, dass ich das geschafft habe. Es war mühsam, das Hungern tut am Anfang wirklich weh, aber irgendwann wirst du ganz euphorisch und fühlst dich gut dabei. Außerdem hatte mir jemand im Stall gesagt, ich würde langsam zu groß und zu schwer für Madonna. Sie hat ja so dünne Beine.

Groß war ich dann natürlich immer noch, aber nicht mehr so schwer. Irgendwann aber habe ich angefangen, zu fressen. Alles, was mir unter die Hände gekommen ist. Berge von Essen, notfalls auch ein ganzes Brot oder einen Topf kalter Nudeln. Egal was, Hauptsache viel. Und danach habe ich es wieder ausgekotzt. Und meine Mutter hatte noch einen Grund mehr, sich aufzuregen und zu schimpfen. Als ich diese Bulimie hatte, hat sie einmal mein Essen vor meinen Augen ins Klo geschmissen. Ich werde den Tag nie vergessen, als ich von der Schule nach Hause kam und meine Mutter durchs Fenster auf der Eckbank in der Küche gesehen habe. Vor ihr auf dem Tisch mein Teller mit dem Essen, die Kleinen hatten schon gegessen. Im Eingang kam sie mir dann mit meinem Teller entgegen und kippte das Essen schließlich ins Klo. Sie würde mir damit einen Weg ersparen.

So wurde der Reiterhof zu meinem eigentlichen Zuhause. Dort interessiert es niemanden, ob und was ich esse. Keiner schimpft, wenn ich mir die Arme ritze, weil ich irgendwie den Schmerz überdecken muss, der tief in mir frisst und immer tiefer in mir brennt. Heinz hat das alles verstanden. Für ihn ist meine Mutter eine böse Frau, die mir wehtun will, die sich gar keine Mühe gibt, mich zu verstehen. Heinz und die Pferde haben mich getröstet, so gut es ging.

Heinz macht gutes Geld mit Pferden, und er sieht sofort, ob ein Tier was taugt oder nicht. Ihm kann kein Pferdehändler etwas vormachen. Heinz kauft günstig ein und verkauft so teuer wie möglich. Fast 80 Pferde stehen beim ihm, eigene, teure Zuchtstuten und Springpferde wie der Classic Boy und viele Pensionspferde. 150 D-Mark bekommt er pro Pferd und Monat.

Und jetzt darf ich das tollste Pferd im Stall reiten! Ich striegele den Classic Boy, bis mir fast die Hand abfällt. Er soll glänzen, wenn wir auf den Reitplatz gehen. Hoffentlich sieht uns Madonna nicht, hoffentlich wird sie nicht eifersüchtig.

Auf dem Reitplatz sind wir allein. Die anderen sind mit den Pferden zum See geritten. Ich bin fast ein wenig enttäuscht, denn auch Heinz lässt sich nicht blicken. Die Stunde mit Classic Boy vergeht trotzdem wie im Flug. Er bewegt sich mustergültig, ein echter Champion. Ich bin gespannt, wie weit er kommen wird. Vielleicht darf ich ihn ja auch mal auf einem Turnier reiten. Auf dem Weg in den Stall kommen uns die anderen vom See entgegen. Sie staunen, dass ich das Superpferd reiten darf.

3

Die Verführung

Ein paar Tage später beginnen die Sommerferien, und dieses Mal fällt es mir noch schwerer als sonst, die Pferde und den Hof zu verlassen. Zwei Wochen ohne den Reiterhof und Heinz liegen vor mir. Bei dem Gedanken daran kommen mir die Tränen. Wir sind den ganzen Tag auf dem Hof und abends, nachdem die anderen und ich mit Heinz den Stall gemacht haben, setzen wir uns noch auf eine der Bänke vor dem Reiterstübchen und trinken Apfelkorn. Heinz und ich sitzen auf der einen Seite, die anderen uns gegenüber. Als wir schon ein paar Apfelkörner getrunken haben, kommt Heinz' Hand zu mir herüber und fährt an meinem Oberschenkel auf und ab. Nach einer Weile gleitet seine Hand an meinem Hintern entlang. Irgendwann lässt er sie unter mein T-Shirt gleiten und streichelt meinen Rücken, ganz zärtlich. Mir läuft ein angenehmer Schauer durch den Körper. Ich fühle, wie 1000 Schmetterlinge in meinem Bauch herumfliegen. Es ist wunderschön, und ich wünschte, er würde niemals aufhören.

Leider geht dieser Abend viel zu schnell zu Ende. Heute ist der 28. August 1997. Der Tag, den ich in meinem Tagebuch mit roten Herzchen bemale. Ich glaube, ich habe mich in Heinz verliebt. Am nächsten Tag muss ich mit meiner Familie in den Urlaub fahren. Auf der Fahrt nach Italien weine ich ununterbrochen, weil ich immer an Heinz denken muss. Den ganzen Urlaub kann ich nur an ihn denken.

Zwei Wochen später bin ich endlich wieder auf dem Hof und froh, dass der Urlaub mit meiner Familie zu Ende ist. Heinz ist nett, freut sich, dass ich wieder da bin. Aber keine Berührung, nichts, wir sind keine Minute allein. Immer sind zu viele Leute da. Vielleicht war das ja auch nur ein einmaliger Ausrutscher, was vor dem Urlaub passiert ist? Vielleicht empfindet er gar nichts für mich? Vielleicht habe ich mir das alles nur eingebildet? Das Leben kann wirklich beschissen sein. Und zu Hause nervt meine Mutter: Ich soll vernünftig essen, ihr im Haus helfen, für die Schule lernen …

So ziehen sich die ersten Wochen nach den Sommerferien dahin. Irgendwann bin ich wie gewöhnlich auf dem Hof bei meiner süßen Madonna. Erst putze und striegele ich sie, dann reiten wir eine Runde. Am Abend gehe ich mit ein paar Leuten ins Reiterstübchen. Heinz ist auch da und schaut mich an – mein Herz macht einen Hüpfer. Wir quatschen endlich mal wieder miteinander über Pferde und trinken was. Erst Apfelkorn, dann Erdbeerlimes und zuletzt Pfläumli. Wir haben viel Spaß und trinken ziemlich viel durcheinander und werden immer ausgelassener. Heinz trinkt nur selten Alkohol. Er hat früher zu viel davon getrunken, hat er mal erzählt. Ab und zu macht er eine Ausnahme. Heute ist so ein Tag.

Dann gehen die Ersten. Gegen 21.30 Uhr fahren zwei zur Tankstelle, um Nachschub zu holen. Kaum sind alle weg, legt Heinz seine Hand auf meinen Oberschenkel. Er streichelt hin und her und dann gleitet seine Hand wieder an meinem Hintern entlang. Wir kichern albern, als seine Hand unter meine Bluse fährt. »Du hast ja gar kein Unterhemd an«, sagt er grinsend. Dann fragt er mich immer wieder, ob die zwei wirklich zur Tankstelle gefahren sind. Ob ich sicher bin?

Ich nicke. Heinz fährt mit seiner Hand über meinen Bauch und immer höher bis zu meiner rechten Brust. Seine Hand schiebt sich unter meinen BH und liebkost meine Brust. Danach gleitet seine Hand zur linken Brust, auch die wird zärtlich umkost. Mein Herz klopft wild und zerspringt fast vor Glück.

Plötzlich zieht er seine Hand wieder zurück und fragt, ob die anderen wirklich unterwegs zur Tankstelle sind. Nicht, dass sie mit den Nasen von außen am Fenster kleben und uns zuschauen. Er ist richtig im Zwiespalt, ob er weitermachen kann oder nicht. Jetzt spüre ich seine Hand wieder auf meinem Rücken und danach in meine Hose gleiten. Nach einiger Zeit fährt sie um meinen Bauch und schiebt sich von vorne in meine Hose. Ein wunderschönes Gefühl. Eine ganze Armee von Schmetterlingen tobt wild durch meinen Bauch.

Doch auf einmal zieht er seine Hand wieder zurück und schlägt sich selbst auf die Finger. So als möchte er die Hand bestrafen, weil sie so frech ist. Dann stammelt er: »Ach Scheiße ... warum ...« Ich höre auf, sein Bein zu streicheln, und schaue ihm in die Augen. Er nimmt ganz sanft mein Gesicht in seine Hände und küsst mich. Ich küsse ihn auch, erst auf den Mund, dann auf seine Wange, und spüre, wie seine Bartstoppeln auf meinem Gesicht klitzekleine Stiche hinterlassen. Bis die anderen wiederkommen, streichelt er mich am ganzen Körper. Wir trinken noch bis kurz vor Mitternacht mit den anderen im Reiterstübchen. Heinz stupst mich immer wieder an, wenn die anderen abgelenkt sind, und streichelt mich. Seine Augen strahlen mich an.

Nachts sehe ich seine tollen Augen vor mir, spüre seine Hand auf meinem Körper. Ich könnte sterben vor Glück.

Am nächsten Abend schnappe ich mir mein Fahrrad und radle zum Hof. Es ist Ende September und ganz schön kalt. Heinz kommt zu mir rüber. Wir hocken auf der Laderampe und unterhalten uns. Reden über die Pferde, das Wetter. Er sagt kein Wort zu dem, was zwischen uns war. Zum Abschied klopft er mir auf den Rücken und sagt: »Mach's gut, Alte.« Dann streichelt er mir noch kurz über die Oberschenkel und fragt, wann ich morgen komme.

Ich habe so viele Gefühle für ihn, ich weiß gar nicht, wo mir der Kopf steht. Einerseits ist er wie ein Vater für mich, andererseits liebe ich ihn. Er ist so lieb!!! Warum ist das Leben nur so beschissen? Er ist verheiratet, älter als mein Vater und ich, ich bin ja viel zu jung für einen wie ihn. Das macht doch alles keinen Sinn. Was hat das Leben bloß vor mit mir? Das frage ich mich immer wieder.

Auf dem Hof geht das Leben weiter wie gewohnt. Heute fahre ich mit Heinz, seiner Frau Sandra und den Zwillingsmädchen zur Teufelshöhle, Fische füttern. Die beiden Kinder haben einen Heidenspaß. Solche Ausflüge haben wir früher öfter gemacht. Aber inzwischen weiß ich gar nicht mehr, wie ich mich verhalten soll. Es darf ja niemand mitbekommen, was zwischen uns ist. Schon gar nicht seine Frau. Sie ist zum Glück nicht oft da oder muss tagsüber schlafen. Sandra arbeitet abends als Croupier in einer Spielbank und kommt erst morgens nach Hause. Dann muss sie sich ausruhen und abends fährt sie ja schon wieder zur Arbeit.

An so einem Abend sitze ich wieder auf meinem Lieblingsplatz, auf der Laderampe und schaue in die Sterne. Die anderen sind im Reiterstübchen. Mir gefällt es hier, so allein unter den Sternen. Heinz macht sich wohl Gedanken, dass ich mich erkälten könnte. Er kommt zu mir und sagt, ich soll doch auch reingehen, ins Warme. Aber ich will da sitzen bleiben. Er kommt immer wieder zu mir raus. Beim vierten oder fünften Mal krault er mir den Nacken und sagt, es wäre ja schade, wenn mir die Bumpel einfrieren würde. Es wäre doch schlecht, wenn wir da mal was machen wollten, und die Bumpel wäre eingefroren. Oh Mann, was soll ich da bloß sagen?

Dabei habe ich Heinz doch richtig lieb. Seit dem Abend, an dem er mich zum ersten Mal gestreichelt hat, ist vieles anders geworden.

Irgendwie ist er jetzt immer so lieb zu mir. Ich muss immer daran denken, dass er mir mal gesagt hat, dass er keine Frau anlangen würde, zu der er keinen Draht hat. Vielleicht mag er mich ja wirklich? Und hat er mir nicht einmal erzählt, dass er Sandra nur wegen der Kinder geheiratet hat? Damit die Zwillinge keine Probleme in der Schule bekommen, als uneheliche Kinder. Meine Gefühle spielen Achterbahn.

Heute ist der 1. November 1997 und ich habe verdammt schlecht geschlafen. In der Schule habe ich eine Englischarbeit verhauen und prompt gibt es Streit mit meiner Mutter. Wieder mal. Und essen mag ich fast gar nichts mehr. Ich bin immer noch irgendwie traurig und niedergeschlagen. Früh morgens fahre ich auf den Hof und trinke Kaffee mit meinen Freundinnen. Anschließend machen wir den Stall. Heinz ist mit Sandra in Hannover und kommt erst später.

Ich suche auf der Koppel nach einem Hufeisen, das mein Pferd verloren hat, als Heinz dazukommt und mich fragt: »Weibi, was schaust du denn so geknickt aus? Wie bestellt und nicht abgeholt.« Auch beim Reiten schaut er immer wieder nach mir. Ich finde ihn total lieb.

Gestern Abend war ich noch lange auf dem Hof. Habe Stall und Dachboden gefegt, die Tröge sauber gemacht und mit Hafer gefüllt. Im Reiterstübchen habe ich gespült und alles sauber gemacht. Eigentlich habe ich nur auf Heinz gewartet. Aber der kam nicht. Dafür kommt er jetzt zu mir. Wir sind allein, und dann fragt er mich doch glatt: »Warum kannst du noch nicht 16 sein? Wenn du 16 bist, dann möchte ich dich mal vernaschen.« Meint er das wirklich? In meinem Bauch kribbeln Ameisen … Ich kann doch nichts dafür, dass ich erst 15 werde. Und meint er das wirklich ernst? Findet er mich nett? Echt? Will er wirklich Sex mit mir? Bei dem Gedanken daran wird mir ganz warm. Ich mag mich nicht wirklich, ich bin zu groß, weiß oft nicht wohin mit meinen Armen und Beinen, dazu bin ich kurzsichtig und trage auch noch eine Brille. Er kann doch jede Frau haben. Warum mich?

Nachmittags reiten wir alle zusammen aus. Heinz und ich vorneweg, und als er sich sicher ist, dass uns niemand hören kann, fragt er wieder, warum ich noch nicht 16 bin. Dann will er wissen, welchen der drei Unterstände, an denen wir gerade vorbeireiten, ich mir als Haus wünschen würde. Den größten habe ich gesagt, da könnte man ein Wasserbett reinstellen. »Oder drei Strohballen«, grinst Heinz und sagt noch: »Du bist a Luder.«

»Lieber ein Luder als eine Schlaftablette«, antworte ich. Und da muss er wieder lachen. Plötzlich fällt ihm mein eingebundener Daumen auf. Das könnte nur mir passieren, lacht er! Schön blöd von mir, den Daumen beim Beschlagen zwischen Huf und Hufeisen zu stecken. Er würde mir gerne mal zeigen, wo meine Daumen besser hingehören. Oh Mann!

21 Jahre später schreibt Barbara Schmid diese Szenen auf. Ich habe damals Tagebuch geführt, ziemlich detailliert. Darum können wir das alles so authentisch aufschreiben. Auch für die Gerichtsverhandlung hat das Tagebuch eine große Rolle gespielt. Auf dem Einband und im Tagebuch selbst gibt es viele von mir gemalte Pferdebilder. Wenn ich mir das heute anschaue, dann sind das naive Kinderzeichnungen. Ich war ein naives Kind damals, das aus seiner behüteten Jungmädchenwelt in eine Katastrophe gerissen wurde.

Heute weiß ich, ich war das perfekte Opfer für einen Mann, der aus einem Haufen pubertärer Mädchen wählen konnte, die ihn alle angehimmelt haben. Er wusste, dass ich diejenige mit den größten Problemen war. Ich war so hungrig nach Anerkennung und Liebe. Darum hat er mich immer gegen meine Eltern aufgehetzt und vor allem gegen meine Mutter intrigiert. Er trieb den Keil immer tiefer zwischen uns. Er wusste, dass meine Mutter um mich kämpfen würde, und darum musste er schon vorher mein Vertrauen in meine Mutter zerstören. Die Gehirnwäsche ist ihm gelungen. Er hat mich wie einen Computer programmiert oder wie eines seiner Pferde abgerichtet. Einer der Kripobeamten, die mich vernommen haben, nennt Heinz heute noch einen großen Manipulator. Und er hat damit völlig recht. Es hat nach meiner Befreiung Jahre gedauert, bis ich mithilfe von monatelangen und sehr schmerzhaften Therapien meiner Mutter wieder vertrauen konnte. Und sie hat in diesen vielen Jahren wirklich um mich gekämpft, wie eine Löwin.

Heinz' Plan war ganz einfach, und er hat ihn sehr konsequent umgesetzt: Ich sollte die neue Frau sein, die für ihn anschaffen geht. Die Neue, die sein Leben finanziert. Seine Frau Sandra, die er damals auf den Strich geschickt hat – von wegen Croupier in einer Spielbank –, wurde langsam zu alt für das Geschäft, in dem vor allem mit »Frischfleisch« viel Geld verdient wird. Selbst vor ihr soll es bereits eine andere Frau gegeben haben, von der er gelebt hat. Genau konnte das vor Gericht nicht mehr rekonstruiert werden.

Der Reiterhof und der Pferdehandel haben nie genug Geld eingebracht, zumindest offiziell, das kam in der Gerichtsverhandlung heraus. Auch, dass die Steuerfahndung keine berufliche Tätigkeit bei Heinz feststellen konnte, mit der er nachweisbar Geld verdient und Steuern bezahlt hätte. Der Mann hatte nach einem Offenbarungseid nicht mal mehr ein eigenes Konto – dafür aber ein seitenlanges Vorstrafenregister. Davon ahnte damals niemand etwas. Der Reiterhof war eine geschickte Tarnung, auf die alle, auch meine Eltern, hereingefallen waren.

Damals, mit meinen 14 Jahren, hatte ich zwar schon ein paar Freunde gehabt, doch nichts von Bedeutung. Ein bisschen Knutscherei, ein bisschen Gefummel. Mehr war nicht. Aber »das hier ist etwas ganz anderes«, vertraute ich damals meinem Tagebuch an. »Heinz ist kein Junge mit Pickeln, der rot wird, wenn er einen anschaut. Heinz ist ein gestandener Mann. Er gibt mir das Gefühl, eine richtige Frau zu sein, kein dummes Kind mehr, wie mich meine Eltern sehen.«

Heute, am 7. November 1997, bin ich schon kurz nach sechs Uhr morgens im Stall und füttere die Pferde. Irgendwann kommen eine Schulfreundin und Heinz zu mir und wir trinken noch gemeinsam einen Kaffee. Heinz fährt uns dann zur Schule, mit seinem schicken schwarzen Audi. »Das nächste Mal«, sagt er beim Abschied und schaut mir dabei tief in die Augen, »bringe ich dich allein zur Schule.« Schön wäre das, denke ich mir. Zum Glück haben wir gleich Sport, denn auf etwas anderes könnte ich mich grad nicht konzentrieren.

Nach der Schule mache ich mich so schnell ich kann wieder auf den Weg zum Reiterhof. Nach dem Reiten am Nachmittag sitzen wir im Reiterstübchen. Sandra geht irgendwann rüber ins Haus, und Heinz kommt zu mir: »Komm, Schatzi, setz dich her.« Wir trinken Kaffee und unsere Beine berühren sich dabei. Sein Hund Max kommt rein, setzt sich zwischen uns und will von uns beiden gestreichelt werden. Heinz streichelt den Hund und mich dann auch gleich mit.

Draußen bei der Arbeit kommt er jetzt immer wieder hinter mir her, streichelt mir über den Rücken oder packt mir ganz frech an den Hintern. Das geht die ganze Woche so. Die Tage im Stall sind wunderschön. Küsse, Streicheln und Heinz' Hand in meiner Hose. Immer tiefer und fordernder.

Der 18. November 1997 schließlich ist DER Tag. Ich komme am späten Nachmittag in den Stall. Nach dem Saubermachen sitzen wir alle gemeinsam im Reiterstübchen. Irgendwann werden die anderen abgeholt und Heinz und ich trinken noch bei Kerzenschein Glühwein. Der steigt uns ziemlich in den Kopf. Wir küssen uns – und müssen dabei ständig aufpassen, dass uns niemand sieht. Es ist zu gefährlich auf dem Hof. Heinz hat die Idee, mit dem Auto in den Wald zu fahren.

Ich weiß, was kommen wird. Mir zittern die Knie beim Einsteigen, mein Herz klopft wie wild, und ich habe ein bisschen Angst. Wird es wehtun? Die hohen dunklen Fichten reichen bis an den schmalen Waldweg, wir fahren über den groben Schotter, und ich spüre auf dem Beifahrersitz den unruhigen Untergrund. Das Einzige, was ich höre, ist das Geräusch, das das Fahren über diese Steine erzeugt. Der Wald ist ganz still. Wir halten tief im Wald auf einem kleinen Parkplatz. Es ist ein bisschen umständlich, das Auto ist eng. Ich hatte mir zum zweiten Mal das Schlüsselbein beim Reiten gebrochen. Der linke Arm und die Schulter sind fest an den Körper bandagiert, ich kann eigentlich nur den rechten Arm bewegen. Aber das hält uns nicht davon ab, uns zu küssen und überall zu streicheln. Erst zärtlich, dann immer fordernder. Irgendwann dreht Heinz meinen Sitz zurück und rutscht zu mir auf den Beifahrersitz. Während wir uns küssen, zieht er mir die Hose runter und streichelt mich zwischen den Beinen. Mir ist heiß und kalt zugleich. Ich schwebe. Dann legt er sich auf mich und dringt in mich ein. Am Anfang tut es ganz schön weh, aber dann lässt der Schmerz nach. Mir wird ganz warm, mein Körper will immer mehr, ich erwidere seine Stöße, und es ist wunderbar. Wir küssen uns immer weiter, mal wild, mal ganz zärtlich und verspielt. Doch dann zieht er seinen Schwanz raus, legt ihn und sich auf meinen Bauch, reibt sich auf mir; zuckend kommt er zum Orgasmus. Auf mir. Das ist total irre. Ich werde nie vergessen, wie er stöhnend und zuckend auf mir lag und seinen Orgasmus hatte.

»Das war toll«, sagt er und küsst mich ganz fest, dabei streichelt er mich zärtlich immer weiter. Die Autoscheiben sind inzwischen ganz beschlagen. Draußen ist es kalt, aber das spüren wir nicht. Ich bin auf Wolke sieben! So schön, so schön ist das. Ich möchte, dass das immer so weitergeht. Ihm geht es genauso. Doch dann bringt er mich mit dem Wagen nach Hause und lässt mich kurz vorher aussteigen. Ich will ihn gar nicht loslassen. Ja, ich bin total verliebt in ihn. Das war echt toll, irre.

Zu Hause schreibe ich in mein Tagebuch: »HEINZ, ich liebe dich! Ab heute, mit 14 Jahren, zehn Monaten und 27 Tagen bin ich keine Jungfrau mehr. Von uns acht Mädchen auf dem Hof bin ich die Erste, die ›ihn‹ schon drinnen gehabt hat.«

4

Zukunftsträume

Heinz und ich treffen uns jetzt immer öfter – heimlich im Wald, im Stall, ja sogar in seinem Haus, wenn seine Frau abends arbeiten ist. Mir ist alles recht, solange wir uns nur nah sein können. Wir sind jetzt schon seit über einem Jahr zusammen. Und ich lebe für unsere heimlichen Treffen, den kurzen Kuss im Stall, Heinz' zärtlichen Blick, wenn es die anderen nicht mitbekommen. Ich liebe ihn, wie ich noch nie jemanden geliebt habe.

Weil ich ihm Glück bringe, nimmt er mich gerne mit, wenn er zu einer der Spielbanken in der Umgebung fährt. Ich muss dann zwar im Auto bleiben, weil ich erst 16 bin. Aber das macht mir nichts aus. Ich genieße die Fahrt mit ihm, wenn er mich streichelt und küsst. Hier im Auto sieht uns ja niemand. Anschließend wedelt Heinz mit einem Bündel 100-Mark-Scheine vor meiner Nase rum, er hat wieder mal gewonnen. Der Mann hat ein todsicheres System. Er gewinnt jedes Mal ein paar hundert Mark. Und er macht nicht den Fehler, den andere machen. Er hört auf, wenn er ein paar Hunderter gewonnen hat. »Man muss wissen, wann man aufhört«, sagt er mir immer wieder. »Nur die Dummen spielen weiter.« Wenn ich endlich 18 bin, darf ich mit.

Heute hat er mich gefragt, ob ich mit ihm nach Nürnberg fahren will. »Freilich!«, freue ich mich. Hier in unserem Dorf ist nämlich rein gar nichts los. Manchmal gibt's eine Disco, in der Schule oder organisiert von der Kirchengemeinde. Ansonsten haben wir hier nur ein paar kleine, spießige Gasthäuser mit der ewig gleichen Speisekarte: Haxen, Karpfen, Bratwürste, Schweinebraten. Die nächste Großstadt ist Nürnberg. Eine richtige Stadt, mit Geschäften und vielen Touristen, die sich die berühmte Altstadt und die Burg anschauen. Ich liebe die Ausflüge nach Nürnberg. Hier kennt uns niemand, wir bummeln Hand in Hand durch die Stadt. Hier müssen wir uns nicht verstecken und küssen uns in aller Öffentlichkeit, auch schon mal mitten in der Fußgängerzone. Wir fahren zur Frauentormauer – dem Rotlichtbezirk von Nürnberg. Dort kennt Heinz jeden, so kommt es mir vor. Es gibt ein großes Hallo an allen Ecken, wenn er dort aufkreuzt. Er stellt mich Bekannten vor, wir gehen Kaffee trinken, und dann zeigt er mir ein paar stark geschminkte Frauen in kurzen Röcken, die an der alten Stadtmauer stehen. »Prostituierte«, raunt er mir zu.

»Echt?«, frage ich nach. Einige von ihnen erkenne ich sogar, sie waren schon mal am Reitstall und sind geritten. Ziemlich aufgetakelt fand ich die Frauen damals, die mit ihren Männern zu Besuch kamen. Und reiten konnte keine wirklich gut. Heinz allerdings schwärmt von den Frauen. Tolles Geld würden sie verdienen. 20 000 D-Mark im Monat und mehr. Auf dem Heimweg hört er gar nicht mehr auf, über die Frauen zu reden. Welche tollen Verdienstmöglichkeiten solche Frauen doch hätten: ein Jahr auf den Strich – und anschließend nie wieder arbeiten müssen.

Heute weiß ich, dass das zu seinem Plan gehört hat. Ich sollte Prostitution als ein ganz normales Geschäft kennenlernen, mit ganz normalen Frauen, die enorm viel Geld verdienten und anscheinend Spaß dabei hatten. Ich hatte vorher keinen Kontakt ins Milieu. So was gab es im Fernsehen, las man in Illustrierten oder Büchern. In meiner verklemmten Familie wurde über Sex oder gar Prostitution nicht einmal gesprochen.

Damals fing Heinz auch an, von einem gemeinsamen Reiterhof zu reden. Mit seiner Frau, da laufe eh nichts. Die hätte er nie geliebt. Ich wäre da etwas ganz anderes. Und mit mir könnte er sich eine Zukunft vorstellen. Wir beide könnten uns ein Paradies erschaffen, einen eigenen Hof aufbauen, die tollsten Pferde reiten. Ein Jahr Arbeit als Prostituierte und wir könnten uns unseren Traum erfüllen. Wir beide gegen die ganze Welt. Keine Eltern mehr, die mir Vorschriften machen, keine Schule mehr, nur noch das, was uns Spaß macht. Wie schön wäre das! Nachts in meinem Bett, wenn ich nicht schlafen konnte, musste ich immer daran denken. Meint er das wirklich? Und ich habe mir ausgemalt, wie toll das sein würde. Mit ihm, mit Heinz, meiner großen Liebe.

Unsere unbeschwerten Ausflüge nach Nürnberg und die heimlichen Treffen in der Nacht konnten nicht darüber hinwegtäuschen, dass sich etwas Düsteres um uns herum aufbaute: Damals veränderte sich die Stimmung auf dem Reiterhof.

Ein paar Jahre später stand ich selbst an der alten Frauentormauer im Nürnberger Rotlicht-Bezirk – und verkaufte meinen jungen Körper.

Irgendwas ist anders, und ich weiß nicht, was. Komme ich in den Stall, tuscheln die anderen Mädchen. Als ich gerade zur Sattelkammer laufe, höre ich, wie zwei Mädchen darüber sprechen, dass er ja älter als »ihr« Vater ist. Meinen die mich? Uns? Heinz und mich? Conny fragt auch so blöd, was wir denn machen, wenn wir mit dem Auto wegfahren? Spioniert sie hinter mir her? Dann muss ich grinsen: Meine Schwester ist zwei Jahre jünger als ich und hat noch keinen Freund; die kann sich gar nicht vorstellen, was man miteinander machen kann, kichere ich in mich rein. Ansonsten bin ich viel allein mit den Tieren. Das gefällt mir. Zu Hause sitze ich ja fast auch immer allein auf meinem Zimmer.

Dennoch: Über dem Hof liegt eine komische Stimmung. Einige Leute wollen sogar ihre Pferde wo anders unterstellen. Klar, wir sitzen noch im Reiterstübchen beieinander, wir erzählen uns wie immer die Erlebnisse vom letzten Turnier – und wir trinken zu viel. Heinz sehe ich tagsüber immer seltener, er geht mir aus dem Weg. Wir treffen uns nur noch heimlich, spätnachts. Aber auch das wird schwieriger. Meine Mutter stellt immer mehr Fragen: Wie er denn so sei, der Heinz? Wo seine Frau ist, wenn ich dort bin? Sie ahnt was. Soll sie doch. In einem Jahr bin ich 18 und dann kann sie mir gar nichts mehr. Überhaupt bin ich sauer auf meine Eltern.

Seitdem ich 14 bin, kellnere ich in einer Bamberger Gaststätte und verdiene mein eigenes Geld. Darum kann ich mir auch heute einen Traum erfüllen: Für 1500 D-Mark kaufe ich Heinz einen winzig kleinen Chihuahua ab. Spike ist ein Hund, von dem ich immer geträumt habe. Ganz klein und mit braunem, seidig weichem Fell; der braucht keinen Platz, frisst ganz wenig, und ich werde mich immer um mein Baby kümmern. Heinz züchtet diese winzigen Hunde, und Spike ist der Schönste von allen. Ich packe ihn unter meine Jacke, als ich mit ihm auf dem Roller nach Hause fahre. Er soll es warm haben. Ich bin so glücklich mit dem kleinen Kerl. So ein Baby habe ich mir immer gewünscht.

Zu Hause gib es einen Riesenspektakel. Der Hund muss weg! Mir kommt es so vor, als würden sie mir das Herz aus der Brust reißen. Er ist doch so klein und ich werde mich doch immer um ihn kümmern. Spike zittert in meinen Armen und schaut mich aus seinen großen Augen ganz ängstlich an. Er fühlt meine Verzweiflung. Meine Eltern lassen sich nicht erweichen. Der Hund kann nicht bleiben. Punktum!

Heinz ist ganz lieb und findet einen Ausweg: Der Hund kann auf seinem Hof bleiben; ich kann ihn immer sehen, wenn ich dort bin. Noch ein Grund, immer mehr Zeit dort zu verbringen. Noch ein Grund mehr, meinen Eltern aus dem Weg zu gehen.

Zu Hause halte ich es kaum noch aus. Jetzt bin ich auch noch eine Lügnerin für meine Eltern! Das ist alles so ungerecht. Gestern gab es einen Riesenstreit. Der Grund: Es gibt einen Mann auf dem Reitstall – ein Bekannter meiner Eltern, ein Mandant meines Vaters –, der sich immer an ein paar Mädchen ranmacht. Auch an mich. Er trinkt gerne und ist spendabel, gibt uns oft etwas Alkoholisches aus. Beim Tanzen drückt er sich manchmal so komisch an mich, reibt sich an meinem Körper und langt mir an die Brüste. Eines Tages meinte er zu Heinz, dass er seine Pferde auf einen anderen Hof bringen will. Heinz war stinksauer: Ausgerechnet der Mann, der mit uns Kindern herummacht, will seine Pferde woanders unterstellen. Darum zeigte er den Mann wegen sexueller Belästigung von Kindern an. Eine anonyme Anzeige, aber handgeschrieben. Die Polizei ermittelte daraufhin und ich muss morgen eine Aussage machen. Ich bin total aufgeregt und kann kaum noch schlafen.

Gestern Abend hat mein Vater mich zu sich gerufen und wollte wissen: Was ist wirklich passiert? Ich erzählte es ihm. Doch mit dieser Reaktion hatte ich nicht gerechnet. Er und meine Mutter glaubten mir kein Wort. Ihr Bekannter hätte doch selbst eine Tochter, die dort reitet. Er und Heinz hätten Streit, es ginge nur ums Geld, und ich würde von Heinz instrumentalisiert. Außerdem hätten sie mit den anderen Mädchen vom Reitstall gesprochen, und keines der anderen Mädchen bestätigte, dass etwas mit ihrem Bekannten vorgefallen wäre. Ich finde das so ungerecht und gemein von meinen Eltern.

Das mit dem Streit ist richtig, der Mann will wie andere auch seine Pferde vom Hof abziehen, wegen der Gerüchte um Heinz und mich. Irgendjemand hat gequatscht. »Der Reitstallbesitzer und Reitlehrer Heinz macht sich an eine Minderjährige ran. Ein fast 50-Jähriger schläft mit einem Teenager.« Die Leute zerreißen sich das Maul über uns. Wenigstens Heinz hält zu mir.

Bei der Polizei erzähle ich, wie es wirklich war. Im Mai wird es noch eine Gerichtsverhandlung gegen den Mann geben. Da werden alle sehen, dass ich die Wahrheit sage und dass ich keine Lügnerin bin.

Eines Nachmittags kommen gleich drei Wagen mit Transportanhängern auf den Hof gefahren. Drei Eltern nehmen ihre Pferde vom Hof. Unsere Clique zerfällt. Auch meine Eltern nehmen unsere Pferde vom Hof und bringen sie ein paar Dörfer weiter unter – ohne vorher mit mir darüber zu reden. Pro Pferd fehlen Heinz 150 D-Mark im Monat. Das ist verdammt viel Geld. Als unsere Pferde abgeholt werden, sind Heinz und ich in Frankfurt; er zeigt mir dort das Milieu. Auch in Frankfurt hat er viele alte Bekannte. Und ein paar der Frauen kennt er ebenfalls. Wir trinken Kaffee in einem der Lokale, und Heinz schwärmt mir wieder vor, wie schnell man dort Geld verdienen könnte. Geld, das einen völlig unabhängig macht … Auf der Heimfahrt muss ich immer wieder an seinen Plan mit dem Reitstall denken. Wie schön das wäre, nur er und ich.

Zu Hause wird es immer schlimmer. »Stimmt das?«, will jetzt meine Mutter wissen. Sie spielt auf die Gerüchte um Heinz und mich an. Ich rede nicht mit ihr und auch nicht mit meinem Vater. Ich gehe einfach direkt in mein Zimmer und sperre ab. Irgendwann nehmen mir meine Eltern den Zimmerschlüssel weg.

Wie blöd ist das denn? Sie wollen mich kontrollieren. Wenn ich meiner Mutter auf dem Flur begegne, stellt sie mir dumme Fragen. Ich flüchte in mein Zimmer, klemme einen Stuhl unter die Türklinke. Lasst mich bloß in Ruhe! Zum Essen gehe ich auch nicht mehr runter. Irgendwann decken sie schon gar nicht mehr für mich auf.

Glauben sie wirklich, dass sie mich von Heinz trennen können? Dass ich die brave Tochter spiele, obwohl sie unsere Pferde jetzt woanders untergestellt haben? Ich habe selbst Geld – schließlich kellnere ich nach wie vor – und kaufe mir ein eigenes Pferd bei Heinz. Manitoba, einen Wallach, 1,85 Meter Stockmaß, ein Riese! Kosten: 3000 D-Mark. So habe ich wenigstens wieder ein eigenes Pferd auf Heinz' Hof. Dort lebt ja schon mein Hündchen Spike.

Irgendwann versuchen mich meine Eltern auch noch mit Hausarrest zu disziplinieren und lassen mich nicht mehr raus. Mein Roller wird konfisziert. Telefonieren darf ich auch nicht mehr. Lächerlich. Heinz gibt mir schließlich seinen alten weißen Roller und kauft ein Handy für mich, so können wir uns immer erreichen und verabreden. Er ist so großzügig, so lieb zu mir. Was täte ich nur ohne seine Hilfe? Vor meinen Eltern verstecke ich Roller und Handy, sie haben keine Ahnung. Abends klettere ich über das Dach und unten an der Straße holt mich Heinz ab.

Zu Hause fühle ich mich überhaupt nicht mehr wohl. Meistens sitze ich allein auf meinem Zimmer und höre lautstark Musik: »Who wants to live forever«, wieder und wieder. Ich weiß, das geht allen im Haus ziemlich auf den Geist. Ist mir egal, ich lebe eh nur für Heinz und meine Tiere, die bei ihm sind. Und ich träume von einer Zukunft mit ihm: Heinz, ein eigener Reitstall, ein paar Pferde, mein geliebter Spike und Manitoba … Das wäre der Himmel auf Erden für mich.

Was würde ich nur ohne Heinz machen? Er hat immer Verständnis für mich. Warum können meine Eltern nicht so sein? Eigentlich bräuchte ich eine neue Jacke für den Winter und warme Schuhe, die alten passen mir nicht mehr. Ich habe keine Lust, meine Mutter zu fragen. Und mein Geld geht gerade für Manitobas Futter drauf. Manchmal glaube ich, dass Heinz meine Wünsche ahnen kann. »Ist dir nicht kalt in dem dünnen Jäckla?«, hat er mich gestern gefragt, und heute sind wir nach Bamberg zum Einkaufen gefahren. Eine tolle weiße Jacke von Tommy Hilfiger hat er mir gekauft, sie ist so warm und kuschelig. Und gefütterte warme Stiefel. Meine Mutter glaubt, ich habe sie mir von meinem eigenen Geld gekauft. Ist mir doch egal, was sie denkt.

Ich bekomme aber auch mit, dass sich Heinz Sorgen macht. Der Stall läuft nicht mehr, seitdem bekannt wurde, dass wir ein Verhältnis haben. Die Kosten laufen weiter und ich würde ihm so gerne helfen.

Wir waren jetzt noch ein paar Mal in Nürnberg und Frankfurt, im Rotlichtbezirk. Dort fühlt er sich endlich mal wieder wohl und kann seine Sorgen vergessen. Ich freue mich dann immer, ihn so glücklich zu sehen. Auf den Rückfahrten fängt er immer wieder von dem leicht verdienten Geld an. Wenn ich das ein Jahr machen würde, dann hätten wir schnell das Geld für einen eigenen Reitstall zusammen, sagt er. Und ich male mir aus, wie schön das wäre. Ein eigener Hof! An die bitteren Konsequenzen denke ich nicht.

Eines Abends merke ich, dass er etwas mit mir besprechen will. Heinz und ich sind allein im Stall. Von ihm kommt jedoch kein Kuss, keine Umarmung, stattdessen nur Vorwürfe. »Du bist schuld, dass hier alles den Bach runtergeht. Warum musstest du rumtratschen, dass wir was mit einander haben?« Er ist stinksauer. Tausende von Mark verliere er jeden Monat – meinetwegen. Bald könne er den Reitstall nicht mehr halten. Ich vernichte seine Existenz. Mir laufen die Tränen über das Gesicht. Ich habe doch mit niemandem gesprochen. So kann er doch nicht mit mir reden. Er liebt mich, will mit mir einen eigenen Reitstall aufbauen. Heinz ist so kalt, so abweisend. Aber er sieht so verzweifelt aus, irgendwie tut er mir auch schrecklich leid. Was kann ich bloß tun?

»Dann musst du halt das Geld für uns verdienen«, sagt er schließlich, und er wisse auch, wie. Ob ich mich noch an die Frauen an der Mauer in Nürnberg erinnere? »Ein Jahr«, sagt er, »und wir sind frei, haben unseren eigenen Reitstall und niemand kann uns mehr Vorschriften machen.« Ein Jahr arbeiten wie die Frauen, die er mir gezeigt hat. Ein Jahr, das müsste mir doch unsere gemeinsame Zukunft wert sein.

Ich muss mich entscheiden: entweder er und ein gemeinsames Leben auf einem eigenen Reitstall oder heim zu meinen Eltern und zurück zur Schule. Beides geht nicht: »Entscheide dich!«, verlangt er von mir.

Wenn ich heute über diese Entscheidung nachdenke, dann hatte ich damals nur unseren Traum vor Augen: einen eigenen Reitstall und immer Zusammensein mit meiner großen Liebe Heinz. Auch die Ausflüge ins Milieu haben mir gefallen, ich war einfach neugierig auf diese geheimnisvolle Welt. Aber ich habe niemals daran gedacht, dass ich wirklich als Prostituierte arbeiten müsste. Das habe ich damals leider total verdrängt.

5

Frischfleisch

Ich habe mich entschieden, für Heinz und gegen meine Familie. Meine Eltern haben es mir dabei wirklich leicht gemacht. Wer will schon so leben, mit den ewigen Vorwürfen, Vorschriften und Verboten? Sie nennen mich eine Lügnerin, ich habe genug von ihren Ungerechtigkeiten. Es ist der 10. August 2000. Und ich schreibe meinen Eltern einen Brief.

Hallo!

Ich mache jetzt erst mal 14 Tage Urlaub. Ob ich dann wiederkomme, weiß ich noch nicht. Jedenfalls braucht ihr euch keine Sorgen um mich machen. Bis irgendwann,

Gruß Katharina

Heinz hat ein Bordell für mich ausgesucht, in Bremen. Die Adresse hat er aus dem *Strich-Führer*, den wir bei unserem ersten Besuch im Frankfurter Rotlichtmilieu gekauft hatten. Heinz wollte wissen, wer von seinen alten Bekannten noch im Geschäft ist. Auf der Heimfahrt musste ich ihm daraus vorlesen.

Der *Strich-Führer* sieht aus wie ein ganz normales Taschenbuch, nur dass der Einband rundum in Schwarz gehalten ist und dass die Buchstaben auf der Vorderseite fettgedruckt und knallrot sind. So ein Buch hatte ich noch nie in der Hand. Spannend finde ich das, irgendwie ein bisschen verrucht, so, als würde ich etwas Verbotenes tun. Der *Strich-Führer* beschreibt alle bekannten Bordelle in ganz Deutschland. Er ist alphabetisch nach Städten und Namen des jeweiligen Ladens sortiert und beschreibt, wie es dort aussieht und was die Frauen anbieten. In dem einen Bordell gibt es nur alte, unansehnliche Frauen, jenseits von Gut und Böse, und in einem anderen Bordell springen lauter junge Mädels herum, eine hübscher als die andere, mit klasse Service. Für ein wenig Aufgeld sei Blasen ohne Gummi oder anal möglich. Heinz allerdings hatten mehr die alteingesessenen Bordelle interessiert, in denen er sich noch alte Bekannte erhofft hatte. Bordelle wie das in Bremen. Auf der Autofahrt sagte er immer wieder, dass das doch ideal für mich wäre. Nur ein Jahr Arbeit und wir wären frei. Gemeinsam. Wie sonst könnten wir es schaffen?

Am Puff in Bremen parkt Heinz das Auto vor dem Eingang und lässt mich zunächst im Wagen zurück. Mir geht es nicht gut. Ich will da nicht rein, weiß aber, dass ich Heinz nur so helfen kann, dass wir uns nur so eine gemeinsame Zukunft aufbauen können. Er geht hinein, um ein Zimmer für mich zu mieten, in einem der Laufhäuser der Hansestadt. Weit weg, das erscheint ihm am sichersten. Denn meine Eltern suchen nach mir, sie haben sogar eine Anzeige gegen Heinz bei der Polizei erstattet, wegen Entführung einer Minderjährigen. Ich bin ja erst 17 Jahre alt.

Während ich warte, sehe ich mich vorsichtig um. Die großen dunklen Stahltore, die den Puff von der Außenwelt abschirmen, erschrecken mich, und die beiden Männer, die gegenüber vor dem kleinen Supermarkt stehen, flößen mir Angst ein. Zwei drogensüchtige

Stricher, die jeden Schwanz für einen Zehner blasen würden, nur um an Kohle für den nächsten Schuss zu kommen, erzählt mir Heinz später. Ich habe mit solchen Menschen noch nie zu tun gehabt, und mir jagt diese Situation dermaßen Angst ein, dass ich schnell die Knöpfe unseres alten Autos herunterdrücke.

Die Gegend ist so hässlich, und die Männer, die durch das Stahltor zum Puff ein- und ausgehen, sind so eklig. Als ich mir vorstelle, dass ich allein hierbleiben soll, dass ich mit diesen Männern für Geld schlafen soll, fange ich an, zu heulen, und kann nicht mehr aufhören. Ich bin völlig fertig, die sechsstündige Fahrt bis Bremen, die Heinz ohne Pausen durchgefahren ist, und jetzt diese Situation. Träne für Träne kullert über meine Wangen und landet auf meiner dunkelblauen Stoffhose, während ich mutterseelenallein im Auto sitze und auf Heinz warte.

In meinen Händen halte ich den Pass von meiner Schulfreundin Maria, die mir ihren ausgeliehen hat. Sie ist bereits 18, und Heinz wollte, dass ich mir einen Pass besorge, mit dem ich mich als volljährig ausweisen kann. Maria und ich sehen uns ähnlich, das könnte klappen, meint Heinz.

Als er schließlich zum Auto zurückkommt, weine ich immer noch. Ich muss schrecklich aussehen. Jedenfalls beschließt er, dass er mich wieder mit nach Hause nimmt. Heinz weiß, dass es keinen Sinn hat, mich in diesem aufgelösten Zustand da zu lassen. Also fahren wir die 600 Kilometer wieder zurück. Er ist stinksauer, redet kein Wort mit mir – und ich muss wieder nach Hause zu meinen Eltern. Ich hoffe inständig, dass sie meinen Abschiedsbrief noch nicht gefunden haben. Ich hatte ihn unter mein Kopfkissen gelegt. Doch als ich mich nun spätabends in mein Zimmer schleiche, sehe ich sofort, dass meine Mutter meinen Brief nicht nur gefunden, sondern auch noch beantwortet hat:

Mein »dummes« Kind Katha!

Falls du an deinen Urlaubsplänen festhältst, so komme bitte wieder zurück. Du bist doch hier daheim. Dann können wir auch in Ruhe über deine Zukunft sprechen.

Mama

Jetzt ist die dumme Katha also wieder zurück. Meine Mutter empfängt mich am nächsten Tag auf der Terrasse in der Sonne sitzend mit dem Spruch: »Na, das war ja ein kurzer Urlaub!« Ich nehme mir vor, kein Wort mehr mit ihr zu sprechen. Mit meinem Vater auch nicht. Zum Glück fahren sie bald in den Urlaub.

Endlich sind meine Eltern weg und ich verbringe meine Schulferien im Reitstall und gehe eigentlich nur noch zum Schlafen nach Hause. Heinz ist anfangs noch kühl und macht mir Vorwürfe. Er rechnet mir immer wieder vor, wie der Reitstall den Bach runtergeht, sagt immer wieder, dass es meine Schuld sei, immerhin hatte ich unser Verhältnis an die große Glocke gehängt. Dass ich das gar nicht getan habe, davon will er nichts hören. In anderen Momenten ist er wieder unheimlich zärtlich und lieb zu mir, macht mir Komplimente. Sagt, dass ich in einem Jahr locker das Geld für unsere gemeinsame Zukunft verdienen könnte. Und, dass unsere Zukunft von mir abhängt, von mir allein. Eines Abends eröffnet er mir seine neuen Pläne für mich: Mannheim sollte mein erster Einsatzort werden.

Heinz diktiert mir am 2. September 2000 einen Abschiedsbrief an meine Familie. Meine Eltern sind immer noch mit meiner Schwester und meinem kleinen Bruder in Italien im Urlaub. Und für mich fängt ein neues Leben an.

Hallo Leute!

Ich bin jetzt weg und komme auch nicht wieder. Aber das ist ganz gut so. Das zwischen uns hätte sowieso nicht funktioniert, das ist doch alles viel zu kaputt, deshalb werde ich jetzt versuchen, auf eigenen Beinen zu stehen. Ich werde auf einem großen Gestüt Pferdewirtin oder Bereiterin lernen und somit meinen eigenen Weg gehen. Macht euch um mich keine Sorgen, ich werde mich schon irgendwann einmal wieder melden. Aber jetzt brauche ich erst einmal Zeit und Abstand von euch.

Gruß Katharina

Als wir dann aber im Wagen auf dem Weg nach Mannheim sind, zu dem Bordell, in dem ich arbeiten soll, geht es mir furchtbar schlecht. Bis zuletzt habe ich gehofft, dass es nicht so weit kommen wird, dass mir das erspart bleibt. Ich hätte mir im Traum nicht vorstellten können, dass Heinz das wirklich von mir verlangt, aber jetzt gibt es keinen anderen Weg mehr für mich. Bei diesen Gedanken kullern mir immer wieder Tränen übers Gesicht, leise und heimlich, damit Heinz das nicht mitbekommt. Ich will ihn nicht schon wieder enttäuschen. Er ist doch alles, was ich habe. Mein Herz schlägt wie wild gegen meinen Brustkorb, und das Zittern fühlt sich an wie ein leichtes Beben, das meinen ganzen Körper durchströmt. Ich habe Angst. Furchtbare Angst. Doch die Lage ist aussichtslos und deshalb lasse ich alles über mich ergehen. Es gibt kein Zurück mehr für mich!

8. September 2000 – mein erster Arbeitstag als Prostituierte: Lupinenstraße 12, 1. Stock rechts, ein dunkler Gang im Rotlichtbezirk von Mannheim. Ich bin in einem Laufhaus gelandet, Frauen mieten dort ein Zimmer, sitzen auf einem Barhocker vor der Tür und bieten

sich an. Es ist dunkel hier, die Luft ist stickig, es stinkt nach Männerschweiß und kaltem Zigarettenrauch. Die Männer streifen durch die Flure und suchen sich eine aus. Ich heiße nicht mehr Katharina, sondern Laura. Im Milieu tragen alle falsche Namen, hat Heinz mir erklärt. Ich bin heute 17 Jahre und acht Monate alt. In drei Tagen müsste ich eigentlich wieder aufs Gymnasium gehen.

Mir zittern die Beine, und ich habe eine Scheißangst, als ich mich in meiner dunkelroten Unterwäsche auf den schwarz gepolsterten Barhocker vor meinem Zimmer setze. Von 18:00 Uhr bis 6:00 Uhr morgens ist meine Schicht. Karin, die Betreiberin des Bordells, hat mich vorher noch einmal in die Küche zitiert und eindringlich gemustert. Ich sollte mich drehen wie ein Zirkusäffchen! Als die »Ware« als tauglich befunden wurde, durfte ich wieder gehen. Zum Glück, denn die Situation war mir furchtbar unangenehm. Ich fühlte mich nackt. Allerdings müsste ich mich noch schminken, ruft sie mir hinterher, das sei hier Pflicht. Ich brauche eine gefühlte Ewigkeit für den Lidstrich. Meine Hände zittern und ich muss immer wieder weinen. Was werden das für Männer sein, die für Sex mit mir bezahlen? Wird es so schrecklich, wie ich mir das vorstelle? Aber ich habe keine andere Wahl. Ich komme hier sowieso nicht raus, und selbst wenn ich rauskäme, was sollte ich da draußen? Ganz allein. Heinz verlässt sich auf mich. Wir brauchen das Geld. So schlimm wird es schon nicht werden, versuche ich, mich zu beruhigen. Die Frauen, die Heinz mir bisher vorgestellt hatte, sahen doch alle ganz zufrieden aus. Die ersten Freier schleichen wie hungrige Hunde durch die Gänge, auf der Suche nach Beute, bevorzugt Frischfleisch. Vor jeder Zimmertür steht ein Barhocker und die Mädchen sitzen aufgereiht wie die Puppen vor ihren Zimmern. Die Mädchen sind sehr hübsch und blutjung. Doch leider verstehe ich nichts, denn alle Frauen hier im Haus sprechen nur russisch.

Die Gänge sind schwach beleuchtet, vereinzelt gibt es ein paar rote Lampen an den Wänden, und über den Türen hängen Schwarzlichtröhren. Fenster gibt es keine. Wildfremde Männer fassen mich an, wie auf dem Viehmarkt, begrabschen meine Brüste, fassen mir an den Hintern und fahren mir mit ihren Fingern in die Spalte zwischen meinen Pobacken. Ich kneife meinen Hintern ganz fest zusammen und verschränke meine Beine, damit die gierigen Hände nicht noch tiefer in mich eindringen können. Sie kommen mir so nah, dass ich den Geruch von Alkoholfahnen und Achselschweiß einatmen muss. Ich könnte kotzen. Ich weiß noch nicht, dass man sich wehren kann, dass man sich wehren muss, dass das ganz normal ist und dass man den Kerlen ganz einfach auf die Finger haut. Anfassen ist nicht erlaubt, es sei denn, der Freier bezahlt dafür.

Sie wissen alle, dass ich neu bin. Freier riechen so etwas förmlich, und erst recht die Puffrutscher, die um neue Frauen kreisen, wie die Aasgeier um einen Kadaver. Außerdem bin ich die Jüngste hier. Es ist, als hätte ich den Stempel »Frischfleisch« auf die Stirn bekommen. Dann fragt der Erste: »50 Mark?« Ich nicke und ab diesem Moment komme nicht mehr zum Nachdenken. 21 Männer werden es in dieser Nacht. Sie wollen alle ohne Gummi und werden ungeduldig, wenn ich das Kondom mit meinen zittrigen Fingern nicht schnell genug über ihren Schwanz streifen kann.

Blasen oder Verkehr kostet 50 D-Mark, beides 70, die halbe Stunde kostet 150 D-Mark und eine ganze 300. BH ausziehen, Stellungswechsel, anal … Alles kostet extra. Das hat mir Heinz vorher auch immer wieder eingebläut, aber noch kann ich mich gegen die Männer nicht behaupten. Sie sind dreist und nutzen meine Hilflosigkeit schamlos aus.

Morgens um sechs ist es vorbei. Die Wirtschafter schließen die Türen ab, keiner kann mehr rein, keiner kann mehr raus, und auch ich schließe mich in meinem Zimmer ein. Traurig falle ich aufs Bett und ziehe meine schwarzen Stiefel aus, die im Licht silbern glitzern. Meine Füße schmerzen höllisch, ich bin es nicht gewohnt, auf hohen Schuhen zu gehen. Mit 1,80 Meter bin ich größer als die meisten Jungs in meiner Klasse. Da trägt man keine hohen Hacken. Aber hier gehört das zur »Arbeitskleidung« dazu: Stilettos oder hohe Stiefel und sonst so wenig Stoff wie möglich.

Die schmerzenden Füße sind nicht meine größte Pein. Ich fühle mich dreckig, klebrig und beschmutzt. Mein Körper stinkt nach dem Schweiß der Männer, die mich hatten, und mir wird ganz schlecht davon. Ich müsste dringend baden, wenigstens duschen, am besten ganz heiß, eine Stunde lang. Das Badezimmer liegt schräg gegenüber von meinem Zimmer, doch ich traue mich nicht mehr nach draußen. Lange stehe ich an meiner Zimmertür und lausche, ob sich auf dem Flur noch etwas bewegt. Im Haus ist es ruhig geworden und eigentlich muss ich nur schnell über den Gang. Aber ich traue mich nicht. Alles tut mir weh, der Bauch, die Scheide, trotz Betäubungssalbe und Gleitmittel. Meine Brustwarzen schmerzen vom Begrabschen und Kneifen unzähliger Hände.

Mein Zimmer stinkt nach Männerschweiß und kaltem Rauch. Ich finde es widerwärtig, weiß nicht, wie ich hier schlafen soll. Ich wasche mich am Waschbecken. Gründlich. Zwischen den Nummern war nie viel Zeit, immer nur für eine kurze Wäsche. Dann ziehe ich mir meinen Lieblingsschlafanzug an. Den hat mir Mama mal zu Weihnachten geschenkt. Er ist aus Satin, innen kuschelig angeraut, rot mit weißen Punkten. Als ich ihn damals ausgepackt hatte, musste ich an einen Fliegenpilz denken. Heute kuschele ich mich in ihn rein, ein kleines bisschen Geborgenheit für mich in dieser schrecklichen Welt. Ich räume das Arbeitshandtuch vom Bett und lege es auf den einfachen Holzstuhl, auf dem die Freier während der Geschäftszeit ihre Klamotten ablegen. Dann hole ich mein Bettzeug aus dem alten klapprigen Kleiderschrank heraus und gehe zu Bett. Wie immer bete ich vor dem Einschlafen: »Lieber Gott, ich bin klein, mein Herz ist rein. Niemand soll drin wohnen als Jesus allein …«

Eine Träne nach der anderen läuft über mein Gesicht und ich habe schreckliches Heimweh. Ich vermisse meine Familie, meine Freunde und mein ganzes altes Leben. Bei diesen Gedanken tut mir das Herz weh, und ich hoffe, dass dieser Spuk vorbei ist, wenn ich wieder aufwache. Doch nach dem Aufwachen ist es noch viel schlimmer. Ich kann nicht sitzen, mir tut alles weh, mein Unterleib ist eine einzige schmerzende Wunde. Bei der Vorstellung, dass in ein paar Stunden wieder wildfremde Männer in mich eindringen werden, wird mir ganz schlecht. Ich traue mich immer noch nicht, in die Dusche zu gehen. Also wasche ich mich wieder am Waschbecken. Darin wasche ich jetzt auch mein Arbeitshandtuch und meine Arbeitskleidung, meinen weinroten BH und den dazugehörenden knappen Stringtanga. Die Unterwäsche habe ich mir selbst vor ein paar Tagen gekauft. Heinz hatte mich mit 50 D-Mark losgeschickt und das Rot hat mir so gut gefallen. Beim Schuhkauf war Heinz dabei. Er hatte für mich ein paar rote Pumps ausgesucht, doch mir haben die schwarzen Stiefel gefallen, die beim Laufen so schön geglitzert haben. Heinz hat schließlich beide Paar für mich gekauft. Allerdings konnte ich in diesen hohen Schuhen überhaupt nicht laufen und die Verkäuferinnen haben sich über meine ersten Gehversuche kaputtgelacht.

Die schwarz verklebten Fenster lassen kein Tageslicht herein, alles hier ist dunkel. Und was ich sehe, ist einfach nur erbärmlich. Meine gelben und hellgrünen Bettlaken schillern wie Paradiesvögel, die sich in einem Kohlenkeller verirrt haben. Ich hatte ja keine Ahnung, dass hier dunkle Bettlaken üblich sind. Bevorzugt dunkelrot oder violett. Weil man hierauf die Flecken nicht so schnell sieht. Außer dem Bett, dem einfachen Holzschrank, dessen Tür nicht richtig schließt, und dem Holzstuhl gibt es kein weiteres Mobiliar in diesem Zimmer. In der Ecke steht meine Reisetasche mit meinen Arbeitsutensilien, und an der Decke hängt eine Lampe, die schwaches rotes Licht im Zimmer verbreitet. Der einzige Lichtblick in dieser Düsternis ist der Anruf von Heinz. »21 Männer«, staunt er. »Gut gemacht«, lobt er mich und freut sich über die Einnahmen von 1160 D-Mark. 150 kostet das Zimmer, also bleibt eine schöne Stange Geld übrig. »Für unseren Reiterhof«, sagt er, und dann träumen wir noch ein bisschen am Telefon von unserem künftigen Leben. Spike, mein kleiner Hund, wird mitkommen und die anderen Tiere auch. Nur die besten Pferde wollen wir für uns aussuchen. »Wir zeigen es der ganzen Welt«, verspricht Heinz. »Bald kann uns niemand mehr trennen.« In drei Tagen kommt er mich besuchen, nimmt die ganze Fahrt auf sich, nur um mich zu sehen. Ich freue mich so.

Doch das Wiedersehen verläuft ganz anders, als ich gedacht habe. Fast 3000 D-Mark habe ich verdient, und der Wirtschafter Tom wollte es für mich aufbewahren, denn ich habe ja nicht einmal einen abschließbaren Schrank in meinem Zimmer. Im sicheren Safe in seinem Büro sei das Geld besser aufgehoben. Als ich das Geld für Heinz abholen will, ist es nicht mehr da. Heinz rastet aus. »Du bist die dümmste Alte auf der ganzen Welt«, schreit er mich an. »Wie kann man nur so blöd sein, diesem drogensüchtigen Arschloch sein Geld zu geben!« Es gibt einen Riesenstreit. Heinz ist völlig in Rage und zofft sich in der Küche mit Karin weiter, die ihm das Geld bis auf 500 D-Mark gibt. »Pack deine Sachen!«, brüllt er mich an. Und schon sitze ich wieder in seinem Auto auf dem Weg in unser Dorf, wie ein Häuflein Elend, schluchzend und absolut verzweifelt.

6

Die Vorbereitung

Nach Hause kann ich nicht mehr, und es beginnen schlimme Wochen für mich: Tagsüber muss ich mich im Wald verstecken. In der Nähe des Springplatzes beobachte ich die anderen aus dem Dickicht heraus heimlich beim Reiten. Wie gerne wäre ich jetzt da unten mit ihnen. Das tut mir richtig weh.

Eines Nachmittags streife ich gerade allein über den Springplatz, als ich plötzlich den Roller meines Vaters sehe. Später sollte ich erfahren, dass er die Wege um den Springplatz herum abfuhr, um mich zu suchen. Doch in diesem Augenblick bekomme ich nur eine schreckliche Angst und ich renne einfach los. Ich springe vom Springplatz auf den Schotterweg und vom Schotterweg in den Wald hinein. Auch im sicheren Dickicht des Waldes renne ich weiter, als wäre der Teufel hinter mir her, immer tiefer in den Wald hinein. »Lieber Gott, bitte lass ihn mich nicht finden«, bete ich. Wenn er mich findet, dann sperrt er mich ein, und dann komme ich nie mehr raus. Dann sehe ich Heinz nie wieder!

Nachts kann ich in diesen Wochen nur zu Heinz ins Haus, wenn Sandra arbeiten ist. Tagsüber treibe ich mich im Wald herum oder halte mich heimlich im Stall auf, oben im Heuboden, wo mich keiner vermutet. Will ich wirklich so leben? Während ich allein durch den

Wald gehe, habe ich viel Zeit zum Nachdenken. Ist das richtig, was ich tue? Ich habe Heimweh nach meinem warmen Zimmer, ja, auch nach meiner Familie, aber noch mehr nach meinen Freunden. Mein ganzes altes Leben, das fehlt mir so sehr.

Heinz blieben meine Zweifel nicht verborgen. Sein schöner Plan, mit mir als Superhure reich zu werden, stand auf der Kippe. Sein schöner Geschäftsplan, auf den er seit Jahren hingearbeitet hat – er drohte zu platzen. Und so fasste er den perfiden Plan, mich ein für alle Mal von meiner Familie zu trennen. Heute, 20 Jahre später, beim Schreiben dieses Buches, muss ich immer noch darüber staunen, wie gut er mich manipulieren konnte. Er hat mir damals alle paar Tage Briefe an meine Eltern diktiert. Ich würde nach Hause kommen, wenn sie einsähen, wie schlecht sie mich behandelt hätten. Wenn sie zugeben würden, dass ich in der Sache mit dem Mann auf dem Reitstall nicht gelogen habe. Und wenn sie mich nicht wegsperren würden. Dann käme ich nach Hause. Ich habe damals so auf eine Antwort gehofft, wenn ich in der Kälte im Wald saß, mutterseelenallein. Heute weiß ich, dass Heinz die Briefe nie aufgegeben hat. Und ich nie die ersehnte Antwort meiner Eltern bekommen konnte. Für mich war es unvorstellbar, dass Heinz diese Briefe – es waren am Ende sicher zehn Stück – nie eingeworfen hat. Damit konnte er mir immer weiter einreden, dass ich meinen Eltern nichts bedeutete. Dass es ihnen völlig egal war, wie es mir ging. Und damit war der Weg für mich zurück nach Hause endgültig unmöglich geworden.

Eines Tage erscheint auf einmal die Polizei auf dem Hof und sucht nach mir. Zwei Streifenwagen fahren vor und vier Uniformierte steigen aus. Ich verstecke mich. Das Obergeschoss des alten Bauernhofs ist aus Holz und ich linse durch einen Spalt zwischen den Brettern hindurch. Mein Herz schlägt wie wild, und ich versuche so leise wie möglich zu atmen, damit mich ja niemand entdeckt. Wenn sie mich jetzt hier finden würden, wäre alles aus.

Heinz ist ganz cool. Ich kann oben hören, wie er zu den Polizisten sagt: »Keine Ahnung, wo die ist. Wahrscheinlich hat sie wieder mal Streit mit ihrer Mutter und ist weggelaufen.« Heinz kümmert sich nicht weiter um die Beamten und lässt sie links liegen.

Im Wald kann ich nicht mehr lange bleiben, es ist mittlerweile Ende September, und die Nächte sind so kalt, dass mich Heinz nachts in seiner Badewanne »auftauen« muss, wenn seine Frau endlich arbeiten ist und er mich zu sich holen kann. Heinz bringt mich darum in einer kleinen Pension in der Nähe unter und sucht den nächsten Einsatzort für mich. Eigentlich will ich nicht wieder arbeiten, doch das wage ich nicht, Heinz zu sagen. Welche Wahl habe ich auch schon? Ich habe keine Familie, kein Zuhause, kein Geld, keine Freunde. Nur Heinz. Und der liebt mich wirklich. Und kämpft mit mir für eine gemeinsame Zukunft. Das sagt er mir immer wieder.

Die Zeit, die Heinz braucht, um einen neuen Einsatzort für mich zu finden, will er nutzen, um mich »auf das Geschäft vorzubereiten«. Damit mir die Freier nicht wehtun können, müsse er mich weiten und abhärten, erklärt er mir. Ich habe ja keine Ahnung, welche höllischen Schmerzen mir das bereiten wird. Heinz sagt mir immer wieder, ich hätte einen Babyarsch, der zu empfindlich für das Geschäft sei. Er will, dass ich auch »anal« anbiete: »Damit kannst du richtig Geld verdienen.« Für mich ist das eine schreckliche Vorstellung. Aber Heinz lässt sich nicht erweichen.

Eines nachmittags fordert er mich in der Pension auf: »Komm, wir gehen ins Bad!« In der Hand hält er eine Flasche Männerduschgel. Ich muss mich ausziehen und in die Wanne knien. Heinz schraubt den Duschkopf ab und steckt mir den Schlauch in den Hintern. Der unerwartete Schmerz beim Aufdrehen des Wasserhahns lässt mich aufschreien.

»Wir müssen dich abhärten«, redet Heinz auf mich ein, und dazu gehöre auch, sich zu reinigen. Für den Analverkehr. Ich mag das nicht! Der starke Wasserstrahl in meinem Hintern tut mir höllisch weh. Heinz will es aber und sagt, das sei wichtig für das Geschäft. Ich will allerdings nur raus aus der Badewanne und hoffe, dass die Schmerzen nachlassen. Dass er mich endlich in den Arm nimmt und tröstet. Aber es kommt noch schlimmer. Nach dem »Reinigen« schmiert sich Heinz das Duschgel auf einen seiner Finger und steckt ihn mir in den Po. Es tut unbeschreiblich weh, brennt wie verrückt. Ich flehe ihn an aufzuhören, es tut so weh, so weh. Doch Heinz lässt nicht nach, stattdessen nimmt er noch einen zweiten Finger dazu, dann einen dritten. Er müsse das jetzt dehnen und meinen Hintern mit dem Duschgel »ausbrennen«, damit ich unempfindlicher würde und mir die Freier später nicht wehtun könnten. Das mache er doch nur zu meinem Schutz. Auch nach dem Dehnen mit den Fingern ist die Tortur noch nicht zu Ende. Er nimmt einen Dildo, schmiert ihn mit dem Duschgel ein und presst ihn mit Gewalt in mich rein. Unnachgiebig. Ich weine und flehe ihn an, damit endlich aufzuhören. Doch Heinz macht einfach weiter. Dann duscht er mich ab, und ich denke, die Quälerei hat ein Ende. Es ist endlich vorbei. Doch dann packt er mich und dringt selbst anal in mich ein. Das ist viel schlimmer für mich als all die körperlichen Schmerzen, die ich gerade durchmachen musste.

Ich weiß nicht mehr, wie lange diese Quälerei an diesem Tag dauert. Es sollte auch nicht das einzige Mal bleiben, dass mir Heinz so wehtut. In den nächsten Tagen muss ich mich immer wieder vor ihm hinknien, damit er meinen Po dehnen kann. Er muss mich jedes Mal dazu zwingen, weil es mir so furchtbar unangenehm ist. Die Dildos, die er dafür benutzt, werden immer dicker. Alles an mir ist wund, blutig, eingerissen und ich kann kaum noch sitzen. Das einzig Erträgliche ist, dass mich Heinz danach immer ganz fest in den Arm nimmt und tröstet. Er wolle mich doch nur schützen und vorbereiten. Und bald wäre alles wieder gut. Er wolle mich schließlich zur Superhure machen.

Mein nächster Einsatzort wird eine »Modellwohnung« in Bayreuth in der Kulmbacher Straße. Auf dem Klingelschild steht »Sommer«. Ein Bekannter von Heinz, ein Pferdehändler, fährt mich Anfang Oktober hin und liefert mich bei der Besitzerin des Etablissements ab. Die Bordellchefin ist fürchterlich dick und ich finde sie von der ersten Sekunde an unsympathisch. Sie wird die Hälfte meiner Einnahmen behalten. So ist das Geschäft.

Wirtschafterin Svetlana, eine ältere blonde Tschechin, die früher selbst anschaffen gegangen ist, empfängt die Gäste und bringt sie in eines der beiden Arbeitszimmer. Dort stellen sich die Mädchen einzeln vor, und der Gast sagt der Wirtschafterin, welche der Frauen sie ihm schicken darf. Außerdem gibt es ein Badezimmer, das die Freier mitbenutzen dürfen. Es gibt eine klitzekleine Küche, in der wir Frauen sitzen, und es gibt ein geräumiges Wohnzimmer, in dem die Chefin und die Wirtschafterin sitzen. Zum Schlafen haben wir eine kleine Wohnung in der Innenstadt. Sie liegt direkt gegenüber vom Polizeigelände und wir werden nach Feierabend mit einem Taxi dorthin gebracht.

Außer mir arbeiten hier noch zwei Asiatinnen, eine ältere Deutsche, eine Türkin und eine junge Frau aus Tschechien. Sie ist illegal hier, und auch ich dürfte nicht hier arbeiten, weil ich immer noch minderjährig bin. Meine Jugend ist ein gutes Verkaufsargument, ich verdiene gut. Heinz ist sehr zufrieden mit mir. Er ärgert sich aber darüber, dass die Alte die Hälfte von meinen Einnahmen einstreicht.

Die Männer, die hierherkommen, sind nicht ganz so abgeranzt wie manche, die ich in Mannheim bedienen musste. Viele sind Stammkunden und neugierig auf die Neue. Ich arbeite, schlafe, arbeite, schlafe. So geht es Woche um Woche. Ich muss durchhalten, sage ich mir immer wieder. So schwer es mir auch fällt. Kaum habe ich angefangen, gibt es eine Razzia. Der Monitor, der in der Küche steht, zeigt zwei verdächtige Personen an der Eingangstür. Schnell wird Svetlana gerufen, die die beiden Männer als Polizisten in Zivil identifiziert. Die junge Tschechin und ich müssen uns verstecken, wir klettern in die Bettkästen und halten die Luft an. Mein Herz schlägt wie verrückt, als einer der Polizisten durchs Zimmer läuft und in die Schränke schaut. Ich habe fürchterliche Angst, entdeckt zu werden, aber der Polizist schaut nicht in den Bettkasten, und dann hören wir erleichtert, wie sich die Schritte wieder entfernen.

Später erfahre ich, dass viele Razzien vorher angekündigt werden. Die Bordellchefin hat einen Tippgeber bei der Polizei. »Wer gut schmiert, der fährt gut.« Was sie aber nicht verhindern kann, ist, dass Kunden kommen, die mich kennen. Plötzlich steht ein Sportfreund meines Vaters vor mir, ein hohes Tier in der Politik. Ich erschrecke genauso wie er, als wir uns gegenüberstehen, doch dann strecke ich ihm meine Hand entgegen. »Ich bin Laura«, stelle ich mich dem Gast vor und verlasse das Zimmer wieder. Als Svetlana fragt, welches Mädchen sie ihm schicken solle, stammelt der Freund meiner Eltern nur: »Ich habe es mir anders überlegt.« Er verlässt fluchtartig die Modellwohnung. Ich bekomme Panik, denn der Mann weiß, dass meine Eltern nach mir suchen. Ich rufe Heinz an. Der holt mich sofort ab. Als nach einer Woche nichts passiert ist, gehe ich zurück in die Modellwohnung in der Kulmbacher Straße.

Inzwischen habe ich die ersten Stammfreier. Einer, vielleicht 60 Jahre alt, bringt mir immer Schokolade mit. Das sind die wenigen netten Momente in diesem Geschäft. Eines Tages kommt einer und will mich buchen – für 24 Stunden, ein Hausbesuch, der 2000 D-Mark bringen soll. Für gewöhnlich kostet die Stunde 400 D-Mark, aber es gibt hier auch das Sonderangebot einer ganzen Nacht, da kosten zwölf Stunden »nur« 2000 D-Mark. Die Bordellchefin selbst wickelt das Geschäft ab und der Freier nimmt mich in einem Taxi mit zu sich nach Hause. Ich werde erst gar nicht gefragt.

Dieser Freier ist mir unheimlich: ungepflegt, rappeldürr, fahle Haut, klein und vielleicht Anfang 40. Sein Zuhause ist eine umgebaute Garage neben dem Haus seiner Eltern. Er ist stockbesoffen und jetzt nimmt er erst einmal eine Nase. Er bietet mir auch etwas von seinem Speed an, aber ich lehne ab. Ich nehme keine Drogen. Er schluckt noch eine Viagra, und dann fordert er mich auf, die Klamotten abzulegen. Während ich mich ausziehe, lässt er das Bett aus der Schrankwand heraus. Nun soll es zur Sache gehen – der Typ will ficken. Doch egal wie ich mich bemühe, er bekommt einfach keinen hoch. Er springt aus dem Bett heraus und nimmt noch einen großen Schluck aus der Whiskyflasche. Er zieht eine weitere Nase und kommt wieder zurück zu mir. Doch auch der nächste Versuch, seinen Schwanz zum Stehen zu bringen, scheitert. Der Typ ist inzwischen sternhagelblau und die Drogen steigern das noch. Er wird immer irrer und lässt mich keine Sekunde mehr aus den Augen. Dann will er mich schlagen, packt nach mir. Ich weiche ihm aus und schreie ihn an: »Lass das!« Der Typ rastet völlig aus, packt mich am Arm und schleudert mich durchs Zimmer. Ich rufe um Hilfe. In seinem Wahn faselt er etwas von einer Schusswaffe, und ich verstehe nur noch: »Ich bringe nicht nur mich um, sondern dich gleich mit.« Panik steigt in mir auf und ich habe schreckliche Angst. Wie komme ich hier bloß raus? Auf einmal klingelt das Telefon. Seine Mutter ist dran, sie hat nebenan die Schreierei mitbekommen und die Polizei gerufen. Der Typ schäumt vor Wut. Er knallt den Hörer auf. Das Telefon klingelt noch dreimal, innerhalb kurzer Abstände, doch der Typ nimmt nicht mehr ab. Dann ist alles still.

›Wie komme ich hier lebend wieder raus?‹, ist mein einziger Gedanke. Die Haustür hat er abgesperrt, ich sehe keinen Schlüssel. Im Badezimmer gibt es nur eine kleine Luke, durch die passe ich niemals hindurch. Die einzige Möglichkeit ist das Fenster im Wohnbereich. Doch ein Blick aus diesem Fenster verrät mir, dass eine Flucht hier ebenfalls unmöglich ist. Es geht schätzungsweise drei Meter in die Tiefe und unter dem Fenster ist ein Gartenteich mit riesigen Natursteinen angelegt. Haus und Garage liegen an einem steilen Hang. Ich sitze in der Falle.

Plötzlich fliegt die Tür auf und die Polizei stürmt herein. Auch ein Rettungswagen mit Blaulicht fährt auf den Hof. Die Polizisten trennen uns, zwei Beamte befragen mich, zwei Beamte kümmern sich um den durchgeknallten Typen. Der nächste Schock: Ich kenne den Polizisten, der meine Personalien aufnimmt. Er war drei Tage zuvor als Gast bei mir in der Modellwohnung und hatte sich als Versicherungsvertreter ausgegeben. Ein stattlicher junger Mann, groß, dunkle Haare, durchtrainierter Körper. Ich wäre nie auf die Idee gekommen, dass er Polizist ist.

Die Rettungssanitäter schieben meinen immer noch randalierenden Freier auf einer Liege in den Krankenwagen hinein und ich springe schnell mit auf. »Ich bin eine Bekannte«, sage ich zum Fahrer und will mit ihm ins Krankenhaus fahren. Die zwei großen Flügeltüren schlagen zu und wir fahren nach Bayreuth ins Klinikum. Und ich bin erst mal sicher vor der Polizei. Am Klinikum angekommen, schieben die beiden Sanitäter den Typen in die Notaufnahme hinein. Ich zögere einen Moment und dann laufe ich weg. Kein einziges Mal drehe ich mich mehr um, sondern renne, so schnell ich kann, die Straßen entlang. Ein paar Straßen weiter rufe ich Heinz an und er holt mich ab. Die Polizei hat meine Personalien aufgenommen. Inzwischen wissen sie bestimmt, dass ich gesucht werde. In der Modellwohnung kann ich nicht bleiben.

Heinz bringt mich wieder nach Mannheim. Jetzt hat er ein Zimmer weiter vorne in der Lupinenstraße für mich »klargemacht«. Emma führt hier den Laden. Sie ist ein altes Mütterchen, hager, weit über die 70. Auch hier ist es nicht ganz so abgeranzt wie im Laufhaus weiter oben. Das Zimmer kostet 120 D-Mark.

Die Frauen im Haus sind anscheinend ganz nett. Sandrina, ein zierliches Persönchen, deren Kerl wegen Drogen für acht Jahre im

Knast sitzt, Elvira und Ingrid, zwei etwas ältere Semester, sowie Britney, die früher mal ein Mann war. Ansonsten arbeiten nur Schwarze in diesem Haus, mit denen wir eigentlich nichts zu tun haben. Probleme machen mir die Frauen aus den umliegenden Häusern. Sie hassen mich. Ich bin jünger als sie und immer noch minderjährig. Darauf stehen die Freier.

Inzwischen nenne ich mich Sonja. Wir Frauen sitzen hier an den Schotten. Das sind die großen Fenster in Erdgeschoss und Hochparterre. Die Männer streifen durch die Puffstraße und schauen sich die »Ware« von draußen an. Wir hocken auf hohen Stühlen, aufgereiht wie Fleisch an der Fleischtheke. Manche Frauen stehen auch in den Fenstern, so wie Modepuppen im Schaufenster eines Kaufhauses. Inzwischen weiß ich auch, was »kobern« ist: Männer ansprechen, mit »Schatzi«, »Süßer« oder »Hallo, schöner Mann«. Wenn sie stehen bleiben, hat man schon fast gewonnen. »Versprich ihnen alles, was sie wollen«, das hat mir Heinz beigebracht. »Hauptsache, du bekommst sie auf dein Zimmer und kannst ihnen viel Geld abnehmen.«

Eines Tages drohen mir die Frauen von gegenüber Prügel an, weil ich offenbar gegen eine Regel verstoßen habe: Ich habe einen Freier außerhalb meines Kober-Bereichs angesprochen. Ich wusste nicht, dass ich nur die Männer direkt vor meinem Fenster ansprechen darf. Und das auch nur bis zur Mittellinie, denn alles darüber hinaus ist der Kober-Bereich der Frau, die mir gegenüber sitzt. Doch es ist nicht nur dieser Regelverstoß, der die anderen Frauen nervt. Ich bekomme mehr Freier als sie und arbeite denen auch viel zu viel. Sieben Tage in der Woche, 14 Stunden pro Tag, gerne auch mal länger. Wenn ich meine Tage habe, schiebe ich mir Watte tief rein und weiter geht's. Im Schnitt schaffe ich 20 Männer pro Schicht. Ich bin zum Geldverdienen hier und will so schnell wie möglich damit durch sein. Zeit zum Nachdenken bleibt da nicht.

7

Die 1000-D-Mark-Hure

Auch hier in der Lupinenstraße gerate ich nach wenigen Tagen in eine Razzia hinein, aber die Polizisten sind noch weniger gründlich als ihre Kollegen in Bayreuth. »Überlass mir das Reden«, sagt Elvira. Da fliegt auch schon die Zimmertür auf, und der Polizist fragt: »Seid ihr Deutsche?«

»Ja, sind wir«, entgegnet Elvira und der Beamte zieht die Tür wieder zu. Als die Polizisten abziehen, haben sie fünf schwarze Frauen im Schlepptau – morgen werden fünf neue schwarze Frauen hier anfangen. Die Schwarzen sind Massenware in dem Gewerbe, es gibt viele davon, und sie sind billig. Im Puff, das habe ich inzwischen auch gelernt, gibt es eine klare Hackordnung: Die Negerinnen, wie sie hier im Gewerbe genannt werden, stehen ganz unten. Dann kommen die Asiatinnen, dann die Frauen aus dem Ostblock. Am meisten können Deutsche verlangen.

Seit dem 6. Dezember 2000 bin ich jetzt in Mannheim und arbeite, so viel ich kann. Was soll ich sonst schon machen? Ich will so schnell wie möglich hier wieder raus sein. Heinz und ich haben das Ziel, dass ich mindestens 1000 D-Mark am Tag einnehme. Das sind ungefähr 20 Freier pro Tag. Ich versuche, bei jedem von ihnen noch mehr Geld rauszuholen. Sie müssen für alles extra zahlen. Stellungswechsel, oral, alles kostet extra. Ohne Geld ziehe ich nicht mal meinen BH aus und Anfassen kostet auch noch extra.

Heinz ist stolz auf mich und lobt meine Geschäftstüchtigkeit. Einmal schaffe ich sogar 40 Männer in einer Schicht. Heinz freut sich immer so über meine Leistung, wenn er alle paar Tage kommt, ein paar Stunden mit mir verbringt und dann wieder fährt und das Geld mitnimmt. Ich habe versucht, mein Zimmer für uns so wohnlich wie möglich zu machen. Die Decke lege ich nur für uns übers Bett, ein paar Kissen dazu machen es gemütlich. Wir legen uns dann ins frisch bezogene Bett und haben Sex. Heinz bringt manchmal frische Brötchen und fränkische Wurst mit. Wir lieben es herzhaft. Ich koche dann Kaffee für ihn und wir reden über das Geschäft. Er tröstet mich, wenn die Kunden wieder mal schlimm waren. Aber vor allem reden wir über unseren Hof und die Pferde, die wir kaufen wollen. Heinz weiß genau, was er will. Nur das Beste für uns beide. Für seine »Alte«, wie er mich manchmal nennt, oder sein »Fötzla«. Ich liebe die Stunden mit ihm. Eigentlich lebe ich nur in der Zeit, in der wir zusammen sind. Ich muss immer weinen, wenn er wieder gehen muss. Ich bin hier so furchtbar allein.

Draußen ist es kalt und nass geworden und jetzt geht auch noch die Heizung nicht richtig. Das Haus ist alt, nicht besonders gut isoliert; die Wände bestehen teilweise noch aus Stroh und Lehm. Durch die Fensterritzen pfeift ein kalter Wind. Alles ist klamm. Doch es ist nicht nur die Heizung, auch die Jahreszeit geht mir aufs Gemüt. Bald ist Weihnachten. Die wenigen deutschen Frauen, zu denen ich ein bisschen Kontakt habe, fahren alle nach Hause. Seit Tagen nutzen sie die Pausen, um Geschenke zu besorgen. Sie schleppen hier so volle Taschen an, als gebe es nach Weihnachten nichts mehr zu kaufen. Ein paar haben auch Kinder und die werden üppig beschenkt.

Am Anfang habe ich mich kaum in die Küche getraut, wenn die anderen Frauen dort saßen. Sie mögen mich nicht, weil ich so viel arbeite und weil ich jünger und attraktiver bin als sie. Inzwischen traue ich mich und die Frauen sind ganz nett zu mir. Rauchen und Kaffee trinken, das ist die kleine Unterbrechung in meinem harten Alltag. Die anderen trinken schon mal einen Sekt oder was Stärkeres. Seitdem ich nicht mehr auf dem Reiterhof bin, trinke ich nur Wasser oder mal einen Kaffee, um wach zu bleiben.

Aber es gibt auch etwas, auf das ich mich freue: In zwei Tagen habe ich Geburtstag, und werde 18 Jahre alt, dann bin ich endlich volljährig. Ich frage mich schon die ganze Zeit, ob Heinz wohl ein Geschenk für mich hat. Vielleicht hat er ein Pferd für mich gekauft. Das wäre eine wunderschöne Überraschung. Heute früh sind schon die Frauen aus dem Ostblock abgereist, mit großem Gepäck. Sie haben den längsten Weg nach Hause. Eine braucht mit Bus und Bahn über 36 Stunden. Am Nachmittag sind die meisten Deutschen weg. Nur wir, ich und ein paar Schwarze, die nicht nach Hause fahren können, halten noch die Stellung.

Es ist verrückt, aber manchmal wäre ich jetzt gerne zu Hause. Ich muss daran denken, wie wir als Familie die Adventssonntage verbracht haben, Plätzchen mit Mama backen, zusammen Lieder singen, in den Adventsgottesdienst gehen. Ich erinnere mich immer noch daran, wie ich dort in der Kirche einmal »Tochter Zion« singen durfte. Auf dem Weihnachtsmarkt gab es Glühwein und viele bunte Buden. Meine Mutter hat uns da oft einen Stern gekauft, damit wir ein Licht in der dunklen Jahreszeit haben. Weihnachten zu Hause war immer schön, auch noch als ich mich mit meinen Eltern so völlig zerstritten hatte. Meine Mutter hatte immer tagelang gekocht. Der Tisch war toll gedeckt, das ganze Haus duftete nach Tannengrün und war bis ins letzte Eckchen liebevoll dekoriert. Alles war feierlich, warm und schön. Davon bin ich heute Welten entfernt. Wahrscheinlich liegt zu

Hause auch schon Schnee. Nicht so ein dreckiger Matsch wie hier in Mannheim.

Heute, am 22. Dezember, werde ich volljährig. Gleich bin ich frei, sage ich mir, als ich kurz vor Mitternacht auf die Uhr schaue. Keine Polizei kann mich jetzt noch verhaften, weil meine Eltern mich zur Fahndung ausgeschrieben haben. Meine Mutter kann mich nicht mehr in die Psychiatrie einliefern und für immer wegsperren lassen. Ich atme tief durch. Mein Leben gehört von nun an mir und es gibt nur noch Heinz und mich und unsere Zukunft auf einem eigenen Reiterhof. In ein paar Minuten ist es so weit. Nur, wo bleibt Heinz? Wir wollten doch in meinen Geburtstag reinfeiern, den Tag meiner Befreiung. Dafür habe ich heute extra früh mit den Freiern aufgehört. Der Abend sollte nur uns gehören. Doch jetzt bin ich allein. Furchtbar allein. Wo ist Heinz nur? Ein paarmal habe ich versucht, ihn anzurufen. Eigentlich geht er immer ans Telefon, wenn er meine Nummer sieht. Warum bloß heute nicht? Seit Jahren redet er doch davon, dass wir endlich frei sind, wenn ich 18 Jahre alt bin. Wie oft hat er mir – uns – ausgemalt, wie wir diesen Tag feiern wollen! Jetzt ist es so weit – und er ist nicht da.

Ich schaue immer wieder auf mein Handy, keine Nachricht von Heinz. Dafür gehen SMS von meiner Schwester und meinen Eltern ein, die ich gar nicht erst anschaue. Auch von meiner Schulfreundin Andrea kommen Glückwünsche an. Sie weiß wahrscheinlich gar nicht, wo ich gelandet bin. Ich soll mit niemandem Kontakt halten, Heinz will das nicht.

Jetzt frage ich mich traurig: ›Hat er mich vergessen? Kann er diesen wichtigen Tag einfach so vergessen haben?‹ Dann kommt mir ein schrecklicher Gedanke: ›Ihm ist was passiert. Ihm muss etwas passiert sein!‹ Er fährt ja vier Stunden bis zu mir. Bei ihm zu Hause hat es bestimmt geschneit. Oh Gott, es darf ihm nichts passiert sein! »Lieber

Gott, lass ihm nichts passiert sein«, bete ich. Ich weine, bis ich vor Erschöpfung einschlafe. Ausgerechnet der Mann hat mich vergessen, mit dem ich heute feiern wollte. Ich bin wahnsinnig traurig und enttäuscht. Ich komme mir vor wie der einsamste Mensch auf dem Planeten. Jetzt bin ich endlich frei, für ihn, und er lässt mich sitzen. Doch irgendwann ruft Heinz endlich an. Er hat verschlafen und kommt gleich. Ich bin so erleichtert, als er endlich bei mir ist, dass mir gar nicht auffällt, dass er kein Geschenk für mich dabei hat. Aber schließlich ist ER ja das Geschenk. Immerhin ist er nachts bei diesem schlimmen Wetter Hunderte von Kilometern gefahren, und das nur für mich. Nur um mich zu sehen. Wir verbringen ein paar wunderschöne Stunden miteinander, doch dann beginnt schon meine nächste Schicht, und Heinz fährt nach Hause. Das Geld der letzten Tage nimmt er mit, sagt immer wieder, wie stolz er auf sein »Fötzla« ist.

Gibt es einen einsameren Platz an Weihnachten als einen Puff? Die Menschen auf der Straße hetzen vorbei. Die Männer, die hier in diesen Tagen reinschauen, sehen ziemlich übel aus. Hoffnungslose, vom Leben gezeichnete Gestalten. Die Einsamkeit macht an diesen Tagen vielen mehr zu schaffen als sonst. Sie zahlen für die Gesellschaft an einem Abend, an dem eigentlich jeder irgendwo anders sein will: bei der Familie, bei Freunden, bei wenigstens einem Menschen auf der Welt, der zu einem gehört. Viele wollen einfach nur reden, suchen ein bisschen Wärme. An den Weihnachtstagen wollen mehr Männer als sonst einfach nur in den Arm genommen werden und reden. Es ist trostlos. Wenigstens zahlen sie gut. Ich arbeite und versuche, alles andere zu vergessen. Weihnachten ist doch nur ein Tag, ein blödes Datum. Mehr nicht. Und so kriege ich auch diese Tage rum.

Schließlich bricht der letzte Tag im Jahr an. Heinz hat versprochen, abends vorbeizukommen und mit mir zu feiern. Wir wollen in das neue Jahr hineinfeiern. »Das wird unser Jahr«, verspricht er, »das tollste Jahr aller Zeiten!« Am Nachmittag rechne ich noch mal die Einnahmen vom Dezember zusammen. Ich habe die Irrsinnssumme von 50 000 D-Mark verdient. Nach Abzug der Ausgaben für das Zimmer bleiben noch gut 45 000 D-Mark. Mit großen Schritten komme ich unserem Ziel näher. Heinz wird stolz auf mich sein.

Ich höre früher auf und mache es gemütlich für uns. Doch wieder lässt er mich sitzen, genau wie an meinem Geburtstag. Das neue Jahr hat längst angefangen, ich heule mir wieder mal die Augen aus. Endlich ruft er an, entschuldigt sich. Die Pferde waren unruhig wegen der Böller, die schon den ganzen Abend gezündet wurden. Er kann auch jetzt erst anrufen, weil so viel zu tun war. Aber er kommt jetzt gleich. Es ist zwei Uhr morgens.

8

Mein Vater

Meine Eltern haben einen Privatdetektiv auf mich angesetzt. Können sie mich nicht endlich in Ruhe lassen? Ich bin volljährig. Ich kann machen, was ich will! Warum begreifen sie das nicht? Der Typ drückt sich hier in der Bordellstraße rum, fragt nach Katharina – doch unter dem Namen kennt mich hier niemand. Keine der Frauen arbeitet ja unter ihrem richtigen Namen, das weiß doch jeder. Was für einen Amateur haben meine Eltern da bloß angeheuert? Jetzt können sie mir nicht mehr die Polizei auf den Hals hetzen und versuchen es daher auf diesem Weg. Hoffentlich nimmt er ihnen viel Geld für diesen Unsinn ab.

Wie schon der Dezember lief auch der Januar ziemlich gut: 90 000 D-Mark habe ich für Heinz und mich in diesen beiden Monaten verdient. Jetzt im Frühjahr läuft es nicht ganz so rund. Die Leute feiern Fasching oder geben das Geld für den Skiurlaub aus. Ich arbeite daher jeden Tag ein bisschen länger, um die Verluste auszugleichen. Heinz kommt zweimal in der Woche. Es ist immer wieder schön, wenn er kommt. Mit ihm zu schlafen, ist einfach toll. Er ist zärtlich, liebevoll und stolz auf meine Leistungen.

Bei den Männern, die mich bezahlen, empfinde ich nichts. Höchstens Ekel. Spaß macht mir die Arbeit nicht, ganz im Gegenteil. Aber ich weiß ja, wofür ich das tue. Mein Körper ist mittlerweile auch abgehärtet. Der häufige Sex tut mir nicht mehr so weh wie am Anfang. Wie viele Freier hatte ich bisher? Ich muss nicht lange nachdenken, Zahlen behalte ich gut: Es waren an die 2000. Manche kommen mit dreckigen Unterhosen hier an, haben sich tagelang nicht gewaschen, stinken nach Urin und riechen aus dem Mund. Sie wollen uns zeigen, dass sie sich alles kaufen können. Das sind Versager, die ihre Macht über Frauen ausleben wollen. Als ich mich bei Heinz einmal über ein wirkliches Dreckschwein beschwere, sagt er lapidar: »Du bist nicht zum Spaßficken hier!« Das hat mich noch lange geärgert. Er muss sich ja nicht von diesen Typen besteigen lassen. Er muss sie nicht riechen und ihren Schweiß auf seiner Haut ertragen, er muss sich auch nicht Gedanken darüber machen, wann er sich endlich waschen kann – und wie er Hand- und Betttücher wieder sauber bekommt. Oft hinterlassen die Freier braune Schleifspuren beim Rutschen vom Bett.

Heinz kann sich gar nicht vorstellen, wie widerlich das ist, wenn mir der Schweiß von den schwitzigen Kerlen ins Gesicht tropft. Wenn ihre nassen Achselhaare auf meinen Körper treffen. Der Schweiß ist schon schrecklich, aber dann noch glitschige, fette Männerkörper auf mir zu ertragen, die stöhnen und prusten wie die Walrosse. Am schlimmsten finde ich jedoch die Typen, die mich aussuchen, weil ich noch so jung bin. Die soll ich dann mit »Onkel« oder »Papi« anreden, und zur Begrüßung streichen sie mir über den Kopf, wie bei einem kleinen Kind. Einer bringt mir sogar Kinderkleidchen mit und ich muss mir Zöpfe für ihn flechten. Das ist wirklich krank. Für den muss ich immer das böse Mädchen spielen und bekomme dann mit der flachen Hand einen Klaps auf den Po, weil ich nicht artig bin. Kostet natürlich alles extra! Erst recht, wenn ich sie beim Bumsen so nennen muss. »Onkel« geht ja noch, aber »Papi«, das ist mehr als eklig. Denkt er an seine Tochter, wenn er mich fickt? Das ist einfach nur krank.

Ein anderer brachte mir mal Pornohefte mit, aus denen er mir vorlas, wie aus einem Märchenbuch. Dabei hat er mich gestreichelt, und ich musste ihn streicheln, bis er zum Orgasmus gekommen ist. Die Hefte hat er mir dann zum Abschied auch noch geschenkt. Wenigstens gab es 100 D-Mark für die Nummer.

Ich werde immer routinierter im Umgang mit den Freiern, und verdiene hier viel mehr Geld, als ich mir je erträumt habe. Lange möchte ich das aber nicht mehr machen. Heinz redete immer von einem Jahr. Das packe ich schon. Den Tausender pro Tag schaffe ich meistens. Mich stört nur Heinz' Gerede, mein Busen wäre zu klein. Ich habe Größe 75 B, und Heinz träumt von Dingern, so groß wie Melonen. Die meisten Frauen hier haben schon nachhelfen lassen. Ich will das nicht.

Es ist inzwischen Mai 2001, ich sitze in meinem Schaufenster und warte auf Kundschaft. Plötzlich starren mich zwei Augen an, die mir nur zu gut bekannt sind. Mein Vater steht vor mir! Ich falle fast rückwärts von meinem Barhocker und renne nach hinten! Er darf mich nicht bekommen, niemals. Ich flüchte in die Küche und rufe meiner Kollegin zu, sie soll den Mann bloß nicht zu mir rein lassen. Keiner soll die Tür aufmachen. Mit zittrigen Fingern rufe ich Heinz an: »Du musst kommen, mein Vater steht draußen. Bitte, bitte hol mich ab. Er darf mich nicht kriegen.« Mein Vater versucht natürlich, ins Haus zu kommen. Aber die Frauen helfen mir. Auch wenn wir uns nicht alle mögen, es gibt eine Solidarität gegen die da draußen. Mein Vater fragt eine nach der anderen und er zeigt allen ein Foto von mir. Sie kennen keine Katharina. Und die Schwarzhaarige, die er im Fenster gesehen hat? »Das ist eine Frau aus Russland.«

Ich packe meine Sachen zusammen und warte auf Heinz. Er ruft vom Auto aus immer wieder an, um mich zu beruhigen. Ich kann hören, wie er aufs Gaspedal drückt, um schneller bei mir zu sein. Als er mich in den Arm nimmt, kann ich mich beruhigen. Jetzt bin ich in Sicherheit. Jetzt kann mir mein Vater nichts mehr anhaben.

In Mannheim kann ich nicht bleiben. Das Risiko, dass mein Vater erneut auftaucht, ist zu groß. Heinz hat ein neues Bordell für mich gefunden: in Braunschweig. Bruchstraße heißt die dortige Puffstraße. Eigentlich sieht es dort ganz schön aus, die Häuser sind alle bunt angestrichen, gelb, rot, grün. Ich arbeite im »Pigalle«, gegenüber sind die »Libelle« und »Der blaue Engel«. Wieder sitze ich in einem Fenster und kobere Männer an. Die Fenster sind ebenerdig; wenn einer will, dann mache ich das Fenster ganz auf, lasse ihn herein und gehe dann in mein Zimmer im 1. Stock. Dort arbeite und wohne ich. Hier verdiene ich gut, bin eine Neue für die »Puffrutscher« in Braunschweig. Von der Stadt sehe ich wie immer nichts. Dafür kommt Heinz alle zwei Tage vorbei. Das macht es mir erträglich. Und die Aussichten auf eine wunderschöne Zukunft.

Wir haben jetzt einen eigenen Reitstall in Aussicht, er liegt zwischen Bamberg und Suhl. Heinz hat ihn mir in den tollsten Farben beschrieben; es war eine einmalige Gelegenheit, der Besitzer musste verkaufen und Heinz hat ihn runtergehandelt. Statt zwei nur wenig mehr als eine Million. Es gibt dort über 20 Boxen, eine schöne Reitanlage im Grünen, große Koppeln für die Pferde und eine tolle Reithalle. Das ist etwas ganz anderes als der alte Hof, auf dem ich Heinz kennen gelernt habe. Dazu gehören ein Casino mit einer kleinen Küche und private Räume, in denen wir wohnen werden. Dort sollen unsere Kinder aufwachsen. Ich höre Heinz mit glänzenden Augen zu. Unsere Zukunft, ich kann sie kaum noch erwarten. Dennoch wird mir bei den Summen, die er nennt, klar, dass wir unser Ziel in einem Jahr nicht erreichen werden. Ich werde eben noch ein bisschen härter arbeiten müssen und länger. Aber es lohnt sich ja auch. Und danach sind wir beide für immer zusammen. Nur wir. Und der Rest der Welt kann uns mal!

Heinz besucht auch schon Pferdeversteigerungen im ganzen Land, er will nur die besten Tiere für unseren Hof. »Das Beste für dich«, sagt er immer wieder.

Eines Nachmittags ruft mich Heinz an und mit einem Schlag ist alles in Gefahr. Unsere ganze Zukunft liegt plötzlich in Trümmern vor mir. Ich weiß nicht, wie es weitergehen soll. Meine Mutter hat Heinz verklagt und er wurde zu einem Jahr Haft verurteilt. Heinz im Gefängnis, was wird dann aus uns? Was mache ich ohne ihn? Wie konnte meine Mutter mir das nur antun? Ich bin vollkommen aufgelöst. Heinz kommt vorbei und erzählt mir im Detail, was passiert ist. Vor ein paar Wochen kam meine Mutter auf seinen Hof und hat ihn wüst beschimpft. Und das vor den Augen seiner kleinen Töchter. Heinz sagt, sie hätte gar nicht mehr aufgehört, ihn anzuschreien, und einen Heidenaufstand gemacht. Anschließend hat sie ihn bei der Polizei angezeigt. Er hätte sie geschlagen, an den Haaren gezogen und gewürgt. Nichts davon ist wahr, schwört mir Heinz. Meine Mutter sei eine unverschämte Lügnerin. »Du kennst sie doch, die alte Hexe!« Wegen ihr stand er heute also vor Gericht und das Amtsgericht hat ihn zu einem Jahr Freiheitsstrafe verurteilt. Für mich bricht eine Welt zusammen.

Ich hasse meine Mutter. Was fällt ihr eigentlich ein? Welche Gemeinheiten hat sie sich da ausgedacht, um Heinz und mir zu schaden? Ich bin völlig fertig. Der arme Heinz. Was passiert jetzt? Heinz weiß es nicht. Jeden Tag können sie ihn holen und einsperren. »Und das nur wegen deiner bescheuerten Mutter!«, sagt er wütend. Ich bin so verzweifelt; wir haben doch schon so viel erreicht, um uns unseren Traum zu erfüllen, und jetzt kommt meine Mutter daher und macht uns das alles kaputt. Ich muss weiterarbeiten und versuche, stark zu sein. Es geht um unsere Zukunft – und die lasse ich mir nicht so einfach durch die Gemeinheiten meiner Mutter zerstören. Ich habe keine Ahnung, dass Heinz nur eine Bewährungsstrafe bekommen hat, und so bete ich jeden Tag dafür, dass ihm das Gefängnis erspart bleibt.

Eines Tages fängt Heinz wieder von meinem Busen an: Ich hätte jetzt nicht mehr den Kind-Faktor, wäre jetzt für die Freier eine erwachsene Frau, und die stünden nun mal auf große Titten. Nicht auf »halbe Händchen voll« wie bei mir. Ich gebe Heinz langsam nach. Ich habe mittlerweile Schwierigkeiten, auf 1000 D-Mark am Tag zu kommen. Oft schaffe ich trotz längerer Arbeitszeiten nur 700 D-Mark. Unser Pferdehof kostet allerdings: Tierarzt, Hufschmied, das Futter, Umbauten an den Ställen …

»Komm, heute fahren wir zum Tittenmachen«, ruft Heinz mich eines Tages von unterwegs an und fährt kurz darauf mit seinem neuen silbergrauen Porsche vor. Und Heinz hat eine echte Berühmtheit zum »Tittenmachen« ausgesucht: den Nürnberger Schönheitschirurgen Franz Gsell, den alle Dr. Silikon nennen. Viele Frauen aus dem Milieu, die es sich leisten können, fahren zu ihm in seine ästhetisch-plastische Klinik nach Nürnberg. Er und seine 45 Jahre jüngere Frau Tatjana sind die Stars der Yellow Press. Angeblich hat sie mal als Escortgirl gearbeitet. Sie ist eine echte Schönheit.

Auf dem Weg nach Nürnberg schwärmt er mir von Riesentitten vor und was ich damit verdienen könnte. Er will aus mir die zweite Rosemarie Nitribitt machen – DIE Edelprostituierte schlechthin. Mir gefällt die Sache mit der Brust-OP nach wie vor überhaupt nicht. Aber ich habe mal wieder keine Wahl. Heinz würde ja doch nicht damit aufhören. Und ich will ihn glücklich machen.

Dr. Gsell empfängt uns im Januar 2002 in seiner Nürnberger Klinik: alles in Weiß, bodentiefe Fenster, weiße pompöse Blumenbouquets. Eine so schöne Klinik habe ich noch nie gesehen. Über der Lehne seines Sessels im Besprechungszimmer hängt eine Jacke aus Leopardenfell. Ob die echt ist?, frage ich mich. Der Arzt ist schon älter, Mitte 70 schätze ich, randlose Brille, dichte graue Haare und ein akkurat gestutzter Schnäuzer. Aber er macht einen guten Eindruck auf mich. Erst recht, als er mir dringend von zu großen Implantaten abrät. Dr. Gsell hat Muster der Implantate in seinem Zimmer – von ganz klein bis zu echten Monstertitten. 300 Gramm auf jeder Seite, meint er nach einer ersten Untersuchung, alles andere würde nicht zu meinem jugendlichen Körper passen und viel zu künstlich wirken. Heinz möchte größere Dinger, lieber drei Kilo als 300 Gramm. Das lehnt Dr. Gsell entschieden ab. Missmutig wiegt Heinz die kleinen Dinger in seinen Händen. Aber zu meiner Erleichterung lässt er sich vom Szene-Doktor überzeugen.

Eine Woche später fährt mich Heinz wieder nach Nürnberg. Die 10 500 D-Mark für die OP hat er in bar dabei. Ich werde, wenn alles gut geht, eine Nacht in der Klinik bleiben und danach für ein paar Tage in eine Pension ziehen. Arbeiten kann ich vorerst nicht.

Als ich nach der OP zu mir komme, sind meine »neuen« Brüste noch sehr schmerzempfindlich, aber sie fühlen sich gut an, kein bisschen nach Plastik. Die Narben sind auch kaum zu sehen. Dr. Gsell versteht etwas von seinem Geschäft. Die Schwestern in der Klinik sind wirklich nett zu mir, ich werde richtig verwöhnt. In einem der Nebenzimmer soll Gsells Frau Tatjana liegen, sie bekommt auch »etwas gemacht«, munkelt man. Was genau, verraten die Schwestern nicht.

Heinz bringt mich von der Klinik in die kleine Pension, an die ich gar keine guten Erinnerungen habe. Es ist die Pension, in der er mich in meiner Anfangszeit als Prostituierte so brutal auf den Analverkehr vorbereitet hat. Doch ich beruhige mich schnell wieder, denn so etwas kann er mit mir, frisch operiert, wie ich bin, heute nicht mehr machen. Zum Glück. Dafür sind die Schmerzen mit meinen neuen Brüsten schlimmer, als ich mir das vorgestellt hatte. Ich kann nur auf dem Rücken schlafen. Dabei bin ich Bauchschläferin. Jedes Mal, wenn ich mich nachts umdrehen will, schrecke ich vor Schmerzen aus dem Schlaf. In ein paar Tagen werden die Fäden von Dr. Gsell in Nürnberg gezogen. Dann werden wir ja sehen, ob sich die Investition gelohnt hat.

9

Club Erotica

Ich arbeite seit dem 1. Mai 2002 im »Club Erotica«, den Heinz in Bayreuth gepachtet hat. Das Geschäft hier in dieser kleinen Beamtenstadt läuft bombastisch. Es gibt kaum Konkurrenz. Die Preise sind stabil, 100 Euro aufwärts. Taxifahrer, die uns Kunden bringen, bekommen fünf Euro pro Gast. Das war Heinz' Idee, damit sich die Gäste nicht in die »Privatwohnungen verirren«. Mit der Liberalisierung des Prostitutionsgesetzes im letzten Jahr kann eigentlich jede Hobbynutte einen Puff in ihrem Wohnzimmer aufmachen. Diese Konkurrenz wollen wir erst gar nicht aufkommen lassen.

Die Taxler nennen mich Schneewittchen. Weil ich so eine weiße Haut habe, mit meinen langen schwarzen Haaren und den rot geschminkten Lippen. Wenn bei ihnen Kunden einsteigen, die was erleben wollen, heißt es bald: »Wir fahren zum Schneewittchen.« Das bin ich dann auch geblieben, auch wenn meine Haare irgendwann nicht mehr schwarz, sondern rot und am Ende hellblond waren. Früher hat mich auch meine Mutter mit Schneewittchen verglichen, wenn ich schlafend im Bett lag mit den langen dunklen Haaren, die sich auf dem ganzen Kopfkissen verteilt haben.

Im Club haben wir von zehn Uhr morgens bis nachts um zwei offen – wenn der Laden läuft, auch länger. Ich arbeite wieder sieben Tage in der Woche und habe eigentlich keine Pausen dazwischen. Morgens, wenn die Kunden der Nacht weg und die ganz Frühen auf dem Weg zur Arbeit sind, versuche ich, ein paar Stunden zu schlafen, auf der Couch im Aufenthaltsraum.

Der Club ist in einer alten Fabrikhalle mit rot-brauner Wellblechverkleidung untergebracht, vorne eine Spielhalle, hinten wir. Er liegt etwas abgelegen im Norden von Bayreuth, hat eine gute Verkehrsanbindung und viele Parkplätze. Das ist wichtig. Wer nicht mit uns in Verbindung gebracht werden will, der kann immer noch sagen, dass er in der Spielhalle war.

Bis in die Siebzigerjahre wurde hier das Bier einer Privatbrauerei gebraut. Oben gibt es eine Bar, in der Sexfilme gezeigt werden. Sie ist noch verpachtet, Heinz will die Bar aber später selber betreiben, nicht mit Filmen, dafür interessiert sich heute doch eh kein Mensch mehr. Sondern als Bar mit Tänzerinnen und Strip-Shows. Das Nachtleben im biederen Bayreuth ist ziemlich langweilig, so was müsste hier eigentlich einschlagen wie eine Bombe.

Hier arbeite ich nun in die eigene, in unsere Kasse. Keine Bordellchefin oder Puffmutter mehr, die die Hälfte der Einnahmen kassiert oder einem 120 Euro pro Tag für ein heruntergekommenes Zimmer abnimmt. Das hat Heinz immer sehr gestört. Und mich auch. Ist ja schließlich unser hart verdientes Geld! Es gibt auch keinen, der mir die Einnahmen klaut, wie in Mannheim. Heinz kommt jeden Abend und nimmt unsere Einnahmen mit.

Ich habe sogar eine erste Kollegin: Fatima, eine junge Türkin, die ich im Puff von Braunschweig kennengelernt habe. Sie ist ziemlich attraktiv, immer gut drauf und unkompliziert. Wir haben die gleiche professionelle Arbeitseinstellung: reinhauen und den Freiern möglichst viel Geld abknöpfen. Jede von uns hat gut 20 Freier am Tag. Fatima zahlt an den Club 50 Prozent von ihren Einnahmen. Das ist in einem Club dieser Art so üblich. Das Einzige, was mich an Fatima stört, ist ihr Freund. Er ist Kurde, etwas untersetzt, aber eigentlich recht gut aussehend. Er kann richtig charmant und lustig sein, bringt ihr Blumen und kleine Geschenke mit, wenn er regelmäßig das Geld abholt. Aber er hat auch eine andere Seite – er kann brutal und cholerisch sein. Wenn er ausrastet, dann schlägt er die arme Fatima grün und blau. Für mich ist das das Allerletzte. Man kann doch niemanden lieben, der einen so zurichtet, vor dem man Angst haben muss. »Wenn mein Mann mich schlagen würde«, habe ich oft gesagt, »dann würde ich ihn sofort verlassen! Du darfst dir das nicht gefallen lassen …« Aber Fatima liebt ihn und glaubt immer wieder seinen Versprechungen, dass es das letzte Mal gewesen ist, dass er sich bessern wird, dass es ihm leidtut. Was für ein Quatsch.

Eigentlich ist das hier das erste Zuhause von Heinz und mir. Wir haben uns unten ein Zimmer ausgesucht, die Nummer 4, nichts Besonderes. Es steht nur ein Couchbett drin, zwei Plastikstühle und ein Tischchen. Dazu ein Waschbecken, ein Einbauschrank und jede Menge Plastikblumen. Aber mehr brauchen wir nicht. Hauptsache, wir können zusammen sein. Ich bin wirklich glücklich hier. Klar, die Freier werden bleiben, aber unter ganz anderen Bedingungen. Jetzt wird alles besser. Jetzt beginnt unsere Zukunft.

»Wir zwei, wir zeigen es der ganzen Welt«, hat Heinz mir ganz aufgedreht versprochen, als er mich zum ersten Mal hier herumgeführt hat. Wenn ich gut verdiene, dann können wir ihn uns bald erfüllen, den Traum vom eigenen Reitstall. Ein Jahr lang anschaffen, das war eigentlich der Plan. Inzwischen sind daraus schon fast zwei Jahre geworden. Aber Heinz hat schon viel investiert für uns, und es kostet mehr, als wir gedacht haben. Darum hänge ich noch ein Jahr dran. Ich verdiene wirklich gut. Manchmal 18 000 Euro im Monat. Hier in Bayreuth gibt es kaum Konkurrenz wie zuletzt in Nürnberg. Wenn wir noch den Barbetrieb gut hinbekommen, dann sind wir wirklich »gemachte Leute«, wie Heinz immer meint. »Alte, hier hast du deinen eigenen Club«, hat mein Mann gesagt, als wir hier angefangen haben. Im Milieu nennen alle Frauen ihren Partner »Mann«, egal ob sie einen Trauschein haben oder nicht.

Als wir den Laden übernommen haben, war alles hier total abgeranzt. Das Gebäude stand seit Monaten leer, überall Spinnweben und Berge von Müll in den Ecken. Es gibt sechs Zimmer im Erdgeschoss, ein Studio und einen großen Aufenthaltsraum mit einer kleinen Bar. Eingang und Flur sind ganz in Rot gehalten. Nicht wirklich mein Geschmack. Die Toiletten und die Dusche könnten auch in einer alten Turnhalle stehen. Aber immerhin gibt es welche. Als ich vor ein paar Wochen in Nürnberg gearbeitet habe, im Bordell-Bezirk an der Mauer, war ich ziemlich überrascht, dass es dort immer noch Puffs gibt ohne fließend Wasser und moderne Toiletten. So gesehen ist es alles ziemlich gut hier. Erst recht nach meiner Putzorgie. Ich habe einfach keine Lust mehr auf stinkende Zimmer, versiffte Böden und dreckige Betten. Sogar die Hecke hinter dem Gebäude habe ich geschnitten. Soll doch nach was aussehen.

Für innen hat Heinz, der es ziemlich kitschig liebt, bunte Kunstblumen und große Palmen angeschafft. Auch hier gibt es nur schummriges Rotlicht, so ist das halt im Milieu. Wir tragen helle Dessous, weiß, rosa, gelb, die Farben leuchten in dem speziellen Licht. Hätten wir Falten, niemand könnte sie sehen. Aber von Falten sind wir noch weit entfernt: Ich bin 19 Jahre alt, Fatima 29. Die Fenster sind mit dunkler Folie abgeklebt, das war in allen Bordellen so, in denen ich bisher gearbeitet habe; soll wohl eine intime Stimmung schaffen. Auf jeden Fall bleibt das Tageslicht draußen. Auch der Alltag bleibt draußen, es gibt keine Fernseher und keine Radiogeräte auf den Zimmern. Die Musik kommt von CDs, die wir ausgesucht haben.

Wenn keine Kunden da sind, sitzen wir schon mal im Hinterhof vom Club in der Sonne und spielen mit den Hundebabys. Heinz züchtet ja auch Hunde und hat uns ein paar zur Unterhaltung mitgebracht. Wir sind immer traurig, wenn er sie abholt, weil sie verkauft sind. Heute ist ein besonders schöner Tag. Die ersten Freier waren schon da, um zehn Uhr standen die Ersten Schlange, verrückt, was hier manchmal los ist; die Nächsten erwarten wir am Abend. Manfred, der in der Spielhalle nebenan arbeitet, passt mich am Hinterhof ab. Ich mag ihn nicht besonders, gehe ihm eigentlich immer aus dem Weg. Gerade heute gelingt mir das nicht, und er quatscht mich an: »Wo ist denn die Sandra?«

»Ich kenne keine Sandra!«

»Na, die Frau vom Heinz.«

»Die arbeitet doch gar nicht hier.«

»Doch, die war doch vor ein paar Wochen noch da.«

Diese Information trifft mich wie ein Faustschlag ins Gesicht. Mein Herz schlägt wie verrückt, ich bekomme kaum Luft. Irgendwie schaffe ich es in den Club. Heinz' Frau? Das kann doch gar nicht sein, oder doch? Vor ein paar Jahren gab es mal so ein Gerücht, auf dem Reitstall. »Sandra-Hure!« hatte nachts jemand mit roter Farbe ans Gebäude gesprüht. Heinz war damals stinksauer und hat die Schweinerei ganz schnell wieder weggemacht. Ist also doch was dran? Dann hätte Heinz mich belogen, er sagt doch immer sie arbeite nachts als Croupier. Außerdem: Er und Sandra sind doch eigentlich getrennt, so hat Heinz mir das immer versichert. Sie kümmern sich nur noch gemeinsam um ihre Zwillingstöchter. Was, wenn Manfred recht hat? Ich habe immer geglaubt, dass die beiden nichts mehr miteinander haben. Sie sind ja auch nie besonders liebevoll miteinander umgegangen.

Ich will es jetzt wissen, darum rufe ich Sandra einfach an. Vorher schnappe ich mir eine Flasche Whisky, die hier eigentlich nur zur Dekoration im Aufenthaltsraum steht, und verkrieche mich in unserem Zimmer. Ich mag das Zeugs eigentlich gar nicht, es schmeckt scheußlich. Außerdem trinke ich auch fast keinen Alkohol. Aber jetzt muss ich erst mal diesen Whisky trinken, ehe ich Sandra anrufen kann. Mir ist ganz flau, und meine Finger zittern beim Wählen. »Was ist hier los, Sandra? Hast du im Club Erotica gearbeitet?«, will ich von ihr wissen. »Bitte sag mir die Wahrheit.« Sandra sagt erst mal gar nichts – und dann legt sie einfach auf.

Für mich geht die Welt unter. Kann es sein, dass Heinz mich anlügt? Dann würde all das nicht stimmen, was er mir erzählt hat, was er mir versprochen hat. Was wird denn aus unserer Liebe? Liebt er mich denn überhaupt? Oder benutzt er mich nur, wie all die anderen Männer mich auch benutzen? Ich trinke noch einen großen Schluck aus der Whisky-Flasche und kauere mich heulend auf dem Boden zusammen.

Ich höre nicht, wie Heinz seinen Mercedes-Kombi im Hof abstellt. Ich höre ihn erst, als er die Tür aufstößt und brüllt: »Du bist ein Scheißtier!« Er brüllt immer weiter: »Steh auf, steh auf, du miese kleine Schlampe! Steh jetzt endlich auf! Wie konntest du Sandra anrufen, was fällt dir eigentlich ein«? Er versucht, mich hochzuziehen. Ich will nicht, halte mir instinktiv die Hände vors Gesicht. »Bitte nicht schlagen!« Doch er fängt an, nach mir zu treten, so, als wäre ich ein Fußball. Wieder und wieder. Dann reißt er mir in seiner Wut den blauen String und den BH vom Leib. Heinz tritt überall hin, in den Magen, in die Rippen, in den Rücken. Dann ballt er seine Fäuste und schlägt sie mir mitten ins Gesicht. Wieder und wieder. Meine Lippe springt auf, mein Nasenbein bricht. Und er hört nicht auf, zu wüten. Jetzt spuckt er mich auch noch an – er ist völlig außer sich: »Sandra? Die hat wenigstens Anstand«, brüllt er und hält kurz inne. Ich hoffe, es ist vorbei. Doch es ist nicht vorbei und er macht unvermindert weiter.

»Hast du immer noch nicht genug?«, schreit er mich an, während ein Faustschlag nach dem anderen in meinem Gesicht landet.

Ich habe Angst, ganz fürchterliche Angst. Ja, auch meinem Vater ist mal die Hand ausgerutscht, und mein großer Bruder hat mir auch mal eine gelangt. Aber das war etwas anderes. Ich hatte noch nie Angst, dass mich einer totschlägt. Mir ist schwindlig. Ist es der Schock, sind es die Schmerzen oder ganz einfach der Alkohol, den ich nicht so gut vertrage? Irgendwann bleibt ein anderer Satz in meinem Kopf hängen: »Wenn mein Hund in die Ecke scheißt, dann ist das mehr wert als du.«

Wo ist Fatima?, schießt es mir durch den Kopf. Warum hilft sie mir nicht? Hockt sie wirklich im Aufenthaltsraum und schaut in aller Ruhe irgendwelche Soaps, während ich hier zusammengeschlagen werde? Sie muss uns doch hören. In seiner Wut zerschlägt Heinz meine Handys am Waschbecken und verlässt das Zimmer. Schnell baue ich eines der Handys wieder zusammen und versuche, die 110 zu wählen – meine Hände zittern wie verrückt, aber es klappt. »Bitte«, schreie ich ins Telefon, »kommen Sie in den Club Erotica.« Da höre ich Heinz' Schritte, die wieder näherkommen, und flehe ins Telefon: »Bitte kommen sie schnell, er bringt mich um!«

Heinz steht wieder vor mir, sieht auf dem Display die Nummer und sagt nur: »Ach du Scheiße!« Auf einmal ist er ganz nett zu mir. Wie ausgewechselt. Er bringt mir einen gelben Bademantel. Ich habe ja nichts an. Dann hilft er mir hoch in die Bar, und von da aus in das Zimmer, in dem ich meine Kleidung und persönlichen Sachen habe. Wir setzen uns aufs Bett, und ich zittere vor Angst, Heinz redet auf mich ein: »Alte, jetzt mach uns doch nicht alles kaputt.« Das mit Sandra hätte ich falsch verstanden. Wir könnten direkt zu ihr fahren, sie könnte mir alles erklären. Alles würde wieder gut, wenn ich nur der Polizei nichts sage. »Soll das alles umsonst gewesen sein?«, fragt er mich und erinnert mich eindringlich daran, was wir beide schon alles miteinander durchgestanden haben. Dabei nimmt er mich ganz lieb in den Arm, tupft mir das Blut aus dem Gesicht und versucht, mich zu trösten. »Ich habe das doch nicht so gemeint«, sagt er immer wieder, und: »Alte, wir zwei gehören doch zusammen.« Dann redet er von unseren Plänen, dem Reitstall und den Pferden. »Willst du das jetzt alles zerstören?«

Plötzlich ist das ganze Zimmer voll von Polizisten, Heinz wird wie ein Schwerverbrecher an die Wand gestellt und abgetastet. Wir werden voneinander getrennt, und Polizisten befragen mich, bis der Rettungswagen da ist. Ein Sanitäter kümmert sich um meine Verletzungen. Sie fahren mich im Notarztwagen ins Klinikum. Meine rechte Hüfte tut höllisch weh, sie ist angebrochen. Dazu noch eine Schulter und ein Sprunggelenk. Mein Körper ist übersät von Hämatomen und roten Striemen. Ich weiß nicht, was mir gerade mehr weh tut, die Schmerzen von meinem geschundenen Körper oder die Enttäuschung darüber, was mir der einzige Mensch, den ich auf der Welt habe, angetan hat.

Wo kann ich nur hin? Wie soll es jetzt weitergehen? Für meine Mutter wäre es ein großer Triumpf, wenn ich jetzt zurück nach Hause käme. Ihr »dummes Kind«, so hat sie mich doch manchmal genannt. Und jetzt ist das dumme Kind auch noch auf den Strich gegangen. Was werden bloß die Leute sagen? Für meine Eltern war es immer wichtig, dass man nach außen gut dasteht. Die Fassade musste strahlen: vier Kinder, der Mann erfolgreicher Anwalt, die Frau später sorgsame Hausfrau und Mutter. Eine Bilderbuchfamilie … wie habe ich das alles immer gehasst. Und jetzt geht die Tochter aus gutem Haus auf den Strich. Abschaum, Dreck, undenkbar. Ich kann mir schon vorstellen, wie sie zu Hause über mich reden. Wie ich ihnen das nur antun konnte? Als ich abgehauen bin, hat meine Mutter noch wochenlang Atteste vom Arzt besorgt, dass ich krank wäre und nicht zur Schule gehen könnte. Kein Stäubchen sollte die Fassade der heilen

Familie beschmutzen. Ein Grund mehr, um mich einzusperren, in die Psychiatrie. Das schwarze Schaf wäre dann weg, für immer. Vollgepumpt mit Medikamenten würde ich dahinvegetieren. Nie mehr würde ich Heinz sehen können. Nie mehr. Meine Eltern dürfen mich nicht in die Finger bekommen.

Einer der Ärzte in der Klinik denkt, ich wäre selbstmordgefährdet, erkennt »suizidale Gedanken« bei mir und lässt mich nach der polizeilichen Befragung ins Bezirkskrankenhaus bringen. Das ist die Psychiatrie in Bayreuth und da haben sie eine Abteilung für misshandelte Frauen. Dort will ich ganz bestimmt nicht hin. Das ist mein Albtraum! Wenn sie bloß nicht meine Eltern verständigen! Dann bin ich verloren.

Mein Kopf funktioniert langsam wieder. Der Alkohol ist inzwischen verflogen, die Schmerzmittel helfen, und ich kann wieder denken. Nein, ich will hier nicht bleiben. Ich will nach Hause, sage ich wieder und wieder. Gegen meinen Willen können sie mich nicht hierbehalten. Die Polizei bringt mich in den Club zurück. Es ist mitten in der Nacht, und ich lege mich in meinem Arbeitszimmer schlafen, weil das Zimmer 4 versiegelt ist. Die Polizei hat das Zimmer von Heinz und mir als Tatort gesichert.

Morgens um fünf steht Heinz vor meinem Bett und bittet mich um Verzeihung. Vorsichtig, ganz sanft nimmt er mich in den Arm und trocknet meine Tränen. »Mach uns doch nicht alles kaputt«, sagt er wieder und wieder. Dann verspricht er mir: »Nie mehr werde ich die Hand gegen dich erheben, das war ein furchtbarer Fehler. Ich bin doch der einzige Mensch, der dich wirklich liebhat.«

Der Club ist mein Zuhause, unser Zuhause, geht es mir durch den Kopf. Und ich habe doch schon so viel Geld für unseren Reitstall verdient. Soll das alles umsonst gewesen sein? »Alte, mach das jetzt nicht alles kaputt«, sagt Heinz und streichelt mir sanft über den Rücken. Er verspricht mir immer wieder, dass das ein Ausrutscher war. Und ich denke mir, nichts ist schlimmer, als wenn ich diesen einen Menschen verliere. Ich habe so eine Angst, allein zu sein. Also sitzen wir beide auf dem Bett und überlegen, wie es weitergehen soll. Mich wird die Polizei später zur Vernehmung abholen, Heinz meint, sie werden mit mir sogar zum Gericht fahren. So eine Aussage müsste ich sicher vor einem Richter machen. Auch er muss noch zur Polizei, seine Aussage machen. »Tu das Richtige für uns«, sagt er mir und nimmt mich dabei ganz vorsichtig in den Arm. Dann gibt er mir einen zarten Kuss auf die Wange und geht. Was mache ich nur? Sage ich die Wahrheit, dann verliere ich den einzigen Menschen auf der Welt, den ich habe.

Kurz nach zehn stehen die Kripobeamten von gestern Nacht vor der Tür. Sie wollen mich zum Gericht bringen, ich müsste dort noch mal aussagen. Ich will nicht mitkommen, und dann drohen sie mir: »Wir können Sie auch vorladen lassen.« Also gut, ich gehe mit ihnen. Sie bringen mich ins Amtsgericht und ich werde von einem Richter zur gestrigen Nacht befragt. Es sei alles nur ein großes Missverständnis, sage ich. Ich sei einfach betrunken gewesen und hätte mich selbst verletzt; ich wäre gegen das Waschbecken gefallen. Der Richter und der Staatsanwalt glauben mir kein Wort. Auch nicht die Polizisten, die mich anschließend wieder in den Club fahren. Das ist mir alles egal. Wenn ich nicht gegen Heinz aussage, können sie nichts machen.

Einerseits bin ich froh, wieder im Club, wieder in meinem Zuhause zu sein. Aber die Unsicherheit ist noch da. Kann ich Heinz je wieder glauben? Wird es mir nicht so gehen wie Fatima? Aber wo soll ich denn hin? Ich habe gar keine andere Wahl.

Heinz gibt bei der polizeilichen Vernehmung an, er habe Katharina M. nicht geschlagen. Er habe keinen Grund gehabt, sie zu schlagen. Die junge Frau hätte schon viel mitgemacht, vor allem mit ihren Eltern. Bei ihm habe sie Geborgenheit gesucht. Er wisse nicht, was an diesem Abend geschehen ist, und er könne keine Aussage über einen möglichen Täter machen. Er stimme dem Ergebnis der ärztlichen Untersuchung zu, dass ihre angebliche Sturzverletzung nicht zu den Verletzungen passe.

Aus dem Schlussbericht der Polizei geht hervor: Die ärztlichen Untersuchungen hätten ergeben, dass Katharina M. geschlagen wurde. Sie hätte das verneint und bleibe bei der Aussage, sie sei gestürzt.

Aus heutiger Sicht wäre es natürlich das Klügste gewesen, Heinz damals zu verlassen. Mir und meiner Familie wäre viel Elend erspart geblieben. Aber ich konnte nicht. Es war mir einfach nicht möglich, ihn zu verlassen. Innerlich ist damals etwas in mir zerbrochen, ich war unendlich traurig über die Situation. Jetzt ging es mir wie Fatima, und ich hatte auch nicht die Kraft, zu gehen. Aber ich wusste nicht, wohin ich hätte gehen können. Meine Eltern hatten mir auf meine Briefe, die ich ihnen ganz am Anfang geschrieben hatte, nicht geantwortet. Ich ging davon aus, dass sie nichts mehr von mir wissen wollten, dass sie froh waren, dass ich aus ihrer heilen Welt verschwunden war. Und Heinz hatte mir versprochen, dass es ein einmaliger Ausrutscher war. Dass es nie wieder vorkommen würde, dass er mich doch liebt und sein Leben nur mit mir verbringen will. Damals habe ich mich daran geklammert und wollte ihm nur zu gerne glauben. Und Heinz hat sich eine Weile lang große Mühe gegeben und war wirklich lieb zu mir. Heute weiß ich natürlich, dass er seinen schönen Geschäftsplan nicht in Gefahr bringen wollte.

10

Unsere Bar wird Kult

Anfangs hatten wir echten Frauenmangel. Wer will schon in die oberfränkische Provinz? Ja, zu den Wagner-Festspielen, da kommen immer ein paar Nutten hierher und arbeiten in den Hotels. Danach sind die aber immer wieder schnell weg. Ich muss oft tagelang durcharbeiten. Zeitweise sehe ich schrecklich aus; da ist das rote Licht ein echter Vorteil. Niemand sieht, wie schlimm du ausschaust. Im Aufenthaltsraum unten steht ein großes schwarzes Stoffsofa, da lege ich mich in den Pausen schlafen, wenn keine Kunden da sind. Sobald die Türglocke läutet, stehe ich auf und mache einfach weiter. So hat mein Mann mich dressiert. Für ihn zählt nur Geld. Verdiene ich gut, ist er nett, läuft es nicht so gut, dann ist er auch nicht nett zu mir. Das nennt man wohl Zuckerbrot und Peitsche.

Leider ist es nicht bei dem Versprechen geblieben, nie wieder die Hand gegen mich zu erheben. Wenn ich einen Fehler mache, dann rutscht Heinz schon mal die Hand aus. Dann schlägt er mich und nimmt sich mit Gewalt, was er will, auch meinen Körper. Hinterher tut es ihm immer furchtbar leid. Dann entschuldigt er sich bei mir und ist besonders lieb. Ich kann ihm nicht lange böse sein.

Dass es schon wieder Abend geworden ist, merke ich oft nur daran, dass Heinz vorbeikommt. Manchmal bringt er sogar Kuchen mit, meistens aber Brötchen. Wir beide mögen es gerne herzhaft. Dann essen wir zusammen etwas. Klar, wir haben auch Sex. Anschließend wird abgerechnet und für mich geht es weiter.

Irgendwann sehe ich aus wie ein Gespenst, zum Fürchten. Ich wiege noch gerade 58 Kilo, ziemlich wenig bei meiner Größe von 1,80 Meter. Jetzt sieht auch Heinz ein, dass es so nicht mehr weitergeht. Er sorgt dafür, dass ich nicht mehr allein oder nur mit einer weiteren Frau die Gäste bedienen muss. Fatima ist schon lange weg, wir haben uns seit jener Nacht nie mehr richtig gut verstanden. Dafür kommen andere Frauen: Rosi, Annabel, Anja und wie sie alle heißen. Keine arbeitet hier mit ihrem richtigen Namen. Einige rufen an und fragen, ob sie hier arbeiten können. Einige Frauen werden auch von ihren Zuhältern vorbeigebracht. Es spricht sich herum in der Szene, dass hier gutes Geld verdient wird. Andere findet Heinz über Anzeigen in den einschlägigen Blättern: »Zimmer frei, gute Verdienstmöglichkeiten!« Wir inserieren sogar in Tschechien und bekommen viele Frauen von dort. So kommen immer weitere Frauen dazu. Manche für ein paar Tage, andere bleiben Wochen oder noch länger … Es gibt Frauen, die mögen die Rumreiserei, man verdient gut dabei. Es gibt wie gesagt die »Puffrutscher«, die immer nur kommen, wenn eine neue Frau am Start ist. Ich habe das ja auch mal eine Weile gemacht. Manchmal hilft es auch, einen neuen Namen anzunehmen und eine Perücke aufzusetzen. Auch das habe ich gemacht. Oder ich habe meine Haare gleich gefärbt, von schwarz auf platinblond.

Es gibt Zeiten, da arbeiten bis zu zehn Frauen gleichzeitig im Club. Da muss ich gut organisieren können, denn wir haben ja nur sechs Zimmer fürs eigentliche Geschäft. Dazu gehört auch das Zimmer 4, in dem Heinz und ich uns eingerichtet hatten. Wir sind umgezogen, unsere Wohnung liegt jetzt dahinter. Früher soll das mal eine Garage im Gebäude gewesen sein.

Ich verdiene gut und komme auf die Idee, mir ein bisschen Geld auf die Seite zu legen. Ganz vorsichtig, immer nur 20 Euro die Nacht. Das lege ich dann in mein blaues Täschchen, in dem ich schon in Mannheim mein Geld aufbewahrt hatte. So, dass es halt nicht auffällt. Aber irgendwann frage ich mich, ob Heinz nicht doch etwas mitbekommen hat. Er redet so komisch in der letzten Zeit …

Gestern hat er mir von einer Frau erzählt, die ihren Mann um Geld betrogen hat. So was gehöre sich nicht in einer Partnerschaft. So einer Frau würde er in den Arsch treten. Entweder man gehört zusammen oder nicht. Und dann hat er noch gesagt: »Alte, du würdest so was bestimmt nicht machen.« Langsam bekomme ich ein schlechtes Gewissen. Und auch Angst, ihn zu verlieren. Was mache ich denn bloß? Fast 5000 Euro habe ich jetzt schon zusammengespart.

Heinz macht immer weiter seine Anspielungen. Ich kann das nicht mehr aushalten und laufe in mein Zimmer und hole das blaue Täschchen. Heinz schaut mich lange an: »Warum hast du das gemacht? Warum hast du mein Vertrauen missbraucht?« Ich kann ihm gar nicht antworten, so schlecht fühle ich mich. Er steckt das Geldbündel ein und schüttelt seinen Kopf: »Das macht man nicht in einer Beziehung, man darf kein Geld vor seinem Mann verheimlichen, du enttäuscht mich«, sagt er. »Das kommt nicht mehr vor, ganz bestimmt nicht«, verspreche ich ihm und bin froh, dass es nicht schlimmer gekommen ist. An den nächsten Tagen arbeite ich, so hart ich kann; Heinz soll sehen, dass ich meine Lektion verstanden habe.

Inzwischen arbeite ich schon viel länger als Prostituierte, als wir das am Anfang geplant hatten. Aus dem einem Jahr sind zwei, drei und vier geworden. Aber der Reitstall kostet viel mehr, als wir gedacht haben. Mein Mann verspricht mir, dass wir den schönsten Reitstall weit und breit bekommen. Meine Schufterei mit den ganzen schrecklichen Freiern muss sich doch lohnen. Im Club will Heinz nun weiter expandieren. Den ersten Stock haben wir ja mitgepachtet. Und er steht leer, seit der Pachtvertrag für die Filmbar ausgelaufen ist. Eigentlich benutzen wir dort oben nur zwei kleine Zimmer für uns privat, ein paar Sachen stehen da rum, die von uns sind. Heinz hat schon lange die Idee, die frühere Bar oben wieder aufzumachen. Das Nachtleben von Bayreuth ist toter als tot. Da muss sich doch was machen lassen. Seit 2004 ist das »mein« Club, Heinz hat mir das alles überschrieben. Er hat irgendeinen Ärger mit Rechnungen und der Steuer. Also bin ich jetzt mit nicht einmal 22 Jahren die Chefin und die Pächterin, aber nur auf dem Papier. Die Frauen, alle wissen, wer hier der Chef ist. Und Heinz gibt den charmanten Patron. Er plaudert mit den Gästen vor dem Haus, hält die Frauen bei Laune. Aber er erkundigt sich auch bei den Freiern, ob sie mit unseren Leistungen zufrieden waren. Wehe, wenn nicht.

Es gibt da ein paar Sachen, die ich nicht machen will, die ich eklig und zu schmerzhaft finde. Ohne Gummi will ich schon gar nicht. Ich habe viel zu viel Angst vor Krankheiten. Aber Heinz ist der Meinung, wenn einer dafür extra zahlt, dann kriegt er alles, was er will. Anal tut mir trotz aller Abhärtungsversuche immer noch weh, es ist für mich die schlimmste Art, einen Freier zu bedienen. Aber es bringt halt die doppelte Kohle. Und ich darf mich nicht weigern.

Heinz fragt nicht nur die Freier, sondern er schickt auch Test-Ficker zur Kontrolle. Er besteht darauf, dass ich Blasen auch ohne Gummi anbiete, weil es viel Geld bringt. Das ist so ekelhaft. Aber ich habe keine Wahl. Es gibt Männer, bei denen einem schon der ganz normale Verkehr richtig schwerfällt. Manchmal kriege ich kaum Luft, so stinken die. Die waschen sich extra nicht, um uns zu erniedrigen. Als ich so einen mal weggeschickt habe, ist Heinz fuchsteufelswild geworden: »Du bist hier nicht zum Spaßficken!« Sein Lieblingsspruch. Wer zahlt, wird bedient.

Ich kann schon verstehen, dass die meisten Frauen in dem Gewerbe irgendwas einschmeißen: Koks, Gras, Tabletten oder Alkohol. Oder eine Mischung von allem. Nüchtern ist vieles kaum zum Aushalten. Da sind mir die Bauern aus der Umgebung fast schon die liebsten Gäste. Hier im Umland kriegen halt viele Bauern keine Frau mit. Wer will das schon, die harte Arbeit, früh aufstehen, bei jedem Wetter raus aufs Feld, nie Urlaub. Die meisten vom Land gehen mit uns respektvoll um. Außerdem sind sie sauber, man merkt, die gönnen sich was, wenn sie zu uns kommen. Manche schauen gar nicht mal so schlecht aus und sind richtig nette Männer.

Heinz und ich haben wochenlang über die Bar geredet. Jetzt machen wir es. Irgendwie habe ich auch die Hoffnung, dass wir damit gut verdienen und ich nicht mehr so oft meinen Körper verkaufen muss. Der Umbau ist nicht billig, aber die Leute sollen sich bei uns wohl fühlen – und wir wollen auch Frauen als Gäste gewinnen. Nicht aus dem Milieu. Sondern Frauen, die mit ihren Männern oder sogar Freundinnen kommen, um einen Abend in einem ganz besonderen Umfeld zu verbringen – und die dafür natürlich ordentlich Geld dalassen. Die Idee schlägt ein. Der »Club Erotica« wird Kult. Plötzlich gibt es in Bayreuth ein Nachtleben, ein verruchtes Nachtleben! Der Laden brummt, ist voll, jede Nacht.

Wir stellen eine erfahrene Frau für die Bar ein, Renate. Sie ist um die 50, klein, zierlich und hat früher für eine Spedition gearbeitet. Wir hatten eine Anzeige für eine neue Barfrau aufgegeben und Renate wollte mal was anderes machen. Sie macht das gut und verliert nie den Überblick. Sie ist eine große Stütze für mich.

Heinz hat schon wieder eine neue Idee, eine völlig verrückte: Er will Tabledance anbieten. Die Show, bei der Frauen an einer Stange tanzen und sich aufreizend bewegen. Und ich soll das machen. Zuerst habe ich gesagt: »Bloß nicht. Ich kann gar nicht tanzen.« Doch langsam gefällt mir die Idee. Tabledance kann man lernen, und mir ist alles lieber, als die Beine breit zu machen. Außerdem war ich in meinem früheren Leben mal ziemlich sportlich. Wir haben gerade ein paar professionelle Tänzerinnen hier, und ich schaue mir an, was sie machen, wie sie sich an der Stange entlangräkeln.

Die Bar wirft immer mehr ab. Und dabei hilft mir auch mein gutes Personengedächtnis. Ich kann mich auch nach einem Jahr noch an Vornamen und oft sogar die PIN-Nummern der Kreditkarten erinnern. Manchmal besser als die Gäste selbst. Einer davon, Benni, kommt eines Tages rein und sagt: »Buch dir einen Piccolo ab und sag mir dafür meine PIN, ich komm nicht mehr drauf.« Fürs Geschäft an der Bar ist es wichtig, dass ich die Gäste persönlich ansprechen kann. Ich bin die Anlaufadresse, ob sie nur quatschen und trinken oder auch mit einer der Frauen aufs Zimmer wollen. Und wir lassen uns auch was einfallen für unsere Gäste. Schnell spricht sich rum, dass bei Junggesellenabschieden im »Club Erotica« die Post abgeht: Der Bräutigam muss hier in der Gegend traditionell leiden. Und dabei helfen wir gern. Da passt es gut, dass wir eine eigene Bühne haben, mit Stangen, an denen eigentlich wir tanzen. Für die Begleiter ist es immer eine Heidengaudi, wenn der Ehemann in spe dort mit Handschellen gefesselt wird und sich von einer der Frauen unter dem Gejohle der Kumpels einen blasen lassen muss. So ein Trupp Jungs, da kommen schon ganz schöne Sauereien heraus. Und gute Einnahmen für unsere Kasse. Wir sind halt auch keine normale Bar. »Aber bitte mit Sahne«, heißen bei uns zum Beispiel die Lesben-Shows mit viel Sahne und gegenseitigem Ablecken.

Aber wir können auch anders. Ein Burschenverein aus dem Landkreis feiert gern bei uns. Einmal legen wir den »Zillertaler Hochzeitsmarsch« auf und die Männer führen dazu ihre Volkstänze vor. Ich lasse mir Fox von ihnen beibringen, weil sie so gern tanzen. Das bringt uns auf die Idee mit der Schlagerparty. Die gibt es von da an immer am 11.11. Und wir staffieren uns dazu sogar beim Kostümverleih mit original 70er-Jahre-Klamotten aus. Das sind die wenigen angenehmen Stunden für mich, weil ich da nicht meinen Körper verkaufen muss. Dann laufen die ganzen alten Schlager, die eigentlich jeder mitgrölen kann: »Griechischer Wein«, »Ich war noch niemals in New York« und »Marmor, Stein und Eisen bricht«.

Auch zur Faschingszeit verkleiden wir uns alle, und weil das die Gäste wissen, kommen auch die in Kostümen. Das sind richtig große Faschingspartys, die wir in der Bar feiern. Für uns lohnt sich das immer, denn wenn die Gäste sich wohlfühlen, lassen sie auch was springen. Die Flasche Prosecco wird für mindestens 150 Euro verkauft, Champagner für 250 bis 800 Euro. Die Verdienstspannen sind gigantisch. Und ich gewöhne mir an, vor den Auftritten ein Gläschen oder zwei zu trinken. Dann sieht das Leben schon viel freundlicher aus und ich kann die Männer besser ertragen. Ich trink mir eine rosarote Brille an und finde alles nicht mehr so schlimm. Heinz mag es nicht, wenn ich etwas trinke. Er trinkt inzwischen überhaupt keinen Tropfen Alkohol mehr. Aber wie soll das gehen, wenn du Gäste zum Trinken animieren willst? Außerdem musst du gute Laune haben und gut drauf sein. Ich bin ja eher ein introvertierter Typ. Ich bräuchte einen ganzen Monat lang mit keinem Menschen reden. Und erst recht nicht mit irgendwelchen Leuten quatschen und Blödsinn machen, die mich kein bisschen interessieren. Prosecco hilft da ungemein.

Heinz lässt sich immer nur für ein paar Stunden blicken, alles hängt hier an mir. Ich muss neben dem Tanzen immer noch mit meinen Stammfreiern ins Bett gehen, muss die Abrechnung für die Bar machen, jeden Abend die Abrechnungen der Frauen erledigen. Dazu bin ich hier noch Putzfrau und Hausmeisterin. Um Personal dafür zu bezahlen, haben wir kein Geld, meint Heinz. Gestern habe ich mit einem Gast einen Spülkasten im Männerklo repariert, alles stand unter Wasser.

Die Arbeit geht immer weiter, ich komme gar nicht zum Nachdenken. Als ich eines Tages mal wieder in den Hof gehe, um irgendwas zu erledigen, erschrecke ich richtig. Ist es schon wieder Winter? Die Bäume haben ja gar keine Blätter mehr. Ich bekomme gar nicht mehr mit, welche Jahreszeit wir haben. Vor Monaten war ich mal mit Heinz auf einer Pferdeversteigerung. Oder war das schon im letzten Jahr? Renate sagt mir immer, ich soll mal mit ihr ausgehen. Kaffee trinken, irgendwas unternehmen, wenn sie ihren freien Tag hat. Aber ich will nicht, ich kann nicht. Ich habe keinen freien Tag. Nie. Wer macht denn dann meine Arbeit? Und was soll ich überhaupt anziehen? Meine Arbeitsklamotten kauft Heinz oder es kommt ein auf unsere »Mode« spezialisierter Händler gleich ins Haus. Wenn ich mal ein paar Stunden frei habe, ziehe ich eine Jogginghose von Heinz an und ein T-Shirt dazu. Wenn wenig Zeit ist, bleibe ich gleich im Bademantel.

Der einzige Kontakt nach draußen ist meine Frauenärztin, ein paar Autominuten von Bayreuth entfernt. Auf meinen Körper muss ich achten, alle paar Wochen lasse ich mich darum von ihr untersuchen. Ich habe viel zu viel Angst vor einer Geschlechtserkrankung. Früher mussten Prostituierte alle zwei Wochen zur Untersuchung, sie mussten einen Bockschein haben, also angemeldet sein, und es gab Sperrbezirke. Ich finde es unmöglich, dass die rot-grüne Bundesregierung das abgeschafft hat. Heute kann jede in ihrem Wohnzimmer einen Puff aufmachen – und die Frauen werden nicht mehr untersucht. Kein Wunder, dass es immer mehr Geschlechtskrankheiten gibt.

Wenn ich zur Ärztin gehe, dann muss ich mich nicht aufbrezeln. Zu ihr fährt mich immer Heinz, in einem der dicken Autos, die auf meinen Namen laufen. Ich habe sogar einen Führerschein, den habe ich vor ein paar Jahren gemacht. Heinz hatte damals Angst, dass sie ihm den Führerschein abnehmen, und er brauchte einen Fahrer.

Doch mittlerweile weiß ich gar nicht mehr, wann ich zuletzt selbst gefahren bin.

Renate ist in den letzten Monaten mehr und mehr zu meiner Vertrauten geworden. Wir verstehen uns ohne Worte, wenn es an der Bar darum geht, einem Gast möglichst viel Geld aus der Tasche zu ziehen. Sie sieht, wann es Zeit ist für einen, ein Taxi zu rufen, und sie geht dazwischen, wenn Ärger droht.

Mir gegenüber lässt sie nicht locker: »Einmal auf einen Kaffee oder zum Brunchen, du musst doch mal raus, was anderes sehen«, liegt sie mir in den Ohren. Vielleicht hat sie doch recht. Heinz ist zwei Tage unterwegs, irgendwas einkaufen für unseren Hof. Jetzt habe ich keine Ausrede mehr und gehe mit Renate raus. Ich hatte völlig vergessen, dass es ein Draußen gibt. Die Sonne tut mir weh in den Augen, ich bin ja nur noch abgedunkeltes Licht gewohnt. Ich kann den Kaffee gar nicht richtig genießen. Ich habe Angst, dass meine Eltern mich abgreifen. Sie wissen mittlerweile, wo ich arbeite. Seitdem versuchen sie ständig, mich von Heinz zu trennen. Erst kamen Briefe und Päckchen, die Heinz alle wieder vor ihre Tür geschmissen hat. Dann kamen Freunde von ihnen, die sich als Kunden ausgegeben haben. Sie sollten mich zum Aufgeben bringen. Als das alles nichts gebracht hat, fingen sie an, mir Privatdetektive auf den Hals zu hetzen. Damit haben sie mich in schreckliche Situationen gebracht: Da kommt ein Gast, und du gehst mit ihm aufs Zimmer, und plötzlich stellt der sich als Privatdetektiv im Auftrag deiner Eltern vor, der dir einen Brief, ein Päckchen oder was auch immer geben soll. Jedes Mal brach in mir die Panik aus. So auch jetzt. Vielleicht beschatten sie mich ja und verstecken sich jetzt hier irgendwo. Außerdem muss ich immer daran denken, was Heinz wohl sagen würde, wenn er wüsste, dass ich hier meine Zeit beim Kaffeetrinken vertrödele.

11

Mein Bruder

»Jeder Freier darf dich ficken, nur ich nicht«, rastet Heinz wieder mal völlig aus. Es ist morgens früh, irgendwas gegen sechs Uhr. Wir haben den 1. April 2006, bis in den Morgen haben sich die Gäste ein paar deftige Aprilscherze erlaubt. Als die letzten Männer weg waren, habe ich noch ein bisschen aufgeräumt und dabei einen letzten Prosecco getrunken. Jetzt will ich eigentlich nur noch schlafen. In ein paar Stunden geht es ja schon wieder los. Heinz liegt wach im Bett, eigentlich steht er ja gleich auf. Und er will Sex. Ich aber nicht. Mir reichen die ganzen Freier, die ich gerade hatte. Jetzt will ich meine Ruhe. Doch das bringt Heinz so richtig auf die Palme. Was ich mir denn einbilde, ich blöde versoffene Drecksau. Er springt aus dem Bett und Sekundenbruchteile später habe ich schon die erste Faust im Gesicht. Er ist völlig außer sich. Gerade hat er noch im Bett gelegen und jetzt kommt er wie ein Rollkommando über mich. Gnadenlos. Ich versuche, mich zu wehren und vor allem meinen Kopf zu schützen, aber er ist so schnell und ich bin so fertig und betrunken. Ich habe keine Chance gegen ihn. Er zerrt an meinen Sachen. Viel habe ich ja eh nicht an. Ein kurzes Top und einen ultrakurzen Minirock. »Ich werde dir schon zeigen, wo es langgeht, mit jedem rumvögeln und dich bei mir so anstellen«, brüllt er mich an und langt mir noch eine kräftig ins Gesicht. Dann dreht er sich um und holt aus dem Schrank die Stricke raus. Das sind Stricke, wie sie im Stall für die Pferde verwendet werden. Heinz hat sie für Sadomaso-Behandlungen mit in den Club gebracht. Es gibt ja Freier, die auf Fesselspiele stehen. Diese groben Stricke nimmt er jetzt raus und schmeißt mich aufs Bett. »Du elende Drecksau, ich zeige dir jetzt, wer hier was zu sagen hat.« Er kniet sich auf mich, fesselt meine Hände und bindet sie an den Bettpfosten fest. Dann nimmt er meine Füße und bindet sie auch fest. Ich liege auf dem Bauch und kann mich nicht mehr rühren. »Du tust mir weh, bitte lass mich.« Die Stricke schneiden mir in die Haut. Heinz ist immer noch völlig in Rage. Jetzt schlägt er mir auf den Rücken, er hat ein Stück Gartenschlauch gefunden. Es tut unendlich weh. »Hör auf, du tust mir weh, hör bitte auf.« Aber er schlägt immer weiter. Plötzlich hört er auf. Ist es vorbei? Aber nein, er hat jetzt eine Haselnussrute aus seinem Schrank geholt, mit der er weiterschlägt, und es tut noch viel mehr weh. Mein Rücken platzt auf. Ich werde fast verrückt vor Schmerzen. Für Sekunden oder Minuten verliere ich das Bewusstsein.

Als ich wieder zu mir komme, spüre ich, wie er von hinten in mich eindringt. Mit aller Wucht. Mein Rücken brennt, die Stricke schneiden meine Handgelenke immer mehr ein. Ich kann mich nicht wehren und muss es einfach ertragen. Ich schaue meine Hände an, weine und warte, bis es vorbei ist. Irgendwann steigt er runter, zieht sich seine Hose an und lässt mich wie den letzten Dreck einfach liegen. Gefesselt und blutig geschlagen. Er nimmt seinen Schlüsselbund und geht. Der wird mich doch nicht so liegen lassen? Ich höre, wie er seinen Wagen anlässt und wegfährt. Das kann er doch nicht machen? Er wird doch zurückkommen? Er will mich nur quälen. Er kommt doch gleich? Ich liege da und kann nur noch weinen. Heinz kommt nicht zurück. Mein Rücken brennt, meine Hände werden langsam taub, und ich kann mich nicht selbst befreien. Ich habe keine Ahnung, wie viel Zeit vergangen ist. Draußen wird es langsam hell, ein bisschen Licht dringt durch die dunkelblauen Vorhänge. Und ich müsste dringend zur Toilette. Aber es ist niemand da, der mir helfen kann. Mit aller Kraft versuche ich, es zu unterdrücken. Ich will nicht auch noch ins Bett pinkeln müssen. Aber irgendwann merke ich, wie es nass wird unter mir.

Vor lauter Erschöpfung muss ich eingeschlafen sein und werde wach, als ich höre, wie Heinz die schwere Metalltür aufsperrt. »Du bist eine Drecksau«, sind seine ersten Worte. »Schau dich an, wie runtergekommen du bist, du liegst in deiner eigenen Pisse.« Aber er macht mich wenigstens los. Ich bin froh, dass es vorbei ist.

Mein Rücken, die Hände und Füße tun mir unwahrscheinlich weh, aber ich muss das hier alles sauber machen. Das ist mir so peinlich. Ich ziehe das Bett ab, versuche die Matratze so gut es geht mit einem Schwamm und Seifenwasser zu reinigen und föhne sie anschließend trocken. Fast bin ich fertig, da kommt Heinz noch mal ins Zimmer und sagt: »Du wolltest es ja so, du brauchst das.«

Anschließend versuche ich, irgendwie so normal wie möglich weiterzumachen. Heinz hat mich ja schon oft verprügelt, ans Bett gefesselt und dann noch zur Krönung vergewaltigt. Aber so schlimm war es schon länger nicht mehr. Mein Rücken ist aufgeplatzt von oben bis unten. Das tut höllisch weh. Jede Bewegung bereitet mir Schmerzen. Ich muss trotzdem arbeiten. Der Abend ist fast schon vorüber. Als ich mir zwischendurch mal die Hände wasche, verrutscht mein knappes Oberteil, und Oxana, eine der Frauen, sieht meinen kaputten Rücken. Sie zieht mein Oberteil ganz nach oben, damit sie alles sehen kann. »Dieses Schwein«, sagt sie, und ich versuche, sie zu beruhigen: »Oxana, lass es gut sein. Das bringt nichts, wenn wir uns jetzt aufregen. Das macht es nur noch schlimmer.«

Ich habe immer versucht, die Frauen rauszuhalten. Klar wissen sie, was Heinz mit mir macht. Aber was bringt es denn? Nachher geht er auch noch auf die Frauen los. Die muss ich doch schützen, das ist doch meine Familie.

Aber Oxana lässt sich nicht beruhigen. Sie hat schon einiges getrunken an dem Abend. Und dann geht sie runter in den Hof, wo der Mercedes von Heinz steht. Sie schnappt sich das Erste, was ihr in die Hände kommt: eine Schaufel, und damit schlägt sie wütend auf das ganze Auto ein, sogar ein paar Scheiben gehen dabei kaputt. Ich kriege das erst mit, als ich den Lärm höre. Ich renne runter, bleibe in der Tür stehen und sehe, was sie angerichtet hat.

Oh Gott, ich muss jetzt gleich zu Heinz und es ihm sagen. Er wird ausrasten! Ich renne an den Zimmern vorbei, hinter in unsere Wohnung. Dorthin, wo Heinz normalerweise um diese Uhrzeit schläft. Doch Heinz hat die Bescherung schon gesehen und kommt wutentbrannt auf mich zugelaufen: »Wer war das?« Und ich sage nur: »Ich.« In dem Moment will ich nur die Frau schützen, ich weiß ja, wozu er imstande ist. Zum Nachdenken bleibt keine Zeit mehr. Heinz schlägt mir sofort ins Gesicht. Er brüllt und tobt. Was mir Drecksau denn einfällt. Er will mich aus der Tür treten. Damit jeder sieht, was ich für eine Dreckschlampe bin. Und ich klammere mich an den Türrahmen. Er tritt mir in den Magen, seine Schuhe haben verstärkte Kappen vorne, es tut höllisch weh. Mir bleibt die Luft weg. Aber ich will nicht, dass er mich auf die Straße wirft. Ich will nicht. Er prügelt auf mich ein, schimpft und tobt. Er schlägt und tritt. Und lässt mich zusammengeschlagen auf dem Boden liegen.

Nach einer Weile rapple ich mich wieder auf und gehe in die Bar. Ich muss jetzt dringend was trinken. Renate erzählt mir, was in der Zwischenzeit passiert ist: Heinz hat sich von ihr noch einen Kaffee kochen lassen und hat dann die Polizei angerufen, sein Auto sei beschädigt worden, sie sollen kommen und eine Schadensmeldung aufnehmen. Die Anzeige wird gegen Unbekannt gestellt.

In den Tagen danach ist es so, wie es immer ist, wenn Heinz so ausgerastet ist: Es wird nicht darüber gesprochen. Keine Andeutung. Nichts. Die Einzige, die immer mit mir weint, ist Renate. »Wie hältst du das bloß aus?«

Irgendwann lässt sich Heinz etwas Neues einfallen, um mich zu quälen: Er bringt mir nichts zu essen mit. Lange Zeit hätte mich das nicht gestört, da war ich magersüchtig und habe tagelang nichts zu mir genommen. Aber jetzt? Ich habe Hunger und muss endlich was essen. Ich kann ja nicht rausgehen wie die anderen und mir etwas kaufen. Die Welt da draußen macht mir Angst. Für die Hunde bringt Heinz allerdings immer etwas mit. Vor ein paar Wochen hat Heinz mir zwei Chihuahuas mitgebracht, Quino und Toti. Es hat mich schon gewundert, dass er sie mir nach dem Riesenstreit dagelassen hat. Er weiß ja, wie ich an Tieren hänge, und es tut mir immer wieder weh, wenn er sie mir wegnimmt. Meist sind sie nur auf einem Zwischenstopp bei mir, bis er sie verkauft hat. Die beiden haben Hunger und schauen mich aus ihren großen braunen Kulleraugen an. Ich muss an Spike denken, meinen eigenen kleinen Hund, den mir meine Eltern verboten hatten. Er lebte auf dem Hof bei Heinz, bis ihn sein Kampfhund umgebracht hat. Tränen laufen mir über das Gesicht, als ich an den lieben kleinen Kerl denken muss, der niemandem auf der Welt etwas getan hat. Warum muss alles nur so schrecklich enden bei mir? Auch mein Pferd Manitoba ist grausam gestorben, unter schrecklichen Schmerzen.

Mich plagt der Hunger. Ich hole den Hunden eines der kleinen Döschen, die Heinz für sie mitgebracht hat, 150 Gramm. Es riecht lecker. Und mir ist fast schlecht vor Hunger. Ob ich mir davon etwas abzweigen kann? Ein Löffelchen nur. »Tut mir leid, meine Süßen«, sage ich zu ihnen, »wir müssen teilen.« Und dann teile ich den Doseninhalt in drei gleiche Teile. Als die Dose leer ist, kratze ich mit dem

Finger die letzten Bröckchen aus den Ecken. Kann man so tief sinken, dass man kleinen Hunden das Futter wegisst? Man kann, ich kann.

Beim Schreiben dieses Kapitels fällt mir ein, wie kaputt ich damals war. Eigentlich habe ich rund um die Uhr gearbeitet – und getrunken. Ein paar Stunden Schlaf und schon ging es weiter. Ich hatte überhaupt keine Zeit, über mein Leben nachzudenken. Mit ein wenig Abstand mal zu reflektieren, was ich hier eigentlich tue. Ich war Hure, Tänzerin, Bardame, Hausmeisterin, Putzfrau und Buchhalterin, habe die Abrechnungen für alle gemacht. Sieben Tage in der Woche. Ohne Ende. Ohne Pause einfach immer weiter. Ich wusste nicht mehr, welchen Tag wir haben oder in welcher Jahreszeit wir uns gerade befanden.
Aus dem einen Jahr, in dem ich für den eigenen Reitstall anschaffen gehen sollte, waren inzwischen fünf geworden. War mir das damals eigentlich klar? Ist mir das so durchgegangen? Wenn ich heute darüber nachdenke, dann war das die Zeit, in der ich schwere Depressionen bekam. Eine Zeit, in der die Welt da draußen für mich völlig verloren gegangen ist. Ich befand mich in einer Endlosschleife aus Gewalt, Demütigungen, viel zu viel Alkohol und völliger Erschöpfung. 2006 war wirklich das schlimmste Jahr, was die Gewalttätigkeiten von Heinz anging. Ich frage mich oft, wie ich das überhaupt überlebt habe. Vielleicht waren es die wenigen schönen Momente mit anderen Männern, die mir damals geholfen haben, zu überleben.

Es gibt immer wieder Gäste, die sich in mich verlieben, die mich retten wollen. Und in einem Fall empfinde auch ich etwas für diesen Mann. Er hat ein gut gehendes Modehaus, und ich habe ihn schon vor zwei Jahren, 2004, als Freier kennengelernt. Er ist groß, schlank, sehr gepflegt und hat ganz warme dunkelbraune Augen. Er kommt jetzt regelmäßig zu mir, wir sitzen dann im Separee und trinken Champagner. Er hat mir immer wieder gesagt »Ich hol dich hier raus« und gemeint: »Du hast was Besseres verdient.« Ich glaube, ich habe mich ein bisschen in ihn verliebt. Er bringt Wärme in mein Leben, etwas Freude. Er hat meinen Rücken gesehen und ist ganz entsetzt. Wer mir das denn angetan hat? Der »Master of Disaster«! Mein böser König!

Doch einfach gehen? So leicht ist das nicht. Ich versuche, ihm das immer wieder klarzumachen. »Die Leibeigenschaft ist doch längst abgeschafft …«, sagt er mir einmal. Wo soll ich denn hin? Außerdem ist er verheiratet. Seitdem ich das weiß, bin ich ganz unsicher geworden. Soll ich das alles aufgeben für einen Mann, der mir nie ganz gehören wird?

Heinz riecht den Braten. Er bekommt sofort mit, dass da jemand ist, der mich interessiert. Und dann kehrt er den großen Charmeur raus. Das kann er besser als jeder andere. Plötzlich ist er wieder der Heinz, in den ich mich verliebt habe, ist zärtlich und aufmerksam. Jetzt hält er mir morgens wieder die Bettdecke hoch, damit ich drunterschlüpfen kann. Wenn er mich dann in den Arm nimmt, fühle ich mich so geborgen wie bei keinem anderen Mann auf diesem Planeten.

Bald habe ich Geburtstag, werde 24 Jahre alt. Und ich hoffe, dass dieses furchtbare Jahr doch noch ein gutes Ende nimmt.

Am 22. Dezember feiern wir nicht nur meinen Geburtstag, sondern machen auch unsere traditionelle Weihnachtsfeier im Club. Diesmal ist es ein Freitag und die Bar ist gut besucht. Vorgestern haben wir schon den großen Weihnachtsbaum aufgestellt, den Heinz für mich mitgebracht hat. Ich habe feinsäuberlich Lamettafäden über die Zweige gehängt, dazu dunkelrote Kugeln. Und es gibt wie immer ein großes Buffet für die Stammgäste und die Frauen, die hier mit mir arbeiten. Die Taxifahrer sind auch eingeladen und es gibt Weihnachtsmusik. Die Taxifahrer sind wichtig für unser Geschäft. Am Anfang haben sie fünf Euro pro Gast bekommen, damit sie die Leute, die was erleben wollten, nicht woanders hingefahren haben. Später haben sie von uns profitiert, weil wir ihnen gute Fahrten zugeschanzt haben. Im Gegenzug haben sie für mich eingekauft und waren immer zur Stelle, wenn ein unliebsamer Gast schnell weggefahren werden musste. An der Bar gibt es immer frischen Kaffee für die Fahrer. Das ist ein Geben und Nehmen. Und Weihnachten dürfen sie natürlich auch mit uns feiern.

Eigentlich ist es ganz schön, hier Geburtstag zu feiern. Es gibt Pralinen, Blumen, schöne Geburtstagskarten und sogar ganz dicke, flauschige Socken, weil mir doch immer so kalt ist. Ein Gast kennt meine Vorliebe für Rosenstolz, von der Band habe ich inzwischen viele CDs, ein T-Shirt, Weihnachtskugeln und sogar Streichhölzer. Heute sitze ich schon am frühen Abend mit einem meiner Stammgäste auf dem Sofa und trinke einen Piccolo. Neben mir an der Bar nehmen zwei junge Männer Platz. Den einen kenne ich doch? Es ist Andi, wir waren zusammen in der Grundschule, er war meine erste große Liebe! Er hat immer noch die tollsten blonden Locken. Unübersehbar. Der junge Mann daneben sieht auch sehr gut aus. Ist das vielleicht sein Freund von damals? Es ist schon gut 15 Jahre her, ich bin mir nicht sicher. Außerdem bin ich misstrauisch. Was macht Andi hier und warum ausgerechnet an meinem Geburtstag? Ist das wieder eine Idee meiner Eltern, die mich mit Päckchen und Briefen bombardieren? Die mich immer noch nicht in Ruhe lassen können? Haben sie ihn geschickt?

Als mein Stammgast geht, setze ich mich wieder vorne auf meinen Platz an der Theke, und dann kommt der Begleiter von Andi auf mich zu. »Du weißt nicht, wer ich bin?«, fragt er mich. Keine Ahnung, wer soll das sein? Ich weiß wirklich nicht, wer er ist. Er steht vor mir, sieht mir in die Augen und sagt: »Ich bin dein Bruder.« Markus? Als ich ihn das letzte Mal gesehen habe, war er gerade zwölf, das Nesthäkchen der Familie, hier steht ein großer Mann vor mir. Markus? Ich versuche, meine Fassung zu behalten, und sage so gelassen, wie ich kann, dass das nicht sein kann, da ich ein Einzelkind bin. Aber innerlich tut das mehr weh als alle Schläge, die ich jemals bekommen habe. Ich stehe auf und gehe.

Das war es dann mit meiner Geburtstagsfeier. Auch von Weihnachten will ich nichts mehr wissen. Ich hocke in der Umkleide und muss nur noch weinen. Das Jahr geht so beschissen zu Ende, wie es fast die ganze Zeit über gewesen ist. Warum lässt mich meine Familie nur nicht in Frieden? Warum nicht? Am Anfang haben sie noch versucht, mich und Heinz mithilfe der Polizei zu trennen. Als mein Vater mich dann in Mannheim aufgespürt hat, hat meine Mutter dort in allen möglichen Geschäften und Büdchen im Bordell-Bezirk Briefe für mich hinterlegt und Fotos von mir verteilt. Das muss man sich mal vorstellen, da drückt meine Mutter wildfremden Leuten Fotos von mir in die Hand mit der Bitte, sie mögen mich ansprechen und mir einen Brief von ihr geben. Richtig schlimm wurde es ja dann, als sie wussten, dass ich im »Club Erotica« in Bayreuth bin. Die Päckchen, Briefe und Privatdetektive, mit denen sie mir mein Zuhause, den Club, schlechtreden wollten, waren nicht alles. Irgendwann versuchten sie es mit der Psycho-Schiene; ich hatte so furchtbare Angst. Heinz hatte mir immer vorhergesagt, dass sie das versuchen würden: »Die sperren dich weg! Für immer!« Und er hat recht behalten. Ende August 2002 kam ein Schreiben bei mir an, von der Stadt Bayreuth, Amt für öffentliche Ordnung. Ich sollte vorbeikommen, sie wollten feststellen, ob mir »Hilfe zu gewähren« sei. Ich hatte um keine Hilfe gebeten. Das konnten nur wieder meine Eltern veranlasst haben. Wenn ich den Termin am 4. September 2002 nicht wahrnehmen würde, drohten sie mir mit »Zwangsmitteln«. Danke, liebe Eltern! Beim Termin, zu dem ich vor Angst schlotternd erschienen bin, ging es um den Vollzug des Unterbringungsgesetzes. Ein Beamter wollte von mir wissen, ob ich Hilfe brauche? Ob ich das alles freiwillig mache? Ob ich selbstmordgefährdet bin? Ende 2002 entschied das

Amtsgericht Bamberg, Abteilung für Vormundschaftssachen, dass das Verfahren auf Anordnung einer Betreuung eingestellt wird.

Aber der Terror ging weiter: Im August 2003 stand auf einmal mein großer Bruder Sebastian im Club. Eine der Frauen hatte ihn reingelassen. Als ich ihn gesehen habe, bin ich voller Panik geflohen und musste die Polizei anrufen. Er erhielt Hausverbot und Platzverweis, Heinz hat sich darum gekümmert. Auch meine kleine Schwester Conny stand eines Tages vor der Tür. Ich machte auf, und sie sagte: »Hallo, Katharina.« Ich habe noch gesagt, ich kenne keine Katharina, und schnell die Tür zugeschlagen.

Als Nächstes kam die arme todkranke Katze dran. Meine Mutter schickte Micki in einem Wäschekorb in den Club. Das arme Tier war völlig verängstigt. Was hat sie sich nur dabei gedacht? Mir kam es so vor, als hätten sie sich jeden Tag neue Schrecklichkeiten für mich ausgedacht. Dabei wollte ich doch nur meine Ruhe.

Schließlich kam meine Schwester Conny auf die Idee, mir ein Fluchtfahrzeug vor die Tür zu stellen. Ihren alten roten Renault, ihr Baby. Den Schlüssel hatte sie im Radkasten versteckt. Heinz machte sich lustig darüber, ein Schrottauto, mehr wäre ich meiner Familie wohl nicht wert. Wohin sollte ich denn fliehen? Ich traute mich doch gar nicht mehr auf die Straße, aus Angst vor meiner Familie. Wenn sie mich in die Finger bekämen, wäre alles vorbei. Ich, eingesperrt unter lauter Irren. Weg, die ungeratene Tochter. Weg für immer. Ich bekam ja schon Panik, wenn ich einen flaschengrünen Opel Omega gesehen habe. So ein Auto fahren meine Eltern.

Es gab auch eine Zeit, in der meine Mutter ständig im Club anrief. Das erste Mal fiel mir fast der Hörer aus der Hand, als ich abhob und plötzlich meine Mutter in der Leitung hatte: »Hallo, Katharina, hier ist die Mama, deine Mama …« Ich war völlig geschockt und sagte nur: »Sie müssen sich irren, mein Name ist Sonja, ich kenne keine Katharina.« Damals gewöhnte ich mir an, Hochdeutsch zu sprechen.

Ich wollte nicht mehr so reden wie früher. Meine Mutter hat wieder und wieder angerufen. Ich bekam schon Panik, wenn das Telefon geklingelt hat. Ich habe jahrelang freiwillig nicht mehr telefoniert.

Und jetzt steht an meinem Geburtstag mein kleiner Bruder vor mir. Weinend sitze ich eine Ewigkeit in der Umkleide und hoffe, dass Markus weg ist, wenn ich wieder rauskomme. Und dass Heinz nichts mitbekommen hat. Irgendwann kommt Renate und sagt mir, dass die Luft rein sei. Doch die Angst vor meinen Eltern ist plötzlich wieder so präsent, dass ich sie nur mit ein paar Piccolos halbwegs in den Griff bekomme.

12

Meine Lehrerin Mrs. Miller

Das Jahr 2007 vergeht wie die anderen Jahre zuvor. Es rast an mir vorbei. An meinem Alltag ändert sich nichts. Arbeiten, schlafen, arbeiten, schlafen. Um alles zu ertragen, trinke ich viel zu viel Alkohol.

Mittags um zwölf sperren wir den Club auf. Dadurch bekomme ich oft nur zwei, drei Stunden Schlaf. Oder auch gar keinen. An manchen Tagen breche ich zusammen. Liege dann heulend in irgendeiner Ecke. Die Frauen decken mich zu und hoffen, ich könnte ein paar Stunden schlafen. Mehr als einmal schickt mich Renate ins Bett. Aber mein Mann scheucht mich postwendend wieder hoch in die Bar. Wir bräuchten das Geld und ich solle gefälligst meinen Job machen. Wenn ich ihm körperlich nach meinen Schichten nicht das geben möchte, was er will, nimmt er es sich mit Gewalt. Die meiste Zeit bin ich wie in Trance.

Kurz vor meinem Geburtstag bekomme ich Post. Von Andrea. Sie kommt nach Bayreuth und will mich besuchen. Mir fällt vor Schreck fast ihr Brief aus der Hand. Andrea war meine beste Freundin auf dem Gymnasium, und sie ist die Einzige aus meinem alten Leben, mit der ich noch Kontakt habe. Wir schreiben uns zu den Geburtstagen. Am Anfang haben wir uns noch SMS geschrieben. Ich hatte mein altes Handy behalten, obwohl mir Heinz verboten hatte, es zu benutzen.

Vor ein paar Jahren ist es kaputtgegangen und seither schreiben wir uns Geburtstagskarten und manchmal auch einen Brief.

Und jetzt kommt sie, die talentierte Geigerin, nach Bayreuth und gibt dort ein Weihnachtskonzert. Und am 25. Dezember 2007 will sie zu mir kommen, in den Club. Ich weiß gar nicht, was ich davon halten soll. Andrea, mit der ich in der Klasse nebeneinandergesessen habe, mit der ich im Musikunterricht gesungen habe. Sie hatte die Alt-Stimme und ich den Sopran. Wir hatten uns damals sogar die gleichen Klamotten gekauft.

Heinz darf davon nichts mitbekommen. Das ist das größte Problem. Er hat mir jeden Kontakt zu den Leuten von früher verboten. Aber unser Verhältnis ist seit Monaten so schlecht, dass ich nichts mehr zu verlieren habe. Mögliche Konsequenzen sind mir gerade völlig egal. Ich möchte mich mit Andrea treffen und endlich wieder mal mit jemandem reden, der nichts mit meinem jetzigen Leben zu tun hat. Wir haben uns jetzt siebeneinhalb Jahre nicht gesehen. Sie hat Lehramt studiert. Wie nennt sie wohl das, was aus mir geworden ist? Sie weiß aus meinen Briefen, was ich hier tue, und dass ich das mache, um mir das Geld für einen eigenen Reitstall zu verdienen. Dass mein Mann und ich schon viel aufgebaut haben und mein Traum bald in Erfüllung gehen wird. Dass das nötig ist, um endlich mit meinem Mann zusammenleben zu können. Wird sie das verstehen? Wird sie mich noch mögen, so wie früher?

Dann ist der Tag plötzlich da. Wir haben uns in der Bar im ersten Stock verabredet, dem unverfänglichsten Ort, den ich ihr hier bieten kann. Als sie zur Tür reinkommt, schaut sie mich an und fragt: »Katha, bist du das?« Ich bin inzwischen blond, das kennt sie noch nicht. Dann liegen wir uns in den Armen, es ist wie früher, nur an einem anderen Ort. Und was mich betrifft, auch in einem anderen Leben.

Wir setzen uns in die Sofaecke hinten im Raum und hören gar nicht mehr auf, zu reden. Sie trinkt Beck's aus der Flasche. Die kleinen Beck's-Fläschchen sind im Moment voll im Trend. Freut mich, dass sie so was trinkt. Ich habe mich an diesem Tag besonders gut zurechtgemacht. Ich wollte nicht, dass sie sich Sorgen macht. Mit keinem Wort erzähle ich ihr von meinem schlechten Gesundheitszustand, von meinem Alkoholproblem. Auch kein Wort über die Schläge und die Gewalt. Heute will ich mit einer alten Freundin quatschen und das Drumherum einfach vergessen. Wenigstens für ein, zwei Stunden.

Andrea erzählt mir von unserer alten Lehrerin Mrs. Miller, die immer noch nach mir fragt und in den letzten Jahren immer wieder Grüße an mich ausrichten ließ. »Ich soll dir sagen, sie hat das schwarze Schäfchen noch.« Bei den Worten ist es um meine Fassung geschehen, das rührt mich sehr. Das Schäfchen hatte ich ihr nach einer Klassenfahrt geschenkt, das ist jetzt viele Jahre her. Ich war halt immer anders als die anderen. Das schwarze Schäfchen in einer Herde von weißen Schafen, so bin ich mir manchmal selbst vorgekommen. Und dass sie das Schäfchen aufgehoben hat, das freut mich über alles. Meine alte Klassenlehrerin, die strenge Frau Oberstudienrätin Miller. Ich hatte sie in Sport und in Englisch, darum auch das Mrs. Sie war unsere Vertrauenslehrerin, und sie hat so oft versucht, mit mir zu reden. Sie hat ja mitbekommen, dass ich Probleme hatte. Doch ich habe damals nicht mit ihr gesprochen. Mit niemandem. Ich konnte einfach nicht über meine Gefühle reden. Ich hatte immer den Eindruck, dass Mrs. Miller mich mochte. Aber das hat sie nie daran gehindert, eine unheimlich strenge Lehrerin zu sein. »Setzen, sechs!«, das hat sie mehr als einmal zu mir gesagt. Ich mochte einfach keine englischen Texte vorlesen, das war mir so peinlich vor der ganzen Klasse. Da blieb ich lieber stumm. Und kassierte lieber die Sechs. Ausgerechnet Mrs. Miller fragt noch nach mir, lässt mir Grüße ausrichten, seit Jahren. Die anderen haben mich sicher längst vergessen. Aber Mrs. Miller nicht. Das ist ein tröstlicher Gedanke.

Zwei Wochen später fasse ich mir ein Herz und rufe sie zu Hause an. Das Herz klopft mir bis zum Hals. Erst beim dritten Anlauf schaffe ich es, mit zittrigen Fingern ihre Nummer zu wählen. Ihr Mann meldet sich. »Nein, meine Frau ist nicht zu Hause.« Ob ich später noch mal anrufen könnte? Und er notiert sich meinen Nachnamen. Ich komme gar nicht auf den Gedanken, dass Mrs. Miller mit dem Namen in meinem Fall vielleicht gar nichts anfangen kann. Sie kennt mich doch nur als Katharina oder Katha. In der Schule sprachen uns die Lehrer immer mit dem Vornamen an.

Irgendwie entmutigt mich das. Ich brauche eine ganze Woche, um es dann Mitte Januar 2008 noch einmal zu versuchen. »Meine Katha!«, ruft die mir gut vertraute Stimme ins Telefon. Wenig später kündigt sie entschlossen an: »Katha, ich komme dich besuchen!« Ich bin völlig überrumpelt. Damit habe ich keine Sekunde gerechnet. Frau Oberstudienrätin, diese Respektsperson, will mich im Puff besuchen! Unvorstellbar! Meine strenge Lehrerin in dieser Umgebung. Aber irgendwie ist mir alles recht. Ein Lichtblick in meiner trostlosen Situation.

30. Januar 2008 – heute ist es so weit. Renate holt Mrs. Miller am Bayreuther Hauptbahnhof ab. Als »Erkennungszeichen« trägt meine alte Lehrerin einen pinkfarbenen Schal zum dicken dunkelblauen Mantel. Heinz würde mich totschlagen, wenn er das wüsste. Er darf es nicht mitbekommen. Aber er kommt normalerweise nicht in die Bar, »um die Frauen nicht von der Arbeit abzuhalten«, wie er sagt. Mir wäre das auch total peinlich, wenn er mit ansehen würde, wie ich Männer anmache und später mit aufs Zimmer nehme. Das alles ist schon so furchtbar schwer für mich. Wie ich Heinz kenne, würde

er alles kritisieren, was ich mache, und dann würde ich nur noch unsicherer werden, als ich es eh schon bin.

Als meine ehemalige Lehrerin in der Tür steht, laufen mir die Tränen über das Gesicht. Sie braucht ein paar Sekunden, um sich zu orientieren. Das schummrige rote Licht und meine neue Haarfarbe … Sie kennt mich ja nur mit dunklen Haaren. Außerdem bin ich mit knapp 60 Kilo ziemlich dünn.

Wir liegen uns lange in den Armen und müssen beide weinen. »Katha, meine Katha, was freue ich mich, dich zu sehen!« Ich kann gar nicht aufhören, zu weinen, es fühlt sich so gut an in ihren Armen. So weich, so geborgen. In der Bar sind heute nur Frauen, denen ich vertrauen kann. Und natürlich Renate, meine »Big Mama«, die mir hilft, wo immer sie kann. Mrs. Miller trinkt Prosecco und staunt über das Rotlicht. »Da hat man ja gar keine Falten.« Sie ist inzwischen fast 70 Jahre alt, was man ihr auch ohne Rotlicht nicht ansieht.

Wir setzen uns auf eines der roten Sofas hinten in der Bar, und da bemerke ich, dass auf dem großen Fernseher die Pornofilme laufen, die hier Tag und Nacht zu sehen sind. Ich hatte darum gebeten, dass wir sie ausstellen, aber niemand hat daran gedacht. Wir alle hier sehen den Quatsch schon gar nicht mehr. Und Frau Miller setzt sich ausgerechnet in Blickrichtung zum Bildschirm. Wie peinlich!

Aber sie lässt sich nichts anmerken, nippt an ihrem Prosecco, als sei das das Normalste der Welt. Sie unterhält sich mit den anderen Frauen. »Sehr nett, sexy und adrett«, sagt sie hinterher zu mir und bewundert die Rückseite von »Natalie«, einer unserer Huren mit einer richtigen Eieruhrfigur mit großem Hintern. Komisch, meine strenge Lehrerin ist begeistert von einem großen, runden Po. Ich fasse es kaum. Aber ich sehe ihr natürlich auch an, dass sie sich Sorgen um mich macht. Warum ich so dünn bin? Warum ich mir immer noch die Arme ritze? Wie es mir geht, will sie wissen. Dabei müsste sie doch eigentlich wissen, dass es mir schon immer schwerfiel, über mich zu reden. Das hat sich in all den Jahren nicht geändert. Ich freue mich so, dass sie da ist. Aber ich kann einfach nicht über all das reden, all ihre Fragen beantworten.

»Schreib alles auf, Katha. Du hast schon immer gut geschrieben«, fordert sie mich auf und verspricht wiederzukommen. Und ich soll sie anrufen, wann immer es Probleme gibt. »Ich bin für dich da, Kind. Melde dich bitte.« Als sie geht, verspricht sie mir, bald wiederzukommen. Und mein Herz ist so leicht wie lange nicht mehr. Ja, ich werde ihr schreiben, verspreche ich. Schreiben fällt mir leichter als reden.

Zehn Tage später setze ich mich an die Bar und fange wirklich an, zu schreiben. Aber was soll ich ihr schreiben? Mir gehen noch mal ihre Fragen durch den Kopf, und ich denke daran, wie schön es war, sie wiederzusehen.

Liebe Mrs. Miller!

Was soll ich nur schreiben? Vermutlich brauche ich Tage, bis dieser Brief fertig ist. Ich lebe hier in meiner Welt, und seit sieben Jahren ist jeder Tag hier gleich: Mein Mann schmeißt mich gegen Mittag aus dem Bett, dann ziehe ich mich an, koche mir in der Bar einen Kaffee und richte eine Brotzeit her. Er bleibt dann etwa eine Stunde, und die Zeit nutzt er meistens, um mich zu beschimpfen. Bin eigentlich immer froh, wenn er weg ist. Klingt blöd, weil er ja mein Mann ist und ich ihn liebe.
Wenn er weg ist, lege ich meine Musik auf und öffne die erste Flasche Prosecco. Ich sitze dann an der Bar auf dem Hocker und schaue auf den kleinen Monitor, der unseren Eingangsbereich zeigt. Ist schon komisch, dieser Monitor ist meine Verbindung zur Außenwelt. Hier gibt es kein Fernsehprogramm, kein Radio und natürlich keine Tageszeitung. Dieser kleine schwarz-weiße Monitor ist alles, was ich von der Welt draußen sehen kann.

Ich lese durch, was ich geschrieben habe, und frage mich, ob ich ihr das wirklich so schreiben kann. Interessiert sie das? Schreiben beruhigt mich und der Gedanke an Mrs. Miller wärmt mir das Herz. Da ist ein Mensch, der sich wirklich um mich sorgt. Ich muss nur höllisch aufpassen. Heinz darf diesen Brief nie in die Finger bekommen. Er hat mir jeden Kontakt nach draußen verboten. Er hat mich vor die Wahl gestellt – er oder mein altes Leben. Er allein. Es ist noch ruhig im Club und ich schreibe einfach noch ein bisschen weiter.

Ich sitze jetzt wenige Meter von der Stelle entfernt, wo wir vor Kurzem miteinander gesprochen haben. Auf diesem Barhocker warte ich, bis dann gegen acht Uhr abends die anderen Frauen kommen und der Betrieb langsam angeht. Dann gehe ich ins Bad und mache mich fertig. Im Club geht es bis in den Morgen. Unsere Bar läuft gut, manchmal geht es bis sechs, sieben Uhr, aber es kann auch elf oder zwölf Uhr mittags werden. Es kommt auch schon mal vor, dass ein Gast bis zum Nachmittag bleibt. Ich komme manchmal gar nicht zum Schlafen.

Normalerweise gehe ich morgens ins Bett, wenn der letzte Gast weg ist. Mein Mann schläft dann meistens noch, er steht ja gegen sieben oder acht Uhr auf. Ich mache dann meinen »Anstandsbesuch« bei ihm. So geht das Tag für Tag, sieben Tage in der Woche, ohne Pause. Seitdem ich die Schule verlassen habe, hatte ich keinen einzigen Tag mehr frei. Ich weiß oft gar nicht, welchen Tag wir haben oder welche Jahreszeit. Das spielt auch keine Rolle für mich, ich komme eh nicht raus, und hier ist es immer gleich dunkel. Die Fenster sind abgeklebt, das Licht ist gedämpft.

Ich ertrage das Sonnenlicht nicht mehr, wenn ich doch mal raus muss. Zu irgendwelchen Ämtern oder zu meiner Frauenärztin. Alles, was ich brauche, besorgt mir mein Mann. Was er nicht wissen darf, besorgen mir die Frauen.

Das ist das Schöne hier: Wir Frauen sind wie eine Familie. Dadurch, dass wir der Abschaum der menschlichen Gesellschaft sind, sind wir einander sehr verbunden. Keine von uns hat »normale« Freundschaften. Renate ist da die einzige Ausnahme, die ich in den vielen Jahren kennengelernt habe. Die anderen haben eine Geschichte, die sich immer auf denselben Nenner bringen lässt. Keine von uns ist hier freiwillig gelandet. Keine.

Es ist ein wirklich hartes Leben hier, Gewalt und Demütigungen sind an der Tagesordnung. Für einen »normalen« Menschen ist das alles bestimmt unbegreiflich. Aber für uns ist es der Alltag. Wenn ich nur daran denke, was ich schon für Schläge von meinem Mann bekommen habe. Das waren schon einige blaue Augen, Hämatome und Brüche. Doch wir nehmen das hin. Es ist normal. Wenn ich ehrlich bin, finde ich die Demütigungen durch die Gäste viel schlimmer.

Ich habe schon oft hier an der Theke bei meiner »Big Mama« gesessen und geheult. Kein »normaler« Mensch kann sich vorstellen, wie krank diese Männer sind. Wir müssen uns täglich beschimpfen, beleidigen, erniedrigen und gebrauchen lassen. Es belastet mich, wenn mir Männer hier ihre kranken Fantasien erzählen. Am schlimmsten ist es für mich, wenn ich zu einem Gast »Papi« oder »Onkel« sagen muss.

Ich habe am Anfang nicht verstanden, warum so viele von uns Alkoholikerinnen oder auf Drogen sind. Heute weiß ich: Anders hält man das hier gar nicht aus. Da kann ich inzwischen aus eigener Erfahrung sprechen. Alkohol wurde irgendwann die vermeintliche Lösung für all meine Probleme. Ich habe entdeckt, dass Alkohol mein bester Freund ist. Also betrinke ich mich – und meine Welt ist schön. Ohne Alkohol schaffe ich es nicht mal mehr, meinen Namen zu schreiben, so sehr zittern dann meine Hände. Ohne Alkohol kann ich keine Gabel an den Mund führen, ohne dass

mir das ganze Essen herunterfällt. Die Gefahr habe ich lange nicht erkannt.
Mein Mann darf diesen Brief nicht in die Hände bekommen. Ich muss in Etappen schreiben. Diesen Teil schicke ich gleich los. Es gibt noch so viel zu erzählen. Bis bald mal,

liebe Grüße Katharina

Wenn ich Probleme hatte, früher in der Schule, habe ich nie darüber sprechen können. Mrs. Miller hat sich an mir die Zähne ausgebissen. Sie hat als Vertrauenslehrerin immer wieder versucht, mit mir zu sprechen. Aber niemand ist damals an mich rangekommen, schon gar nicht meine Eltern. Ich konnte einfach nicht reden. Damals habe ich angefangen, Tagebuch zu schreiben. Und ich habe Mrs. Miller Briefe geschrieben. Ob sie sich noch dran erinnert? Ob sie sie noch hat? Wie war ich eigentlich damals, in der Schule? Ich erinnere mich nicht. Ich werde sie fragen, bei ihrem nächsten Besuch.

Ich bin so stark alkoholisiert, dass ich einfach loslaufe, um den Brief an Mrs. Miller gleich einzuwerfen. Zum Glück fährt mir Natalie im Auto hinterher und sammelt mich wieder ein. War es richtig, den Brief überhaupt einzuwerfen? Ich habe ein total schlechtes Gewissen, weil ich so schlecht über meinen Mann geschrieben habe. Er hat wie jeder Mensch eine gute und eine schlechte Seite. Meistens war ich ja an den Schlägen selber schuld, wenn ich zu aufmüpfig war zum Beispiel. Wenn ich brav bin, passiert mir auch nichts. Und er hat auch noch nie eine der anderen Frauen angefasst.

Liebe Mrs. Miller,

Renate hat mir gesagt, dass Sie mich nächste Woche noch einmal besuchen wollen. Ich weiß nicht, ob das eine gute Idee ist. Ich bin in einem ziemlich schlechten gesundheitlichen Zustand. Andererseits freue ich mich so, dass wir Kontakt haben. Das bedeutet mir wirklich viel.
Ich wollte in den ganzen Jahren nie zurück nach Hause. Ich wollte aber immer zurück auf die Schule. Das war immer mein Wunsch. Ich wollte zurück ans E.T.A.-Hoffmann-Gymnasium. Meine Familie ist mir egal. Sie haben mir so viel angetan. Und nicht einmal hier können sie mich in Ruhe lassen. Sie schicken Detektive hinter mir her, meine Brüder waren auch schon im Club. Ständig tauchen hier »Freunde« auf, die mit mir reden wollen. Ich traue mich gar nicht mehr vor die Tür, weil ich Angst habe vor ihnen. Sie wollen mich doch nur fertigmachen. Sie wollen mich heute wie damals auf der Psychoschiene fertigmachen. Warum lassen sie mich nicht einfach in Ruhe? Als ich noch zu Hause war, wollten sie mich doch auch nicht. Der Einzige, der in dieser Zeit zu mir gehalten hat, war Heinz. Er hat mir geholfen, dass sie mich nicht wegsperren konnten. Ich muss Schluss machen.

Liebe Grüße Katharina

Immer, wenn ich einen Brief abschicke, bekomme ich ein schlechtes Gewissen. Ist es richtig, meine alte Lehrerin mit so viel Elend zu belästigen? Was passiert mir, wenn mein Mann von den Briefen erfährt? Andererseits es ist schön, dass es da draußen einen Menschen gibt, der sich für mich interessiert, dem ich nicht egal bin. Ich hätte es nie für möglich gehalten, dass sie mich hier besuchen kommt. In einem Puff! Schon bei Andrea hatte ich das nicht erwartet.

Im Moment arbeite ich immer erst ab 20 Uhr abends. Nach meinen Zusammenbrüchen hat Heinz irgendwann eingesehen, dass es so nicht weitergehen konnte. Ich habe ausgeschaut wie ein Gespenst, nur noch Haut und Knochen. Seither machen wir um 20 Uhr auf, und ich kann ein paar Stunden schlafen, morgens wenn der letzte Gast gegangen ist. Doch jetzt machen mir meine Leberwerte zu schaffen. Normal sind Gamma-GT-Werte bis 40, ich habe 720. Damit stehe ich kurz vor der Leberzirrhose. Und das merke ich auch, ich fühle mich schlapp und habe Schmerzen, dort, wo die Leber sitzt. Meine Frauenärztin, die einzige Ärztin, zu der ich regelmäßig gehe, warnt mich: »Wenn du so weitermachst, erlebst du den Sommer nicht mehr.« Sie schickt mich zu einer Internistin, allein das ist schon der Horror für mich. Ich bin fremde Menschen außerhalb des Clubs nicht gewohnt, ein volles Wartezimmer kann ich kaum ertragen. Am liebsten würde ich mich hier in meinem Bunker verkriechen. Aber ich muss es jetzt machen. Schon den Termin auszumachen, kostet mich viel Überwindung.

Am Tag der Untersuchung soll mich Heinz um 7 Uhr zum Arzt fahren. So läuft es immer: Er fährt mich zu Terminen und wartet dann im Wagen auf mich. Als ich runter in unsere Wohnung komme, ist er schon weg. Früher als sonst. Er hat mich einfach sitzen lassen. Was mache ich jetzt nur? Renate ist noch da und überredet mich, ein Taxi zu nehmen. Ich muss nicht im Wartezimmer warten, dafür hat meine Frauenärztin gesorgt. Die Internistin macht einen Ultraschall der Leber. Ich kann sehen, wie unnatürlich groß sie geworden ist. Das verursacht meine Schmerzen, und das wird mich umbringen, wenn ich nicht aufhöre mit der Sauferei. Das meint auch meine alte Lehrerin, Mrs. Miller, die sich um mich sorgt.

Meine liebe Katha,

ich habe nun drei Briefe von Dir bekommen, in denen Du mir von Deinen doch recht leidvollen Erlebnissen in den letzten acht Jahren erzählst und von den Erlebnissen in Deiner Familie, die zu Deinem fluchtartigen Verschwinden geführt haben. Schreib weiter, es wird Dir guttun, Dir alles von der Seele zu schreiben.
Wenn Deine Eltern so auf ihren guten Ruf bedacht sind, dann wäre es doch das Einfachste gewesen, Dich ganz aus ihrem Leben zu streichen und Dich damit in Ruhe zu lassen. Warum versuchen sie immer wieder, auf verschiedenste Art und Weise mit Dir Kontakt aufzunehmen? Du meinst, dass sie Dich psychisch fertigmachen wollen. Aber welchen Erfolg, Nutzen oder Sinn könnten sie darin sehen? Sie entwickelten eine gewisse Hartnäckigkeit, die in mir die Frage aufkommen lässt, ob sie nicht im Laufe der Zeit ein schlechtes Gewissen bekommen haben, vielleicht sogar Reue empfinden. Was meinst Du?
Im Augenblick macht mir Deine Gesundheit besonders große Sorgen. Was hat die Ärztin erzählt? Hast Du ihr von mir erzählt und ihr meine Handynummer gegeben, damit sie mich im Notfall anrufen kann? Du weißt, dass Du ohne ärztliche Hilfe aus der Alkoholfalle nicht mehr rauskommen kannst; ich hoffe, dass Dich Deine Ärztin gut berät.
Ich schicke Dir meine besten Gedanken und Wünsche für heute, lass uns weiter in Kontakt bleiben, schreib mir, schicke mir SMS.

Liebe Grüße von Deiner alten Lehrerin Mrs. Miller

13

Kalter Entzug

Ich muss mit Heinz über den Entzug reden. Ich will nicht sterben. Das ist eigentlich verrückt. Es gab schon mehr als eine Gelegenheit, bei der ich mir gewünscht habe, es wäre vorbei. Schluss mit diesem elenden Leben. Aber jetzt …, nein, ich will nicht sterben!

»Du gehst mir in keine Klinik, niemals«, Heinz reagiert mit einem Wutausbruch auf meinen Wunsch, in eine Entzugsklinik zu gehen.

»Ich bin krank, ich brauche Hilfe!«, flehe ich ihn an, »ich will nicht sterben!«

Wir sitzen auf dem Bett in unserer Wohnung. Lange habe ich mir überlegt, wie ich es ihm sagen könnte. Aber er versteht gar nicht, was ich ihm eigentlich sagen will. Er müsste doch sehen, wie schlecht es mir geht. Zuletzt bin ich hinter der Theke zusammengebrochen, Heinz hat mich runter ins Bett gebracht und hat mir ein Bier gegeben, damit sich der Kreislauf stabilisiert. Er weiß doch, dass ich alkoholkrank bin.

Aber nein, bei dem Thema Entzug ist er völlig unnachgiebig. Er würde mich jetzt ein paarmal mit auf unseren Reiterhof nehmen. Ein paarmal reiten und schon würde es mir besser gehen … Sagt er. Ich sollte halt einfach nicht mehr so viel saufen.

Nicht mehr so viel saufen! Das muss ich schaffen. Denn kein normaler Mensch hält das aus: nachts fünf, sechs Flaschen Prosecco mit den Gästen oder auch ohne und tagsüber, wenn ich allein bin, eine Flasche Wodka. Ich will schon gar nicht mehr schlafen, weil ich das Aufwachen so hasse: Du wachst auf und weißt, es ist der gleiche schlimme Tag wie gestern und die vielen hundert Tage davor.

Alle im Club raten mir zum Entzug in einer Klinik. Nur wie soll ich dahin, wenn Heinz es nicht will? Alle warnen mich davor, einen kalten Entzug zu machen. Hier, ohne Ärzte, ohne Medikamente. Ohne Hilfe. Wann war ich eigentlich zum letzten Mal nüchtern? Keine Ahnung. Aber ich weiß, dass ich einen starken Willen habe. In meinen Magersuchtphasen habe ich das bewiesen.

Ich kann Schmerzen gut aushalten, manchmal führe ich sie sogar absichtlich herbei. Ich schneide mir seit vielen Jahren mit Rasierklingen die Unterarme auf. Damit kann ich meinen seelischen Schmerz auch körperlich spüren. Klingt blöd, aber diese Schmerzen waren für mich immer eine Befreiung. Ich habe es immer wieder getan, wenn ich es anders nicht mehr ausgehalten habe. Das ist dasselbe mit der Magersucht und der Bulimie – man quält sich selbst, um den seelischen Schmerz zu unterdrücken.

Heute ist der 8. März 2008 – und ich werde nichts mehr trinken. Keinen Tropfen Alkohol, nichts, gar nichts. Es ist ein Samstag, ein idiotischer Tag zum Aufhören. Freitags und samstags ist hier immer am meisten zu tun. Egal, heute oder nie.

Mein Körper schreit nach Alkohol. Jede Faser meines Körpers verlangt danach. Ich fange an, Kaffee statt der üblichen Piccolos zu trinken. Kaffee mit drei Stückchen Zucker und Milch. Viel Kaffee. Ich zittere, mir bricht der Schweiß aus. Nebenan steht alles, wonach mein Körper jetzt giert. Ich setze mich darum nicht an die Bar, sondern in die kleine Ecke, die wir Frauen uns eingerichtet haben für die

Zeit, wenn keine Freier da sind. Normalerweise wird da gequatscht, ja, auch gestrickt. Heute sitze ich da in dicke Decken eingehüllt und zittere mir einen ab. Zwischendurch gehe ich doch mal mit Gästen in die Bar, trinke Kaffee. Bald sind es 25 Tassen. Und dazu noch mal so viel Wasser.

Als die Nacht vorbei ist, gehe ich runter zu Heinz ins Bett und verkünde ihm meinen Entschluss. Und er reagiert ganz anders, als ich erwartet habe. Er findet das richtig gut und nimmt mich in den Arm. »Wenn du das durchhältst, dann bist du richtig gut!« Das war der letzte schöne Moment für viele Tage.

Ich leg mich ins Bett und kann nicht schlafen. An der Decke entfalten sich vor meinen Augen große Blumen und Pflanzen. Wunderschöne Farben und alles sieht so lebendig aus. Die Blüten öffnen sich, Ranken klettern über die Wände. Alles lebt. Bilder aus einer anderen Welt, aus einer anderen Dimension. Ich finde das schön und total spannend. Es ist wie eine Szene, über die ich in esoterischen Büchern gelesen habe. Die Bilder wechseln wie in einem Daumenkino. Immer neue Bilder kommen dazu, wunderschöne Landschaften, Blumen, Pflanzen und dann riesige Rollen in bunten, ganz herrlichen Farben. Sie drehen sich zu immer neuen Mustern.

Ich hatte in Büchern viel über das Jenseits gelesen und das Phänomen, dass sensible Menschen Erfahrungen mit Zwischenwelten machen können. Bin ich jetzt in einer solchen Zwischenwelt? Erlebe ich das gerade? Ist das so, wenn man stirbt? Ich habe keine Angst, alles ist so friedlich um mich herum. Bin ich in einer Zwischenwelt gelandet, zwischen dem Hier und dem Jenseits? Erlebe ich gerade die andere Dimension, worüber ich in einem der Bücher von Dieter gelesen habe?

Irgendwann sind die Bilder, die ich sehe, nicht mehr schön und friedvoll, sie machen mir Angst. Es tauchen riesige Rollen in Neonfarben auf, sie drehen sich, immer schneller, immer schneller … Alles dreht sich. Die schönen Blüten sind weg. Plötzlich sind da zwei Punkte in Blau und Rot, wie kleine Bälle hopsen sie im Zimmer herum. Ich beobachte, wie die kleinen Bälle Schriften in die goldene Metallumrandung des Tischchens fräsen, das neben meinem Bett steht. Was für Schriften sind das nur? Ich kann sie nicht erkennen, keine Worte und keine Buchstaben, aber es sind Schriften, fremdartige Schriften ... Jetzt fräsen die Bälle ihre rätselhaften Schriften in die Metallumrandung unseres Bettes. Plötzlich sind da Hunderte von grünen kleinen Bällen, die wie ein Geschwader über die Decke und die Wände fliegen. Dann stürzen sich die neongrünen Bälle wie ein Schwarm Wanderheuschrecken auf mich und fressen diese Schriften in meinen Arm. »Aua!« Sie tun mir weh, es brennt wie Säure. Die Schriften sind jetzt auf meinem Arm und die neongrünen Bälle fressen sich weiter und weiter in meine Haut. Ich habe irrsinnige Schmerzen.

Ich springe aus dem Bett. Will weg. Sie verfolgen mich durch den ganzen Club. Egal, wohin ich renne, sie kommen durch die Türen, durch die Wände. Aus den Bällen wird ein Gesicht, ein riesengroßer Geist verfolgt mich jetzt und wirft mit Stromnetzen auf mich. Wenn sie mich treffen, sind es Stromstöße, die mir den Atem rauben. Das sind die schlimmsten Schmerzen, die ich je erlitten habe. Wie fein gesponnene Spinnennetze sehen sie aus und ich kann mich nicht vor ihnen verstecken. Der Geist kommt durch jede Tür, in jedes Versteck.

Dann fällt mir Dieter ein. Der Taxifahrer, mit dem ich mich angefreundet habe. Dieter versteht etwas von Übersinnlichem. Er hat mir ein Amulett geschenkt, das mich beschützen soll. Wo ist es bloß? Mit zitternden Fingern suche ich das Amulett und halte es dem Geist entgegen. Eine Macht versucht, mir das Amulett zu entreißen. Das ist der Moment, in dem Renate dazukommt. Sie ruft Dieter an. Dieter versucht, mich zu beruhigen und mit mir zu reden. Dann wirft der Geist wieder ein Stromnetz auf mich und das Telefon ist gestört. Auf beiden Seiten ein unerträgliches lautes Rauschen. So, als wollte eine höhere Macht verhindern, dass er mir hilft. Ich kann nicht mehr, ich muss hier raus. Seit zwei Tagen schon quälen mich diese Geister.

Ich renne in Panik raus aus dem Club. Raus aus dem Haus und weg von den unheimlichen Geistern. Rüber über den Parkplatz und finde mich wieder an einer großen Zitterpappel. Irgendetwas in mir sagt mir, dass dieser Baum mir helfen kann. Ich presse meine Hände an seine Rinde und flehe ihn an, meine negative Energie zu nehmen und mir positive Energie zu spenden. Da draußen ist nichts, keine Geister. Keine Stromschläge. Endlich ein bisschen Ruhe!

Ich gehe zurück ins Haus, doch der Spuk ist noch nicht vorbei. Renate, meine Kollegin Tamara und ich zünden in der Küche eine Kerze an. Wir nehmen uns an den Händen und warten auf den Punkt, den nur ich sehen kann. Den besonders aggressiven neongrünen Ball, den Anführer der anderen. Er ist im Raum, ich kann ihn mit meinem Blick einfangen, und ich habe in dem Moment auch keine Angst mehr vor ihm. Ich nehme es mit ihm auf. Ich fixiere ihn mit meinen Augen und versuche, ihn in die Flamme zu zwingen. Die Flamme unserer Kerze. Wenn er die Flamme trifft, muss ich die Kerze löschen und er ist eingesperrt. Er entwischt, aber ich versuche es weiter. Ich habe einen silbernen Löffel in der Hand, mit dem will ich die Kerze löschen, wenn der Punkt in ihr gefangen ist. Dieter hat uns einen Schutzspruch gesagt, den wir immer wieder aufsagen sollen: »Om mani padme hum!«

Da ist der Punkt, über der Kerze. Aber nicht in der Kerzenflamme. Er lacht mich aus. Er spielt mit mir. Da, endlich überschneiden sich Punkt und Flamme! Mit dem Silberlöffel drücke ich die Flamme aus. Der böse Punkt, er ist eingesperrt.

Daraufhin tobt ein Sturm, wie ich ihn noch nie erlebt habe. Das ganze Haus wankt und wird durchgeschüttelt. Die anderen Frauen rennen ins Treppenhaus und schauen raus. So einen wahnsinnigen Sturm haben sie auch noch nie erlebt.

Jetzt muss ich den Geist in der Kerze noch vergraben. Das hat Dieter mir erklärt. Mit Renate gehe ich raus und suche einen Baum dafür aus. Mir fällt eine große Eiche auf. »Darf ich den Geist zu deinen Füßen begraben?«, frage ich den mächtigen Baum. Mein Gefühl sagt mir, dass er einverstanden ist. Ich grabe ein tiefes Loch und gebe Kerze und Silberlöffel in das Grab. Nach der Aktion höre ich keltische Klänge, mystisch, friedvoll und beruhigend.

Es ist vorbei. Zwei Tage und zwei Nächte voller Wahnsinn sind vorbei. Ich gehe ins Bett und schlafe so tief wie schon lange nicht mehr. 14 Stunden lang.

14

Absturz

Ich bin seit zwei Monaten trocken, kein Alkohol seither. Und es geht mir gut dabei. Es ist natürlich nicht einfach, in einer Animierbar zu arbeiten und keinen Alkohol zu trinken. Aber meine Schmerzen sind weg, ich kann schlafen, und mit dem Essen klappt es auch ganz gut. Wenn nur nicht die Geister zurückkommen.

Leider ist die ursprüngliche Unterstützung meines Mannes ins Gegenteil umgeschlagen. Er lässt keine Gelegenheit aus, um mich zu provozieren. Wir haben seither ständig Streit. Er beschimpft mich nur noch. Ich glaube, er will mich dazu bringen, wieder zu trinken, dann würde sich das »Problem« Sonja von ganz allein lösen. Denn früher oder später würde ich weggesperrt werden. Oder sterben. Dazu kommt, dass sich meine Situation hier im Club grundlegend geändert hat. Heinz hat zum 1. Januar 2008 Tamara und Mike den Club untervermietet, um die Kosten auf sie abzuwälzen, weil der Laden nicht mehr so viel abwirft. Die offizielle Pächterin war weiterhin ich. Durch die EU-Osterweiterung haben wir viel Konkurrenz bekommen, viele Frauen aus Bulgarien und Rumänien haben die Preise gedrückt. Tamara ist eine Kollegin, die hier mit mir seit Langem arbeitet; Mike ist ihr Lebensgefährte. Heinz hat sich überlegt, dass ich dort noch ein Jahr auf eigene Kasse arbeiten könnte. Danach sollte Schluss für mich sein. Ich war froh, dass es jetzt endlich einen Ausstiegstermin für mich gab und andere die Belastung am Hals hatten. Womit ich aber nicht gerechnet hatte, war, dass sich die beiden als üble Aufpasser aufspielen würden. Ich darf tagsüber nicht mehr in die Bar. Sitze jetzt nur in meinem schwarzen Arbeitszimmer, in dem ich sonst die Freier bediene; es hat nicht einmal ein Fenster. Meine Verbindung zur Außenwelt war der Monitor in der Bar, an den komme ich jetzt nicht mehr ran.

Inzwischen ist es bald Sommer, und manchmal muss ich daran denken, dass meine Frauenärztin mir prophezeit hatte, dass ich ihn nicht mehr erleben würde, wenn ich weitersaufe. Ich habe es geschafft, auch wenn es verdammt schwer ist.

Ich gehe abends hoch in die Bar und freue mich, dass gut zu tun ist. Ein paar Freier sind schon mit den Frauen auf den Zimmern. Als die Tür aufgeht und ein ganz besonderer Gast reinkommt, ahne ich schon, dass ein Problem auf mich zukommt. Olaf! Dieser Mann ist einfach nur furchtbar. Er hat Theologie und Philosophie studiert und war sogar mal Pfarrer. Aber jetzt arbeitet er in einer großen Firma, hat viel Geld und glaubt, dass er sich alles kaufen kann. Er liebt laszive, betrunkene Frauen und er lässt dafür immer Proseccoflaschen zu 180 Euro springen.

Bisher konnte ich gut mit meiner Abstinenz umgehen. Ein Gast gibt mir ein alkoholisches Getränk aus und ich oder die Thekenfrau tauschen es gegen Wasser aus. An dem Abend habe ich das wieder so gemacht, aber dieses Mal geht es schief. Renate ist nicht da und die Ersatzfrau hinter dem Tresen hat es entweder nicht mitbekommen oder es war Absicht: Im Glas ist Prosecco. Verdammt, was mache ich bloß? Der Gast lässt mich grinsend nicht mehr aus den Augen und ich muss trinken. Und er schmeckt mir, der Prosecco. Ich versuche, nur ganz wenig zu trinken. Nur ein, zwei Gläser. Vielleicht kann ich zwischendurch was wegschütten. Ich bin schon verloren, während ich noch darüber nachdenke. Alles in mir giert nach dem Stoff. Und der Gast ist spendabel, ungefähr zehn Flaschen, so genau bekomme ich das nicht mehr mit. Ich bin so besoffen, dass ich lallend meine alte Lehrerin Mrs. Miller anrufe und anschließend noch eine SMS an sie schreibe und gleich mit »Katha und Sonja« unterschreibe.

Am nächsten Tag geht es mir saumäßig dreckig. Ich kann nicht aufstehen, bin völlig fertig und zittere am ganzen Leib. Ich versuche wieder, keinen Alkohol zu trinken und kämpfe gegen die Gier. Ich habe es wirklich ein paar Monate geschafft, nichts zu trinken. Und jetzt? Schöne Scheiße! Ich hatte die ganze Zeit schon die Idee, mich selbst zu testen: Gelingt es mir, nur einen Piccolo zu trinken? Und danach aufzuhören? Piccolo ist die Währung hier im Laden. Die Frauen bekommen Geld für jeden Piccolo, der ihnen ausgegeben wird. Und ja, sie bekommen Abzüge dafür, wenn sie nicht schnell genug trinken. Wir sind ja nicht die Wohlfahrt.

Ich sitze Tag und Nacht in diesem Bunker. Aber zumindest haben Tamara und Mike Mitleid mit mir und ich darf tagsüber wieder in die Bar. Mein Mann behandelt mich einfach nur schlecht. Seit Tagen bringt er mir schon wieder nichts mehr zu essen mit, das ist seine spezielle Art, mich zu quälen. Er lässt sich immer neue Gemeinheiten einfallen, als ob die Schläge und die Vergewaltigungen nicht schon schlimm genug wären: Wenn ich so ausgehungert bin wie jetzt, bringt er mir absichtlich Dinge zum Essen mit, die schwer zu handhaben sind, Suppe zum Beispiel, mittags, wenn meine Hände vom Alkohol so zittern, dass ich alles verschütte. Er misshandelt mich und die Freier benutzen mich. Sie gebrauchen mich und laden ihren ganzen Seelenmüll bei mir ab. Ich lache immer, bin immer freundlich und darum auch sehr beliebt bei den Gästen. Aber in meinem Inneren schaut es ganz anders aus. Es geht mir beschissen. Manchmal fange ich aus dem Nichts an, zu heulen. Warum habe ich es nur nicht durchgehalten, nicht mehr zu trinken? Meine Frauenärztin hat recht: Ich sterbe, wenn ich nicht aufhöre. Aber wie soll ich das schaffen? Mein Mann lässt mich nicht in die Klinik. Ich darf ja nicht mal zu einem anderen Arzt gehen als zur Frauenärztin. Dabei läuft mir immer wieder Blut aus der Nase. Ich fürchte, Heinz hat sie mir wieder mal gebrochen. Aber er hat mir untersagt, deshalb zum Arzt zu gehen. Ich sei selber schuld daran, dass er mich wieder schlagen musste, sagt er. Gestern wollte er, dass ich ihm einen blase. Ich war kaputt, müde und hatte keine Lust auf Oralverkehr. Es reicht mir so schon, dass er mir oft sagt: »Schmier dir Glitschi ans Loch, ich muss ficken«, und mich mit einer Kopfbewegung runter in unsere Wohnung schickt.

Sex mit ihm ist schon lange nur noch eine Pflichtübung für mich. Rein, raus, so wie bei den vielen Freiern jeden Tag. Wenn ich getrunken habe, dann bin ich manchmal mutig. Und darum habe ich gestern den Kopf geschüttelt, als ich in unser Zimmer kam; Heinz lag mit einem Steifen im Bett und wollte also Oralverkehr von mir. Mein Nein machte ihn furchtbar wütend. Er zerrte mich ins Bett und packte meinen Kopf. Dazu schlug er mir immer wieder ins Gesicht. Irgendwann konnte ich mich nicht mehr wehren und er drückte meinen Kopf fest auf seinen Schwanz. Auf diese Weise hat er mich nicht zum ersten Mal oral vergewaltigt und sich das geholt, was er wollte.

Beim ersten Mal war ich 15 Jahre alt, als er mich so missbraucht hat. Das werde ich nie vergessen. Damals hatte ich ja keine Ahnung, dass das eine Vergewaltigung war. Ich fand es furchtbar, aber mit wem hätte ich darüber reden können? Ich wusste nicht, was eine normale Beziehung ist, und dachte, das gehört irgendwie dazu. Gestern fühlte ich mich einmal mehr benutzt und gedemütigt, wie ein Stück Dreck. Seither blutet meine Nase immer wieder mal und sie tut fürchterlich weh.

Ich kann einfach nicht mehr. Mein Körper will nicht mehr. Ich wiege bloß noch 57 Kilo, viel zu wenig für 1,80 Meter Körpergröße. So kann ich nicht mehr weitermachen, ich muss Mrs. Miller anrufen. Seit Tagen denke ich schon dran. Sie wird enttäuscht sein, dass ich wieder abgestürzt bin. Sie hat mich so davor gewarnt. Aber ich kenne niemanden, der mir sonst helfen kann. Und ich brauche Hilfe, sonst sterbe ich. Ich glaube man merkt es, wenn der Zeitpunkt gekommen ist, an dem man sterben wird. Ich spüre, dass mir nicht mehr viel Zeit bleibt. Ich rufe sie an.

»Pack deine wichtigsten Sachen ein und komm«, sagt sie, »komm, so schnell du kannst.«

Ich habe einen schwarzen Rucksack von Calvin Klein, den hatte ich schon in der Schule. Da stopfe ich alles rein, was mir wichtig erscheint: fünf String-Tangas, meinen Discman, die Rosenstolz-CDs, 4000 Euro aus der Kasse und dazu die Einnahmen vom letzten Tag.

Es ist Mittwoch, 9. Juli 2009, Hochsommer, aber ich habe nur ein Paar Schuhe, das ich auf der Straße anziehen kann: gefütterte Winterstiefeletten, sehr schick, ein Gast hat sie mir geschenkt. Dazu meine liebste schwarze Rüschenbluse, schulterfrei und im Gothic-Style, und eine schwarze Bügelfaltenhose. Ich rufe mir ein Taxi und sitze mit meinem gepackten Rucksack in der Bar vor dem Monitor. Das Taxi kommt und gleichzeitig fährt Heinz mit seinem Auto vor. Ich bekomme Panik. Was mache ich jetzt? Da sehe ich, wie eine der Frauen zum Taxi läuft und den Wagen wegschickt. Ich schleppe mich in mein Studio und ziehe mir meine normale Arbeitskleidung an: Minirock, die Bluse passt und natürlich High Heels. Den Rucksack verstecke ich unter meinem Bett und hoffe, dass Heinz bald wieder wegfährt. Ich bete, dass die Frau ihm nichts erzählt.

Eine Stunde später ist Heinz wieder weg und ich starte meinen zweiten Fluchtversuch. Dieses Mal steige ich ins Taxi und lasse mich bis zum Bahnhof in Bamberg fahren. Dort nehme ich mir ein anderes Taxi; ich habe Angst, dass Heinz das herausbekommt und den Taxifahrer nach meinem Fahrtziel fragen könnte. Im zweiten Taxi brauche ich was zu trinken. Warum habe ich bloß keinen Piccolo eingesteckt oder gleich zwei? Ob der Taxifahrer mir was besorgen kann? Der schüttelt den Kopf, hält aber dann doch an einer Tankstelle. Ich kann da nicht reingehen, das pack ich nicht. Der Fahrer lässt sich erweichen und holt mir gegen ein großzügiges Trinkgeld einen Prosecco und der ist sogar kalt. Noch im Taxi mache ich die kleine Flasche auf. Mir ist es egal, dass mich der Fahrer beobachtet. Soll er doch denken, was er will.

Aus Angst vor Heinz nenne ich dem Taxifahrer eine andere Straße, in der Nähe von Mrs. Millers Haus. Und jetzt finde ich die Straße nicht. Kann ich denn so blöd sein, so grenzenlos blöd? Da stehe ich jetzt schwitzend auf dieser Straße, die den Berg hoch führt und finde das Haus meiner alten Lehrerin nicht. Es ist ungewöhnlich heiß in Bamberg, über 30 Grad. Meine Nase blutet, ich heule. Und rufe noch mal bei Mrs. Miller an.

»Du bist ganz in der Nähe, nur noch zwei Straßen, und dann siehst du mein Haus«, beruhigt sie mich und kommt mir entgegen. Als sie mich in ihre Arme nimmt, weiß ich, dass ich in Sicherheit bin und dass ich heute nicht sterben muss.

Ihre Tochter ist da, mit dem Enkelkind. Die beiden sind oben im Gästezimmer. Für mich hat sie im Esszimmer ein Matratzenlager aufgebaut und bleibt bei mir. Ich bin total fertig. Fremde Menschen sind für mich der Horror, die Taxifahrten waren eine einzige Tortur. Mrs. Miller lässt mich nicht aus den Augen, ganz selbstverständlich gießt sie mir immer wieder zu trinken ein. Ihre Tochter ist Ärztin und hat ihr gesagt, dass ich jetzt in dieser Situation Alkohol brauche. Sie schläft neben mir, das heißt, wir versuchen zu schlafen, ich schrecke immer wieder auf.

Am nächsten Morgen fahren wir zu Mrs. Millers Hausärztin. Sie schickt uns gleich weiter in eine Klinik. Ich würde mich am liebsten irgendwo verkriechen. Die ganzen Blicke, die Leute sehen mich an, als käme ich von einem anderen Stern. Da kommt der Chefarzt und sagt auch noch: »Wie schaust du denn aus?« Ich bin völlig verstört und flüchte in eine Ecke. Plötzlich ist meine Mrs. Miller wieder ganz Frau Oberstudienrätin. Was ihm denn einfiele, spricht man so mit einer Patientin, die Hilfe braucht? Die beiden fetzen sich eine ganze Weile. Dann vermittelt er uns doch einen Kontakt zu einer Klinik in Erlangen. Wir rufen uns ein Taxi und fahren nach Erlangen, in die Psychiatrie. Mir ist alles recht, wenn ich nur nicht sterben muss. Wenn mir endlich jemand hilft.

Jetzt bin ich also in der geschlossenen Psychiatrie gelandet. Da, wo ich niemals hinwollte. Gerade hat sich Mrs. Miller verabschiedet und gesagt, ich sei jetzt in guten Händen. Sie sieht ziemlich geschafft aus, meine alte Lehrerin. Das war ein Horrortrip für sie. Vorhin haben die Ärzte hier einen Alkoholtest mit mir gemacht; ich bin die Einzige, die von dem Ergebnis nicht überrascht ist: 3,44 Promille!

Ein Pfleger bringt mich in ein Zimmer. Mit Fenstern, die man nicht aufmachen kann. Ich soll mich hier erst mal schlafen legen. Ich habe Medikamente dafür bekommen – aber spüre keine Wirkung. Im Gegenteil. Morgen, wenn der Alkoholpegel gesunken ist, wollen sie die Therapie festlegen. Ich versuche, zu schlafen, kurz geht das auch. Dann kommen die Albträume. Ich stehe auf, irre durch lange Flure und suche den Aufenthaltsraum. Alles ist so hell hier, so weiß, so steril. Ich komm doch aus einem dunklen Bunker, bei uns gab es rotes, gedämpftes Licht und jetzt dieses grelle Neonweiß. Das Helle brennt in meinen Augen, ich bekomme furchtbare Kopfschmerzen. Irgendwann finde ich den Aufenthaltsraum und warte, bis der Tag anbricht.

Jetzt ist es Freitag, und eine Schwester hat mich morgens in ein Behandlungszimmer gebracht: Puls und Blutdruck messen. Kein neuer Alkoholtest, das wundert mich, stattdessen bekomme ich zwei Tabletten Distra in die Hand gedrückt, ein gängiges Entzugsmedikament.

Die muss ich unter Aufsicht nehmen, danach gehe ich in mein Zimmer, lege mich hin. Ich versuche erneut, ein bisschen zu schlafen. Doch dann kommt das, wovor ich mich die ganze Zeit gefürchtet habe: Halluzinationen, noch wilder und schlimmer als bei meinem ersten Entzug.

Große Bilder von Landschaften tauchen an den Wänden des Zimmers auf, dann ändern sich die Farben, sie werden immer bunter, immer greller. Menschen stehen neben meinem Bett. Ich mache die Augen zu, aber die Bilder gehen nicht weg. Sie brennen sich in meinen Kopf. Ich habe Angst, was sind das für Menschen in meinem Zimmer? »Weg, weg!« Jetzt wackelt das Bett, ich muss mich festhalten. Und als ich mich umdrehe, steht er da: ein großer schwarzer Geist. Ich falle vor Schreck fast aus dem Bett. Ich muss weg, weg von hier. Ich renne aus dem Zimmer in den Aufenthaltsraum. Wo ist denn die Ärztin, wir wollten doch miteinander sprechen? Die Schwester drückt mir zwei weitere Distra in die Hand. »Damit können sie jetzt bestimmt schlafen.« Von wegen, es wird alles nur noch verrückter, die Farben, die Bilder, immer schlimmer, immer bedrohlicher.

Bis heute Abend habe ich dreimal zwei Distra bekommen. Die Schwester redet mit mir, aber ich verstehe sie nicht. Ich brauche Hilfe, bitte, Hilfe. Die fremde Umgebung macht mir Angst, die vielen fremden Menschen auch. Ich möchte zurück in meinen Bunker, weg von hier, einfach nur weg.

Ich kann niemanden anschauen, ich rede mit keinem, weil meine Angst so groß ist. Ich ziehe mich in meine Welt zurück. Ich versuche einfach, nicht da zu sein. In meinem Zimmer halte ich es kaum aus; wenn ich einschlafe, kommen die Albträume. Ich gehe in den Aufenthaltsraum. Nach und nach gehen alle anderen Patienten ins Bett. Nur ein Mann bleibt sitzen: Robert. Er spricht mich an. Ich ignoriere ihn. Er sagt: »Du musst mir nicht antworten. Ich sehe, dass es dir schlecht geht, ich bleibe einfach hier.« Ich weiß nicht mehr, wie viel Zeit vergangen ist, wir beide sind die Einzigen in diesem großen Raum. Irgendwann schaffe ich es, ihn anzuschauen und mich an seinen Tisch zu setzen. Draußen ist es völlig dunkel. Er ist so ruhig und verständnisvoll. Wir verstehen uns, ohne miteinander zu reden. So sitzen wir da, bis der Samstagmorgen anbricht.

Nach den Morgentabletten wollen wir versuchen, schlafen zu gehen. Ich bekomme von der Schwester drei Distra und gehe in mein Zimmer. Im Bett bekomme ich ein so schreckliches Herzrasen, dass an Schlafen nicht zu denken ist. Darum gehe ich wieder in den Aufenthaltsraum. Mein Herz rast, mein Körper ist so schwach, ich habe keine Kraft mehr.

Ich sitze in einer Ecke im Aufenthaltsraum und höre den anderen Patienten zu. Distra ist ein Teufelszeug, es spielt dem Gehirn vor, Alkohol getrunken zu haben. Ich will doch nicht mehr trinken. Was geben die mir bloß für ein Medikament? Das ist schlecht für mich, denke ich, und will die Tabletten nicht mehr nehmen. Ich bin doch schließlich hier, um keinen Alkohol mehr zu trinken. Einen Arzt kann ich nicht fragen, ich habe heute noch keinen gesehen. Am Wochenende arbeitet nur eine Notbesetzung hier. Nachts um drei werden die Halluzinationen schlimmer. Schlimmer als vorher. Der grüne Punkt ist wieder da, böse und höhnisch. Er bewirft mich mit Stromnetzen, die Schmerzen sind kaum auszuhalten. Warum hilft mir denn keiner?

Irgendwie habe ich die Nacht überstanden, jetzt ist es Nachmittag und der Pfleger sagt mir, dass ich erst um 22 Uhr eine Schlaftablette bekommen kann. Wie soll ich bis dahin überleben? Robert hat die ganze Zeit im Aufenthaltsraum auf mich gewartet. Ich schaffe es kaum noch, zu ihm zu gehen, ständig knicken mir die Beine weg. Er nimmt mich trotzdem mit nach draußen, er bringt mich in den Park. Ich nehme kaum wahr, dass es ein schöner warmer Sommertag ist.

Hier bin ich umgeben von großen, mächtigen Bäumen. Ich flehe sie an, mir zu helfen. »Bitte, bitte nehmt meine schlechten Energien und schickt mir positive, bitte helft mir, zu überleben.« Ich streichele grüne Blätter, spüre die raue Rinde von mächtigen Bäumen an meinen Händen. Mir wird schwindlig, ich verliere den Boden unter den Füßen. Als ich wieder zu mir komme, sehe ich den Himmel über mir. Die grünen Punkte, die angefangen hatten, wieder Schriften in meinen Körper zu fressen, sie fliegen über mir, sie fliegen weit über mir. Der Himmel zieht sie an. Die Natur hilft mir, plötzlich habe ich wieder die Hoffnung, das alles zu überleben.

Robert hilft mir zurück in die Klinik, wir gehen essen. Ja, ich kann sogar etwas essen. Und ich überlege, wie es weitergehen soll. Hier in der Klinik haben sie mir in vier Tagen nicht wirklich geholfen. Robert hat mir geholfen, die Bäume haben mir geholfen – aber niemand in dieser Klinik. Darum will ich mich selbst entlassen, raus aus diesem Albtraum. Ich muss nur den richtigen Zeitpunkt abpassen.

Gleich um 22 Uhr hole ich meine Schlaftablette ab und bin zuversichtlich, dass ich heute Nacht, behütet von den großen Baumriesen im Park, gut schlafen werde. Vor der Tablettenausgabe muss ich noch mal zum Blutdruck- und Pulsmessen. Und plötzlich geht der Alarm los. Meine Werte explodieren, mein Puls ist bei über 140. Keine Schlaftablette, stattdessen ein Blutdrucksenker. Langsam kriecht in mir die Angst wieder hoch.

Dann kommt eine junge Ärztin vorbei, in höchster Eile, und ich habe den Eindruck, sie hat überhaupt keine Ahnung, was mit mir los ist. Die Angst wird immer schlimmer. Sie verordnet mir irgendwelche Tabletten. Ich bekomme Blutdrucksenker, Schlaftabletten, Dipiperon gegen Depressionen, Zyprexa gegen Schizophrenie und zum Schluss noch Beta-Blocker gegen den hohen Blutdruck. Ich wanke ins Bett und fühle mich dort wie festgenagelt. Ich kann mich nicht mehr bewegen, alles ist zentnerschwer. Mein Körper gehorcht mir nicht mehr. Ich muss mir jetzt selbst helfen. In dem Moment kommt mir der Gedanke an die Macht der Liebe. Die Liebe kann die bösen Geister bekämpfen. Es gibt drei Menschen, die mich lieben: Mrs. Miller, Dieter und Renate. Ich denke jetzt ganz fest an meine drei Schutzengel! Sie müssen mir helfen, sie müssen mir mit der Kraft ihrer Liebe helfen, das hier zu überleben. Die Geister kämpfen um mich, ich spüre ihre negative Energie. Aber ich spüre auch die Kraft, die mir in Gedanken Mrs. Miller, Dieter und Renate geben. Und ich spüre, wie die Liebe siegt. Ich schlafe ein.

»Guten Morgen!« Eine Krankenschwester weckt mich am Montagmorgen auf. Es kommt mir vor, als hätte ich nur ein paar Minuten geschlafen. Endlich mal geschlafen und jetzt weckt mich die Tusse mit ihrem lauten Getöse auf. Ich kann nicht aufstehen, ich bin viel zu schwach nach all den Medikamenten, fühle mich immer noch wie festgenagelt. Die Schwester nimmt meine Füße, zieht sie aus dem Bett und versucht, mich auf die Beine zu stellen. »Aufstehen!« Ein Pfleger kommt ihr zur Hilfe, sie setzen mich auf und ziehen mich gemeinsam hoch. Sie schleppen mich in den Flur – und ich breche zusammen, werde ohnmächtig. Ich komme erst wieder zu mir, als sie mich über den Fußboden zurück ins Zimmer zerren. Während der Ohnmacht habe ich mir in die Hose gemacht und muss mich im Badezimmer unter Aufsicht der Schwester wieder sauber machen. Das ist mir furchtbar peinlich. Endlich liege ich wieder im Bett.

Am Nachmittag kommt Mrs. Miller zu Besuch. Mir ist es total unangenehm, dass sie mich so sieht. Ich kann kaum sprechen, mein Mund ist so trocken, wie noch nie in meinem Leben. Meine Lippen kleben aufeinander, und ich bringe den Mund nicht auf, so sehr ich es auch versuche. Ich würde so gerne mit Mrs. Miller reden, aber ich bringe kein Wort raus. Sie gibt mir einen Brief und verspricht wiederzukommen, wenn ich mich gegen mein altes Leben entscheide.

Die Klinik hatte sie informiert, dass ich mich selbst entlassen wollte. Und dass ich zurückgehen wollte in mein altes Leben, in den Club und vor allem zurück zu Heinz. Darum auch ihr Brief, in dem sie alles aufgelistet hatte, was ich gewinnen könnte – und was ich verlieren würde, wenn ich nicht bereit wäre, einen Schlussstrich zu ziehen. Ich lese den Brief mutterseelenallein in meinem Zimmer und bekomme einen Heulkrampf. Es tut so weh, was ich da lese, und ich habe das Gefühl, dass mein Herz gleich zerspringen muss. Ich kann ihn nicht verlassen, ich kann es einfach nicht. Warum versteht mich nur niemand? Nicht einmal meine alte Lehrerin, Mrs. Miller.

Meine Werte bleiben beschissen, zu hoher Blutdruck, zu hoher Puls. Mein Herz rast und ich habe Angst. Und ich will wirklich weg, so schnell wie möglich. Sie können mir hier weder meine Angst und Panik nehmen noch tun sie etwas gegen meine Halluzinationen. Körperlich geht es mir langsam besser, ich klappe nicht mehr gleich zusammen und kann einigermaßen gut laufen. Ich versuche, zu essen, trinke Tee mit viel, viel Zucker. Damit ich wieder zu Kräften komme. Und ich lese immer wieder Frau Millers Brief.

Liebe Katha,

Du hast einen großen, bedeutsamen Schritt gemacht, und Du kannst sehr stolz auf Dich sein! Nach der Entgiftung des Körpers musst Du wieder eine wichtige Entscheidung fällen; die Frage lautet: Bin ich bereit, den Heilungsprozess fortzusetzen oder gehe ich wieder nach Bayreuth in die Welt meines früheren Elends zurück? Ich habe mir dazu viele Gedanken gemacht und sortiere sie jetzt nach »Verlust« und »Gewinn« ein. Du verlierst die Frauen, Deine Familie, wie Du mir erzählt hast. Ich verstehe Deine familiäre Bindung an diese Frauen sehr gut, denn Du hast keine fürsorgende Familie gehabt und Dir auf diese Weise einen Ersatz geschaffen. Außer diesem Punkt fällt mir kein weiterer zu der »Verlust«-Seite ein.

Auf der »Gewinn«-Seite habe ich mehrere Gedanken notiert: 1. Du wirst anderen Menschen begegnen, zu denen Du freundschaftliche Empfindungen entwickeln kannst. 2. Du gewinnst Sicherheit – wenn Du zurückkehrst, wird diese grausame Welt noch schlimmer sein. 3. Du gewinnst Gesundheit. 4. Du gewinnst Heilung für Deine Seele. Dieser Mann will aus Dir ein hilflos ausgeliefertes Wesen machen, ohne jedes Selbstvertrauen, ohne Selbstbestimmung.
Du bist jetzt in guten Händen, wie ich aus den Gesprächen erfahren konnte. Man erkennt und versteht Deine Ängste und Qualen; ich vertraue Deiner Ärztin und ihren Mitarbeitern. Du bist mir als Schülerin schon positiv aufgefallen durch Deine Intelligenz, Deine sportliche Begabung und durch Dein ausgeprägtes Sozialverhalten. Seit wir uns nach acht Jahren wiedergefunden haben, bist Du mir sehr ans Herz gewachsen.
Ich habe durch Dich eine Welt kennengelernt, die ich nicht kennen möchte; ich habe nur die Spitze des Eisbergs gesehen, aber mehr kann ich nicht ertragen. Wenn Du Dich für eine Rückkehr in das alte Milieu entscheidest und damit Dich diesmal wissentlich!!! in diese Welt zurückbegibst, obwohl Du eine andere Wahl hattest, kann ich Dich auf diesem Weg nicht mehr begleiten; ich kann es nicht aus innerer Überzeugung, weil ich mich und meine Familie nicht in Gefahr bringen will und weil ich nicht mehr die Kraft dazu habe. Ich werde aber immer an Dich denken.
Mit der Hilfe von Fachleuten, in deren sicherer Obhut Du Dich im Augenblick befindest, und mit Deiner positiv eingesetzten Energie kannst Du den neuen Weg schaffen!!! Dies ist Deine – mit meiner Hilfe jedenfalls – letzte Chance; bedenke also Deine Entscheidung gut.

Ich umarme Dich! Deine alte Lehrerin und Freundin Mrs. Miller

Ich lese den Brief wieder und wieder. Dann entlasse ich mich aus der Klinik. Ich brauche niemanden, der mich weckt, wenn ich endlich mal schlafen kann. Ich brauche keine Ärzte, die Termine mit mir machen und dann nicht da sind, niemanden, der mich verarscht. Sie können vielleicht meinen Körper heilen, aber sie können mir nicht meine Angst nehmen. Die Panik ist zurück. Ich habe so wahnsinniges Heimweh und so schreckliche Angst vor draußen. Ich kenn doch niemanden dort. Wo soll ich denn hin? Draußen bin ich einfach nicht lebensfähig. Ich will ja nicht in mein altes Leben zurück. Aber wohin denn dann?

Was heißt denn ein neues Leben für mich? Ich werde immer auf der Flucht sein, muss geliebte Menschen zurücklassen. Der Club ist doch mein Zuhause, die Frauen sind meine Familie. Wovon soll ich denn leben? Nein, ich habe keine Kraft mehr für ein neues Leben.

Ich sitze jetzt bei Renate im Garten. Es ist so schön hier, das Gras, die Sonne, die Blumen, Bienen summen, Vögel zwitschern, es ist einfach kitschig schön. Fast zu schön. All das, was ich so viele Jahre nicht mehr gekannt habe. Ich bin ganz fasziniert von dem, was ich hier sehe. Und es riecht so gut. Es ist so friedlich. Eine heile, freundliche Welt. Renate hat den Brief von Mrs. Miller auch gelesen. »Die Frau hat recht«, sagt sie zu mir. Aber sie erzählt mir auch, dass Heinz sich Sorgen um mich macht. Vielleicht wird ja doch noch alles gut.

Ich habe mich entschieden und antworte Mrs. Miller auf ihren Brief.

Liebe Mrs. Miller!

Diesmal fällt es mir sehr schwer, Ihnen diesen Brief zu schreiben, und ich tue dies wahrhaftig schweren Herzens. Ich fühle mich gar nicht in der Lage, eine so schwere Entscheidung zu treffen, aber ich weiß, dass ich das muss. Entweder Sie und ein neues Leben oder meine Familie und mein Zuhause, wie es auch immer sein mag.

Ein neues Leben? Da hängt auch kein Garantieschein dran, dass es wirklich besser wird. Nein, ich habe keine Kraft dazu. Neues Leben, das hört sich toll an, aber man kann doch keinen Menschen, der acht Jahre lang eingesperrt war, im Dunkeln noch dazu, nehmen und irgendwo absetzen und sagen, hier bitte schön ist jetzt dein neues Leben.
Ich muss mich meinen Problemen stellen, und dazu gehört das Bewusstsein, dass Alkohol nicht mein Freund, sondern mein größter Feind ist. Das weiß ich jetzt. Ich muss meine Probleme angehen. Dazu gehört, dass ich meinem Mann sagen werde, dass ich nicht mehr für ihn lügen werde. Dazu gehört, dass ich ihm sagen werde, dass er mir keine Gewalt mehr antun darf, sonst bin ich weg und komme nicht wieder. Und zu guter Letzt werde ich ihm sagen, dass er mir mehr Freiheiten lassen muss.
Mein Bauchgefühl sagt mir, dass diesbezüglich alles gut wird. Ihm hat die Zeit, in der ich verschwunden war, auch gutgetan, um nachzudenken. Die ersten Tage war er stinksauer auf mich. Die letzten Tage war er völlig durch den Wind und hat sich ehrlich Sorgen gemacht.
Je länger ich hier in Renates Garten schaue, desto zuversichtlicher werde ich – und so Gott will, wird jetzt alles gut. Und wenn das jetzt auch verdammt schwerfällt, ich muss Ihnen leider mitteilen, dass ich Ihren Weg nicht gehen kann. Sie waren der rettende Arm, der mich aus den Fluten gezogen hat. Sie haben mir das Leben gerettet. Ohne Sie wäre ich jetzt vermutlich tot. Sie haben mir eine zweite Chance auf Leben gegeben und dafür bin ich Ihnen unendlich dankbar. Es gibt mit Sicherheit nur sehr wenige Menschen, die mich in diesem Zustand aufgenommen hätten. Ich habe Sie wirklich sehr, sehr lieb.
Nach acht Jahren haben wir uns wiedergefunden; und gleich wieder verloren. Aber so soll es wohl sein. Ich habe all die acht Jahre

an Sie gedacht, und ich werde auch die nächsten acht, 18, 28 Jahre an Sie denken.

Es grüßt Sie in unendlicher Dankbarkeit, von ganzem Herzen
Ihr schwarzes Schäfchen Katharina

Zwölf Jahre später, beim Schreiben dieses Buches, lese ich die Briefe noch mal durch. Wie naiv ich doch damals war, im Juli 2008. Es hat damals nicht lange gedauert, und alles war wie vorher: Schläge, Misshandlungen, Alkohol. Nur dass sich die Abwärtsspirale immer schneller drehte. Mein Körper war so geschwächt, dass es mir schnell wieder sehr schlecht ging. Und dazu kam die Erkenntnis, dass sich Heinz nicht geändert hatte. Sich nie ändern würde. Aber ich war ihm damals hörig. Eine Entscheidung gegen ihn zu treffen, war mir unmöglich. Ich konnte nicht anders, ich musste zurück zu meinem »Master of Disaster«, meinem bösen König.
Aber dann fing ich doch an, mich langsam zu verändern. Das Jahr 2008 hat mich verändert. War es der Kontakt zu Frau Miller, die Entgiftung? Oder ganz einfach die Erkenntnis, dass ich so ein Leben nicht mehr lange überleben würde? Ich fing an, immer öfter an meine Familie zu denken.

15

Wieder zu Hause

Heute, vier Monate später, hat meine kleine Schwester Conny Geburtstag. Ich muss schon seit Tagen daran denken. Wie es wohl wäre, dabei zu sein, ob sie sich wohl freuen würde, wenn ich vorbeikäme? Mir geht es gesundheitlich schon so schlecht wie lange nicht mehr. Ich habe keine Kraft mehr, für gar nichts. Das Leben hier ist eine einzige Qual. Klar, die Sauferei ist nicht gut für mich. Aber wie soll ich das sonst aushalten? Manchmal glaube ich, ich muss es gar nicht mehr lange aushalten, weil mein Körper einfach nicht mehr lange mitmacht. Ich fühle, dass ich bald sterben werde.

Abends um sechs stellt mich Natalie unter die Dusche und schrubbt mich ab. Ich bin so geschwächt und würde es sonst gar nicht mehr an meinen Arbeitsplatz schaffen. Sie zieht mich an und schminkt mich, setzt mich auf meinen Barhocker, den ersten an der Theke. Und sie drückt mir ein Bier in die Hand, damit ich in die Gänge komme. Sie hat das schon ein paar Mal getan. Immer dann, wenn ich gar nicht mehr will. Einfach liegen bleiben möchte ich dann, nichts mehr sonst. Aber Natalie weiß genau, was in einem solchen Moment passiert: Heinz prügelt mich aus dem Bett an die Arbeit. Darum ist es besser, wenn sie mir hilft, mich herzurichten. Dann gibt es keinen Ärger, nicht für mich und auch nicht für die anderen Frauen.

Ich liege inzwischen auf dem Sofa in der Bar und kann nur noch heulen. Ich muss so viel an Conny denken, ich wäre jetzt so gerne bei ihr. Vielleicht ist das so, dass die Familie wichtig wird, wenn du merkst, dass du sterben musst. Das Blut ist halt dann doch dicker als alles andere. Und ich fühle mich sterbenselend. Lange halte ich das nicht mehr aus. Aber wo soll ich denn bloß hin? Ich hab doch nur Heinz und die Frauen hier. Meine Eltern, das sind doch Fremde für mich. Was haben sie mir nicht alles angetan in den letzten Jahren. Aber Conny, die hat mir nichts getan. Könnte ich doch nur bei ihr sein, jetzt, und mit ihr Geburtstag feiern.

Natalie setzt sich zu mir und wir reden über den Geburtstag. Wie sich meine Schwester freuen würde, wenn ich sie überraschte. Natalie sagt: »Ich bring dich hin. Es wird dir guttun, mit deiner Schwester zu feiern, und sie freut sich bestimmt, dich zu sehen.« Ich habe kein Geschenk für sie und hier oben in der Bar habe ich nicht einmal etwas anzuziehen. Unten in der Wohnung schläft Heinz, da kann ich mir nichts zum Anziehen holen. Was mache ich bloß? Ich kann ja schlecht in meinen tief ausgeschnittenen Abendkleidern und auf High Heels bei Conny aufkreuzen. Außerdem ist es saukalt draußen. Doch Natalie gibt nicht nach, sie drückt mir ihren Glitzerpulli in die Hand und besorgt sich bei einer der anderen Frauen eine dunkle Hose. Sie hilft mir aus meinen Sachen und zieht mir Pulli und Hose an, dazu meine langen Stiefel. Die Hose ist mir viel zu kurz, ich bin größer als alle Frauen hier. Egal, es muss so gehen.

Natalie setzt sich ans Steuer und fährt einfach los. Ich habe Angst. Tränen laufen mir über das Gesicht. Meine Schwester habe ich doch schon acht Jahre nicht mehr gesehen. Werden meine Eltern mich überhaupt ins Haus lassen? Ich rufe mal an, wähle die alte Nummer und habe ausgerechnet meine Mutter am Telefon: »Kann ich Herrn M. sprechen?«

»Der ist noch beim Basketball und kommt erst um dreiviertel elf … Katharina, bist du das?« Ich lege auf. Dreiviertel elf, das passt. Wir brauchen ja gut eine Stunde von Bayreuth nach Hause.

Wo sind wir bloß? Natalie sagt, ich bin gleich zu Hause. Aber ich erkenne die Gegend nicht. Was sind das für Häuser? Hier war doch freies Feld. Sie klingelt an der Tür, hilft mir aus dem Auto. Ich kann kaum stehen, so schwach bin ich. Ein Mann kommt an die Tür – mein Vater. Alt ist er geworden. »Kommt rein«, sagt er und lässt uns ins Haus.

Ich stammle was von Connys Geburtstag und dass ich mit ihr feiern wollte. »Kommt erst mal rein«, sagt mein Vater und führt mich ins Wohnzimmer. »Conny kommt gleich.« Sie wohnt jetzt in München. München? Was macht sie denn in München? In meinen Gedanken ist alles noch so wie in dem Jahr, als ich mit 17 von zu Hause abgehauen bin. Das ist jetzt acht Jahre her. Conny war 15 und ging noch zur Schule, meine Eltern sahen jünger aus. Die Häuser am Ortseingang waren noch nicht gebaut.

Natalie will sich noch überzeugen, dass es mir gut geht hier, dass ich wirklich nichts zu befürchten habe. Wir setzen uns mit meinen Eltern ins Wohnzimmer. Die Sofas sind neu, helles cremefarbenes Leder. Ob wir was essen wollen? »Lieber was zum Trinken«, sage ich und halte mich an einer Flasche Bier fest, die mir mein Vater daraufhin in die Hand drückt. Conny ist unterwegs, sagen meine Eltern. Was macht sie bloß in München?

»Ich bleibe nur, wenn ihr mir versprecht, keinen Arzt zu holen und mich auch nicht in eine Klinik zu bringen«, verlange ich von meinen Eltern, und sie versprechen es mir auch. Natürlich sehe ich ihre besorgten Blicke. Aber ich will nicht schon wieder irgendwelchen Ärzten ausgeliefert sein. Irgendwie ist es komisch, hier zu sitzen. Das war mal mein Zuhause. Und diese Leute sind meine Eltern.

Es ist inzwischen ziemlich spät geworden, nach Mitternacht, und Natalie will jetzt fahren. Das ist okay für mich, ich bin immer noch misstrauisch, aber es ist auch so vertraut, hier zu sein. Wir warten noch auf Conny, und ich erzähle meinen Eltern, dass ich in meinem

Zustand schlimme Halluzinationen bekommen kann. Sie sollen sich keine Sorgen machen. Ich sehe ihnen an, wie müde sie sind. Aber ich kann nicht schlafen. Dann sage ich ihnen: »Ich will höchstens 30 Jahre alt werden. Dann reicht's.« Ich merke, wie geschockt sie sind.

Endlich kommt Conny. Sie fliegt vom Eingang auf mich zu. Meine Conny. Endlich fühle ich mich geborgen. Meine kleine Schwester. Sie sieht so erwachsen aus. Richtig groß ist sie geworden. Eine schöne junge Frau. Wir reden, wir reden die ganze Nacht. Zwischendurch legt sich meine Mutter für ein paar Stunden hin, dann mein Vater. Es wird langsam hell draußen. »Willst du frühstücken?«, fragt mich meine Mutter.

»Nein, ich hätte lieber noch ein Bier.«

Dann kommen meine alten Freundinnen aus dem Reitstall vorbei, Conny hat sie angerufen. Nadine und Steffi, wir hocken auf dem Fußboden. Conny ist dabei, meine Eltern auch. Wir reden über alles Mögliche. Sie machen sich Sorgen. Das sehe ich genau, und ich weiß ja, wie furchtbar ich aussehe.

Die Freude über das Wiedersehen ist groß, aber richtig gut geht es mir natürlich nicht. Meine Euphorie nimmt ab, und ich habe Angst vor dem, was kommt. Es geht mir von Stunde zu Stunde schlechter. Irgendwann liege ich nur noch apathisch im Bett und habe wieder furchtbare Angst, zu sterben.

Immer wieder fange ich an, zu beten: »Der Herr ist mein Hirte, mir wird nichts mangeln. Er weidet mich auf einer grünen Aue und führet mich zum frischen Wasser. Er erquicket meine Seele. Der Herr ist mein Hirte, mir wird nichts mangeln. Er weidet mich auf einer grünen Aue …«

Ich zittere am ganzen Körper. Kann fast nicht mehr das Bier halten. Vorhin, auf dem Weg zum Klo, konnte ich kaum noch laufen. Immer wieder kommen die anderen auf meinen Gesundheitszustand zu sprechen. Meine Freundinnen, meine Familie, alle meinen, ich brauche Hilfe. Professionelle Hilfe. Ich will nicht in die Klinik. Ich will nicht.

Meine Mutter kommt auf die Idee, Maria anzurufen. Sie ist Ärztin in der Psychiatrie und ich habe mich eigentlich immer gut mit ihr verstanden. Sie gehört zur Familie, auch wenn sie die Ex-Frau des Schwagers meiner Mutter ist. Maria kommt wenig später und macht mir unmissverständlich klar: »Du musst in die Klinik, sonst stirbst du hier.« Alle sind sich einig, ich muss mich behandeln lassen. Alle reden auf mich ein. Ich habe keine Wahl, ich stimme ihnen zu.

Sie bringen mich ins Klinikum am Michelsberg in Bamberg. Ich gehe, gestützt zwischen meinen Eltern und Conny, auch meine Freundinnen Nadine und Steffi kommen mit. Es ist schön, Freundinnen zu haben, solche Freundinnen, denke ich mir immer wieder. Maria arbeitet hier, sie hat veranlasst, dass ich noch an diesem Sonntag in die Notaufnahme kann und einen Platz auf der Intensivstation bekomme. Sie machen einen Alkoholtest mit mir: 3,78 Promille.

Zuvor hatte ich Maria erzählt, dass es mir in der Erlanger Klinik so schlecht gegangen war mit dem Medikament Distra. Sie gibt das an ihre Kollegen weiter, und ich bekomme Valium, viel Valium. Ich merke noch, wie die ersten Halluzinationen anfangen, aber dann bekomme ich schon nichts mehr mit.

Zugedröhnt von Valium werde ich immer nur kurz wach und schlafe wieder ein. Die bösen Geister, vor denen ich so Sorgen habe, lassen mich in Ruhe. Dafür erlebe ich, sobald der Valiumnebel nachlässt, den ganz normalen Horror auf einer solchen Station. Zwei Betten weiter liegt eine Frau, die schreit und randaliert, sie versucht abzuhauen. Die Pfleger und Schwestern können sie nicht beruhigen. Dann bringen sie Gurte und fixieren sie ans Bett. Das macht mir wieder große Angst, und ich denke mir: Jetzt bin ich live in einem Horrorfilm gelandet.

Meine Familie besucht mich jeden Tag. Auch Heinz und Natalie sollen hier gewesen sein, das habe ich wohl verschlafen oder kann mich nicht erinnern. Langsam fühle ich mich besser, heute gehe ich sogar mal in den Aufenthaltsraum, klar, zum Rauchen. Der hat große Fensterflächen, und ich sehe auf Bamberg runter, ein wunderschöner Ausblick. Aber ich kann ihn nur kurz genießen, denn plötzlich beginnt mein rechter Arm, ein Eigenleben zu führen: Er dreht sich ein und verkrampft sich völlig. Ich suche nach einer Krankenschwester, die sieht auf meinen Arm und wird ganz hektisch. Schnell, schnell ins Zimmer. Sie ruft einen Arzt, und dann bekomme ich nur noch mit, dass sie mir eine Spritze geben.

Was war bloß gestern los mit mir? Ich fühle mich immer noch wie im Nebel, bin ganz unsicher auf den Beinen. Habe ich wirklich 24 Stunden geschlafen? Ich hatte einen Krampfanfall, erzählt mir der Arzt. So etwas kann in meinem Zustand tödlich ausgehen. Dagegen helfen nur extreme Dosen von Valium.

Ich bin jetzt seit vier, fünf Tagen hier und möchte runter von der Intensivstation, mit den vielen Betten ohne ein bisschen Privatsphäre. Endlich mal ein abschließbares Bad. Hier kann man nur einen Zettel an die Tür hängen und hoffen, dass niemand reinkommt. So etwas finde ich furchtbar. Das erzähle ich Maria, die immer wieder nach mir schaut. Sie bekommt es hin, dass ich auf ein Zweibettzimmer mit eigenem Bad verlegt werde.

In ein paar Tagen soll ich entlassen werden. Wird auch Zeit. In der Geschlossenen ist es total langweilig. Ich sitze eigentlich immer im Raucherzimmer und warte darauf, dass der Tag vorübergeht. Klar, ein paar skurrile Typen habe ich hier schon kennengelernt: Einer, der sich 30 Tage im Monat nur von Ravioli aus der Dose ernährt, weil er sich angeblich nicht mehr leisten kann. Einen früheren Mitschüler habe ich auch getroffen, er ist schon zum dritten Mal hier, um seine

Psychose zu bekämpfen. Eine wirklich schöne Abwechslung sind die Besuche meiner Eltern, sie kommen jeden Tag.

Ich darf raus. Endlich. Aber ich soll weiter zur ambulanten Therapie hierherkommen. Dazu habe ich überhaupt keine Lust. Auf gar keinen Fall. Aber ich stimme zu, damit sie mich gehen lassen. Meine Mutter holt mich ab, und ich freue mich wirklich, sie zu sehen. Wir fahren nach Hause. Ich beziehe wieder mein altes Kinderzimmer. Und wir setzen uns in die Küche an den Tisch mit der großen Eckbank und reden. Wir reden stundenlang, so, als wollten wir all das aus den vergangenen Jahren nachholen. Es ist schön, aber mir wird klar, dass ich trotzdem nicht bleiben kann, und das sage ich auch: »Jetzt habe ich zwei Familien. Eine hier und eine in Bayreuth.« Und dahin will ich zurück. Ich sehe ihre entsetzten Gesichter. Aber ich kann nicht anders.

16

Die verkaufte Frau

Meine Eltern geben sich wirklich große Mühe, aber ich kann nicht bei ihnen bleiben. Denn ich kann ihnen immer noch nicht vertrauen. Ich traue niemandem mehr. Bestimmt stecken sie hinter dem »Antrag auf psychiatrische Betreuung«: In der Klinik hätte ich fast meiner Entmündigung zugestimmt; eine Schwester hat mir ein Blatt hingehalten, das ich unterschreiben sollte, kaputt wie ich war. Nur die Geistesgegenwart meiner alten Lehrerin hat verhindert, dass ich mich selbst entmündigt habe. Sie verlangte, das Formular zu sehen, und sagte ganz laut zu mir: »Das unterschreibst du nicht!« Wie gut, dass sie doch wieder Kontakt zu mir aufgenommen hat.

In meiner Verzweiflung habe ich noch aus der Klinik heraus Heinz angerufen. Dieser Vorgang hat meine Urängste wieder aufleben lassen: Meine Eltern wollen mich wegsperren, für immer. Heinz hat mir sofort einen Anwalt besorgt und alles für mich geregelt. Als meine Mutter mich aus der Klinik abgeholt hat, war mir klar, ich muss vorsichtig sein. Ein Fehler und sie sperren mich weg. Bei der ersten guten Gelegenheit werde ich abhauen, das steht für mich fest.

Heinz fehlt mir so sehr. Ich fühle mich hier zu Hause einfach nicht sicher. Mir fehlen die Frauen, meine gewohnte Umgebung, die Bar, einfach alles. Meine Familie bemüht sich extrem um mich. Ich bin froh, dass sie mir helfen. Und ja, wir verbringen schöne Stunden miteinander. Aber ich kann trotzdem nicht bleiben.

Ungewollt ist es schließlich Conny, die mir ein paar Tage später einen Fluchtweg eröffnet. Sie hat die Idee, dass wir uns mit zwei Freundinnen aus dem Reitstall treffen, in einem Café in Bamberg. Weit genug weg von zu Hause. Ich stopfe meine Sachen in eine große Plastiktüte und stelle sie schon mal in Connys Auto. Im Café bin ich so aufgeregt, dass ich mich kaum am Gespräch mit den anderen beteilige. Ich warte auf die SMS von Heinz, die mir signalisiert, dass er draußen ist und im Wagen auf mich wartet. Da ist sie endlich. Ich schnappe mir meine Sachen und renne raus. Endlich wieder bei Heinz, endlich wieder in Sicherheit.

Im Club ist alles wieder so, wie ich es kenne: Die Frauen sind da, die Stammfreier freuen sich – alles, bis auf den Alkohol, denn ich habe mir vorgenommen, jetzt wirklich trocken zu bleiben. Und noch etwas ist leider so, wie es immer war: mein Verhältnis zu Heinz. Mal ist mein Mann nett zu mir, mal schlägt er mich und mal vergewaltigt er mich auch. Alles wie gehabt. Doch eines hat sich geändert. Auch wenn ich in Bamberg Hals über Kopf davongelaufen bin, halte ich locker Kontakt zu meiner Familie. Sie haben mir meine Flucht verziehen und sie sind wieder ein Teil meines Lebens geworden. Im Dezember 2008 feiere ich zum ersten Mal seit Langem meinen Geburtstag bei meinen Eltern. Heinz fährt mich sogar hin und holt mich wieder ab, undenkbar, dass er das früher gemacht hätte. Er hält mich so bei Laune und weiß, dass ich ihn nicht verlassen kann. Allerdings trenne ich mich von der superblonden Sonja. Meinen Haaren hat die Färberei eh nicht gutgetan, ich habe jetzt wieder dunkle Haare wie früher.

Eigentlich ist es ganz schön, zwei Familien zu haben. Jetzt will ich auch zum ersten Mal seit vielen Jahren meiner Mutter ein Geschenk zum Geburtstag machen, sie wird 55 Jahre alt. Dazu sollte es schon was Besonderes sein. Ich berate mich mit den Frauen im Club. Habe ja gar keine Ahnung, was ich verschenken könnte. »Konzertkarten«, schlägt Tamara vor. »Tina Turner tritt demnächst im Münchner Olympiastadion auf.« Ich finde die Frau klasse und wir spielen auch gerne ihre Musik im Club. »Simply the Best«, das passt doch gut. Die Karten kosten 320 Euro, es sind gute Plätze.

Im Mai hat mein Vater Geburtstag, er wird 60. Ich will dabei sein. Er und meine Schwester bedeuten mir viel. Mein Vater hat sich sehr verändert, er ist nicht mehr der strenge Tyrann wie in meiner Kindheit. Sondern so, wie ich ihn früher als Kind gerne gehabt hätte. Mit meiner Mutter habe ich immer noch Probleme, sie steckt für mich hinter den ganzen Geschichten mit der Psychiatrie und dem Wegsperren. Aber mein Vater und Conny sind anders.

Und noch jemand ist wichtig für mich geworden, Dieter, der Taxifahrer. Er hat in der ganz schlimmen Zeit vor dem Entzug zu mir gehalten, ist stundenlang mit mir durch die Nacht gefahren, wenn ich es wieder mal nicht ausgehalten habe. Bei Vollmond sind wir im Schlosspark Fantaisie spazieren gegangen. »Schau dich um, es gibt noch ein anderes Leben«, hat er mir immer wieder gesagt, »schau dir die Bäume an, die Natur, die schönen Pflanzen.« Es tat gut, die Kraft der Natur zu spüren, auch wenn ich gleichzeitig furchtbare Angst davor hatte, wie Heinz reagieren würde, wenn er es mitbekommt.

Heimlich, hinter dem Rücken von Heinz, fange ich an, mich öfter mit Dieter zu treffen. Er ist fast so groß wie ich, 48 Jahre alt und hat eine wunderbare Stimme, sie ist so beruhigend und voller Wärme. Dienstags und mittwochs hat er frei. Die Woche über lege ich einen Teil meiner Einnahmen zurück, damit Heinz es nicht merkt, wenn ich Dienstagnacht nicht arbeite und mich mit Dieter bei ihm zu Hause treffe. Ich sperre ganz normal um 20 Uhr die Bar auf und überlasse wenig später den Frauen den Laden.

Heinz geht nie in die Bar, solange Betrieb ist. Er kommt abends und legt sich in der Wohnung hin, morgens früh fährt er ja wieder los zum Reitstall. Ich muss aufpassen, dass er mich nicht sieht, wenn ich gehe und zurückkomme. Bisher hat das gut geklappt und ich genieße meine kleine Freiheit. Es ist so schön, einen Mann zu haben, der einen verwöhnt, der gar nicht auf die Idee kommt, die Hand gegen mich zu erheben. Ich weiß noch, wie geschockt Dieter war, als er nach und nach von den Gewalttätigkeiten erfahren hat. Und, ja, er hat sie auch oft gesehen, die Spuren von Heinz' Züchtigungen.

Jetzt arbeite ich schon seit fast neun Jahren für unseren gemeinsamen Reitstall, und auch wenn ich ein Verhältnis mit Dieter habe, ich glaube immer noch an eine Zukunft mit Heinz. Wenn wir nur erst genug Geld für den Reitstall und die Pferde zusammenhaben, dann geben wir den Club auf und machen das, was wir seit Langem vorhaben. Zuletzt war ich 2006 mit im Stall und jetzt will ich wieder mal hin. Doch Heinz weist mich brutal zurück: »Du glaubst doch nicht, dass ich dich zusammengeficktes Viech haben will, jeder Taxifahrer hat dich doch schon gevögelt.« Das tut weh. Er weiß es also. Hat mich eine der Frauen verraten? Wie soll es bloß weitergehen? Ein Teil von mir möchte neu anfangen, mit Dieter, der mir ein schönes Leben bieten will. Meine Familie drängt mich auch, dass ich hier aufhöre. Ein anderer Teil von mir wird aber immer zu Heinz gehören. Ich könnte ihn nie verlassen. Aber irgendwas muss sich ändern. Das Leben hier ist so elend. Meistens hocke ich in der Bar und arbeite und trinke, ja, ich trinke wieder. Anders lässt sich das doch nicht aushalten.

Da kommt Heinz mit einem Vorschlag: Wir trennen uns. Ich muss ihm nur helfen, sich eine neue Einnahmequelle aufzubauen. Ein paar Ponys will er sich anschaffen, zum Verleihen und für den Reitunterricht. Unser Hof selber wirft noch nicht genug ab, wir haben dort teure Turnierpferde, nichts zum Vermieten an Hobbyreiter.

Ist das die Lösung? Ich übernehme den Club, der ohnehin auf meinen Namen läuft, und Heinz geht. Kann ich mir das vorstellen? Will ich das? Meine Familie, Dieter, Mrs. Miller, alle drängen mich dazu. Und mein Vater ist auch bereit, mir finanziell zu helfen. Es geht um den Abstand, den ich Heinz zahlen muss. Es ist normal im Milieu, dass Frauen eine Ablöse zahlen. Und Heinz redet mir immer wieder gut zu: »Es ist das Beste, wenn wir uns trennen, das wird dir guttun.«

Heinz will 15 000 Euro von mir. Dann bin ich frei. Ich komme gar nicht auf die Idee, das zu hinterfragen. So sind die Spielregeln in dem Geschäft. Und mein Vater ist sofort bereit, mir das Geld zu leihen. Heinz wittert das Geld und ist wieder mal nett zu mir. Er bekommt die »Ablöse« und wohnt weiter im Club, bis er eine Wohnung in der Nähe vom Reitstall gefunden hat. Ich warte morgens, bis er wegfährt, ehe ich ins Bett gehe. Das Geld investiert er in Ponys, die stehen auf unserem Hof. Plötzlich braucht er Spritgeld von mir. Bisher hat er ja immer meine ganzen Einnahmen gehabt. Seit unserer Trennung gibt es nichts mehr für ihn. Er braucht Geld zum Tanken, 50 Euro täglich. Ich gebe es ihm, ist ja nicht mehr lange, bis er eine eigene Wohnung gefunden hat. Irgendwann braucht er 100 Euro am Tag, die Strecke ist ja so weit. Ich war ja noch nie tanken und glaube es ihm. Ich habe keine Ahnung, was eine Tankfüllung kostet und wie weit man damit kommt. Es ist ja wirklich weit zum Stall, fast 100 Kilometer.

Ich war damals so fertig, dass mir alles egal war. 2008, im Jahr zuvor, war ich zweimal in der geschlossenen Psychiatrie, danach ging dieser ewige Kreislauf aus Gewalt, Demütigungen und Alkohol immer weiter. Ich war so am Ende, dass mir die Trennung und der Hof irgendwie gleichgültig waren. Es sollte nur aufhören, ich wollte nur noch meine Ruhe damals. Für Heinz war das lediglich ein Trick, an mehr Geld zu kommen, diesmal an das Geld, das mir mein Vater für die Ablöse gegeben hatte. Danach ist es ihm noch einmal gelungen, mich mit der Aussicht auf Hof und gemeinsame

Zukunft zum Weitermachen zu bringen. Er kann so charmant und liebevoll sein, wenn er etwas erreichen will. Und ich hatte unseren Traum nie wirklich aufgegeben.

Gerade kommen wir ganz gut miteinander aus. Vielleicht wird ja doch noch alles gut, mit uns und unserem Reiterhof. Ich muss nichts mehr abgeben, und Heinz bittet mich um Geld, wenn er knapp bei Kasse ist. Er muss sein neues Geschäft erst aufbauen. Letzte Woche war es eine Tierarztrechnung über 2000 Euro, heute ist Futter gekommen für 3000 Euro, und es steht noch eine Rechnung über Strom aus, hat er mich schon vorgewarnt.

Komisch, jetzt wo wir uns getrennt haben, verstehen wir uns wieder richtig gut. Wenn ich darüber nachdenke, kann ich es mir gar nicht vorstellen, wie es ist, wenn er wirklich eine Wohnung findet. Früh morgens, wenn die letzten Gäste gegangen sind, kommt er hoch zu mir in die Bar und lässt sich einen Kaffee geben. Wir reden über das Geschäft, die Pferde. Das ist richtig schön. Wir sind so vertraut miteinander. Es ist so, wie ich es eigentlich immer haben wollte.

Gestern haben wir wieder miteinander geschlafen, nach so langer Zeit. Ich kann nicht anders – wenn er mich in den Arm nimmt, dann fühle ich mich so geborgen wie bei keinem anderen Mann. Je mehr ich Heinz wieder in mein Leben lasse, desto mehr verschwindet Dieter daraus. Doch mit Heinz verbindet mich einfach so viel. Er ist mein Leben. Und da ist ja noch der Reitstall, unser Reitstall. »Denk doch dran, was wir alles geschafft haben, willst du das wirklich aufgeben?«, hat Heinz mich heute Morgen gefragt, ehe er in unseren Stall gefahren ist. Er will, dass wir wieder zusammen sind. »Wir sind so kurz vor dem Ziel, willst du das alles wegwerfen?« Natürlich habe ich den Traum nie aufgegeben. Und wenn Heinz so bleibt, wie er gerade ist, dann wäre es wunderschön. Es fehle nicht mehr viel, hat er gesagt. Bald könnten wir von dem Reitstall leben. Dann muss ich endlich nicht mehr anschaffen gehen. Ach, wie schön das wäre. Mitte Dezember 2009 treffe ich mich ein letztes Mal mit Dieter. Ich will doch bei Heinz bleiben. Ich kann ihn nicht verlassen, jetzt, wo er wieder nett zu mir ist. Außerdem glaube ich, dass es bald etwas wird mit unserem Reitstall. Ich genieße die Zeit mit Heinz. Ich darf wieder mal mit ihm ausgehen, er nimmt mich mit in die Spielbanken der Gegend: Bad Wiessee am Tegernsee, Garmisch-Partenkirchen, Bad Kissingen, Bad Reichenhall und Feuchtwangen. Er will später unser Geld auf den Spielbanken verdienen, er hat ein tolles System, und ich muss nach seiner Anleitung das Spritgeld zusammenbekommen. Meistens schaffe ich das auch.

Am Anfang ist das noch ganz schön, aber ich bin das Autofahren nicht mehr gewöhnt, so lange Strecken, und die Zeit fehlt mir zum Schlafen. Erfinderisch wie Heinz ist, wenn es ums Abzocken geht, muss ich selbst 5000 Euro mitbringen, er tauscht das Geld ein, spielt, gewinnt, und ich bekomme meinen Einsatz trotzdem nicht zurück. Als ich mich beschwere, haben wir zum ersten Mal seit Langem wieder Streit. Ab da geht es wieder bergab. Drei Monate nach meiner Trennung von Dieter geht Heinz mit mir wieder so lieblos um wie vorher. Er behandelt mich wie den letzten Dreck. Vom Ausziehen ist nicht mehr die Rede. Heinz hat den Abstand kassiert und bleibt einfach da. So, als hätte es unsere Abmachung nie gegeben. Er strengt sich kein bisschen mehr an. Er geht im Club ein und aus, wie eh und je, und räumt auch regelmäßig die Kasse leer. Ich bin hin- und hergerissen. Einerseits weiß ich, dass wir unserem gemeinsamen Traum so nah wie noch nie sind. Andererseits halte ich diese Demütigungen nicht mehr aus. Und es wird von Tag zu Tag schlimmer.

Es dauert nicht lange und da beginnen auch wieder die Vergewaltigungen. Gestern war es besonders brutal. Mir ging es dreckig, ich war wirklich in einem ziemlich desolaten Zustand. Anfangs war Heinz noch ganz nett, kam hoch in die Bar auf einen Kaffee und meinte, wir sollten es noch mal miteinander versuchen. Aber ich wollte einfach nicht mehr mit ihm zusammen sein. Die ganze Nummer mit der Ablöse, all das war so übel. Nichts hat er gehalten von seinen Versprechungen. Mir ging es wieder saumiserabel, ich wollte nur meine Ruhe. Das war ihm egal. Er zog mich rabiat an einem Arm auf das vordere große Sofa und legte mich auf den Rücken. Mir war klar, was er wollte: ficken. Aber ich wollte nicht. Da hat er mich gepackt und an meiner Hose gezerrt. Ich habe versucht, sie festzuhalten. Irgendwann hat er es dann doch geschafft und mir mit Gewalt die Beine auseinandergedrückt und ist in mich eingedrungen. Als er auf mir lag, habe ich aufgehört, mich zu wehren, und habe geweint und es einfach über mich ergehen lassen.

17

Der Kellermann

Komme ich denn nie hier raus aus dem Elend? Irgendwie ist alles wieder wie vorher. Ich bin mit meinen Kräften am Ende. Seit April habe ich noch einen Stammfreier, der einfach nur widerlich ist. Herbert, ein kleiner Mann, vielleicht 40 Jahre alt, dürr und wirklich nicht ganz frisch in der Birne. Warum müssen sich diese Typen immer mich aussuchen? Trage ich ein Schild um den Hals »Irre willkommen«? Leider bekommt Heinz schnell mit, dass Herbert Kohle hat. Der Wichtel hat wohl geerbt, und in solchen Fällen ist Heinz wie ein Aasgeier, der ein totes Stück Vieh wittert. Unerbittlich, bis er die Beute in seinen Krallen hat. Zu meinem Unglück verliebt sich der Schwachkopf noch in mich. Er will heiraten, eine Familie gründen, und ich denke mir nur: So verzweifelt kann gar keine Frau sein, dass sie so einen nimmt.

Herbert kommt jetzt regelmäßig mit dem Taxi angefahren und will sich mit mir privat treffen; das wollen viele. Aber ich lehne das immer ab – mit dem Hinweis, ich hätte hier 50 000 Euro Schulden, und die müsste ich erst abarbeiten. »Kein Problem, das zahl ich dir!« Spinner, denke ich mir. Der glaubt wirklich, er kann mich für 50 000 Euro kaufen, sich so ganz einfach eine Frau kaufen. Heinz gefällt das. Er sieht einen dicken Batzen Geld, den er dem Deppen abnehmen will.

Ich habe absolut keine Lust, ihm dabei zu helfen. Doch Heinz lässt nicht locker. Er will das Geld von Herbert. Jetzt hat er eine neue Idee, mir die Sache schmackhaft zu machen: Wir machen halbe-halbe, und er haut endlich ab. Kann ich ihm das glauben? Aber was für eine Möglichkeit habe ich denn? Ich finde die ganze Sache total bescheuert. Der Kerl würde seine ganze Kohle so oder so bei uns im Club lassen. Warum jetzt die Nummer mit dem Freikaufen?

Im Juli 2010 kommt Herbert eines Abends in den Club, und in seiner Hemdtasche steckt ein dicker Umschlag mit 52 500 Euro, alles 500er-Scheine. Plötzlich steht er da und will das Geld loswerden, 2500 Euro als Trinkgeld für mich. Im Separee zählen wir die Scheine und gehen danach in mein Zimmer. Heinz kommt dazu und stellt sich als Club-Chef vor. Jetzt seien all meine Schulden beglichen, verkündet er vor Herbert. Und der glaubt jetzt wirklich, er hätte mich gekauft. Ich hatte meinen Anteil unbemerkt von beiden aus dem Umschlag genommen und versteckt.

Heinz haut erst mal ab und ich habe den Typen an der Hacke. Also fahren wir eine Woche zu Herbert in sein Haus in einem Kaff in der Oberpfalz. Irgendjemand muss da vorher aufgeräumt haben; Herbert wäre zu so etwas gar nicht in der Lage. Denn überall kann man noch die braunen Flecken sehen, weil er im Suff es offenbar nicht immer rechtzeitig aufs Klo schafft.

Meine Strategie ist ganz einfach: Ich saufe ihn unter den Tisch. Saufen ist besser, als die Beine breit zu machen. Und für diesen ekligen Typen sowieso. Er springt ständig nackt in seiner Bude rum und will immerzu Sex. Ich bin ja seine Frau, er hat mich ja gekauft! Zwischendurch pinkelt er ins Küchenbecken. Ich animiere ihn, noch kräftiger zu trinken, Unmengen von Bier. »Komm, eines geht noch.« Alles, nur nicht mit ihm schlafen. Überhaupt, wo soll ich hier schlafen? Der Kerl schläft immer noch in seinem Kinderbett. Dort kann und will ich nicht schlafen, auch nicht im Ehebett der verstorbenen

Eltern. Ich lege mich im Wohnzimmer auf die Couch, wenn Herbert so besoffen ist, dass er nichts mehr mitbekommt.

Nach zwei Tagen kommt er auf die Idee, das große Aquarium sauber zu machen. Warum, frage ich mich. Es schaut doch gut aus, viele bunte Fische, Grünzeug und kleine Unterwasserlandschaften. Er stellt sich saublöd an dabei, das muss bisher immer jemand anders für ihn gemacht haben. Vielleicht die vielen Onkel und Tanten, die hier im Dorf wohnen. Am Ende schwimmt das halbe Wohnzimmer, das Aquarium ist ruiniert, und die ganzen Fische sind tot. Dieser Horrortrip muss aufhören.

Ich muss Heinz erreichen, er muss mir hier raushelfen. Doch der geht nicht ans Telefon, wenn er meine Nummer sieht. Der kann mich doch nicht hier mit diesem Irren allein lassen? Herbert quatscht ständig vom Heiraten und Kinderkriegen. Gestern waren wir bei der Bank, neues Geld holen. Der Bankmitarbeiter schaute mich an wie eine Missgeburt. Herbert erzählte ihm prompt, dass wir heiraten würden. Und dass wir das Geld für ein großes Bett bräuchten. Ich wollte am liebsten im Boden versinken.

Ich schreibe Heinz eine SMS nach der anderen. Keine Reaktion. Ich muss mir was einfallen lassen. Geld! Mit Geld kann man Heinz immer locken. Ganz stolz hat mir Herbert eine große Schublade in der Wohnzimmerwand seiner Eltern gezeigt: voll mit Sparbüchern, einer Lebensversicherung und anderen Geldanlagen. Die armen Leute, sie wollten ihren lebensuntüchtigen Sohn gut versorgt wissen, wenn sie einmal nicht mehr sind. Heinz meldet sich, endlich. »Ein Haus ist auch noch da?«, fragt er mich und macht sich gar nicht die Mühe, zu fragen, wie es mir hier geht. Wie viel die Sparbücher und Anlagen wohl wert sind, will er wissen. Mir ist alles egal, ich freue mich so, dass er sich meldet. Dass er mich aus diesem Albtraum befreit.

Ich bringe eine der Frauen aus dem Club dazu, mich bei Herbert anzurufen, es wäre Not am Mann, ich müsste dringend arbeiten. Ob er das bitte zulässt. Er sagt Ja und ich bin erst mal raus aus dieser Drecksbude. Ein Taxi bringt mich zum Club. Doch Herbert lässt mich leider nicht allein fahren, er kommt mit. Morgens nach der Arbeit, sagt er, wolle er mit mir wieder nach Hause in sein Kaff fahren. Aber ich wehre mich. Nie mehr in dieses Loch und allein mit diesem Typen. Ich bin erleichtert: Herbert fährt allein mit dem Taxi wieder nach Hause. Aber am anderen Tag kommt er wieder. Und er hat einen neuen Freund: Heinz. Der Geier kreist über seiner Beute! Er redet ihm ein, dass die Taxifahrten viel zu teuer sind. Das Geld sollte er besser sparen und sich ein Auto anschaffen. Doch er hat ja gar keinen Führerschein. »Sonja kann dich doch fahren«, sagt Heinz zu ihm und schaut mich grinsend an. »Dann seid ihr immer zusammen.« Ich pack es nicht, so ein Arsch.

Inzwischen habe ich kapiert, das mit dem Auto ist nur noch ein weiterer Trick, dem Spasti, wie Heinz ihn nennt, Kohle abzuknöpfen. Das Auto, ein gebrauchter Mercedes für 17 000 Euro, wird in München bestellt und auf die Tochter von Heinz zugelassen. Ein paarmal chauffiere ich Herbert dann tatsächlich. Und mein »lieber Mann« hat noch eine Überraschung für mich parat: Ich soll den Idioten wirklich heiraten. Als Ehefrau käme ich an seine ganzen Geldanlagen und das Haus ran und könne ihm alles abnehmen. Da ist so viel Geld da, redet Heinz mir die Sache schön, dass wir damit endlich auf unserem Reiterhof ein sorgenfreies Leben führen können. Ich soll mir meine Geburtsurkunde bei meinen Eltern holen und das Aufgebot bestellen. Er redet von nichts anderem mehr. Immer wieder fängt er davon an, wie schön es doch wird, wenn Herbert und ich heiraten, wenn wir Kinder bekommen. Herbert freut sich über das gemeine Geschwätz und bekommt gar nicht mit, dass Heinz ihn nur verarscht. Hört der Horror denn gar nicht auf? Heinz will sein Opfer unter Kontrolle halten. Herberts Verwandte in der Oberpfalz sollen ihm nicht das schöne Geschäft verderben. Er nimmt ihn darum tagsüber mit zum Reitstall. Zu seinem »neuen Leben« gehöre auch eine neue Wohnung, ausgerechnet meine Wohnung. »Eure Wohnung«, sagt Heinz grinsend zu ihm und schafft mit einem Pferdeanhänger gleich ein Bett in die Wohnung, die bis auf die Vorhänge nach wie vor leer ist. Meine schöne Wohnung in Bayreuth! 2009 hat mir Heinz erlaubt, die Wohnung zu mieten. Damals wollte ich weg, wegen Dieter. Heinz hatte das mitbekommen und setzte seinen ganzen Charme ein, mich zurückzubekommen. Mit Renate habe ich mir die Wohnung angeschaut. Eine Frau, die bei uns im Club gearbeitet hat, wohnte in dieser Wohnanlage. Und mir hat es dort gut gefallen. Mein Vater ist mit zum Maklertermin gekommen und hat dann gebürgt für mich. Ich konnte ja keine Verdienstbescheinigung oder so was vorlegen. Angemietet habe ich die Wohnung zum 19. Juli 2009. Möbel hatte ich lange keine, aber was ich mir direkt gegönnt habe, waren die Vorhänge. Es war das Wichtigste für mich, schöne dicke dunkelrote Vorhänge, damit keiner reinschauen kann. Herbert zieht also dort ein, doch er benimmt sich prompt so daneben, dass Heinz bald eine neue Bleibe für ihn suchen muss: Der Spasti rennt mit der brennenden Zigarette durchs Treppenhaus und pinkelt unter den Augen der fassungslosen Hausmeisterin an die Hauswand.

Ich fahre zu meinen Eltern. Das ist wenigstens die Gelegenheit, meinen Anteil vom angeblichen Freikauf dort zu bunkern und meine Schulden zu bezahlen. 15 000 Euro hatte ich mir von meinem Vater geliehen, die bekommt er jetzt zurück. Und 10 000 Euro legt er für mich weg. Im Club würde mir Heinz das Geld früher oder später ja doch wieder abnehmen. Bei meinem Vater ist es sicher. Damit Heinz seinen Willen hat und Ruhe gibt, nehme ich auch die Geburtsurkunde mit. Nur heiraten werde ich diesen Kerl, Herbert, nicht. Aber ich traue mich nicht, Heinz das zu sagen.

Der ganze Irrsinn geht nun schon einen Monat lang. Heinz ist nur ein paar Tage nach der Geldübergabe weggeblieben. Als ich heute Morgen den Club abschließe und ins Bett will, fängt er wieder mit der Heirat an. Ich soll das mit dem Schlafen vergessen, sondern gefälligst losgehen und das Aufgebot bestellen. Als Ehefrau könnte ich das Haus von Herbert steuerfrei verkaufen. Geld, immer nur Geld. Ich will schlafen, bin betrunken, will meine Ruhe und werde nie im Leben diesen Wicht heiraten. Darum versuche ich, Heinz hinzuhalten. »Ja, ich gehe, aber heute kann ich nicht. Bitte lass mich ins Bett. Ich bin müde.«

»Du gehst jetzt zum Standesamt«, brüllt Heinz mich an. Und ich sage unvorsichtigerweise: »Nein, ich will ihn nicht heiraten.« Das habe ich noch nicht ganz ausgesprochen, da knallt mir Heinz schon seine Faust ins Gesicht. Immer ins Gesicht, das ist immer der erste Körperteil, auf den er zielt. Er reißt mir den Schlafanzug vom Leib und schlägt, wohin er gerade kann: in den Bauch, auf die Brust, ins Gesicht … »Ich werde dir schon zeigen, wo es langgeht!« Er prügelt mich durch das ganze Zimmer, ich lande im Sessel und kauere mich zusammen, halte die Arme vor meinen Kopf, um mich vor seinen Schlägen zu schützen. Dann schnappt er sich einen Pullover und versucht, ihn mir anzuziehen. »Du gehst!« Ich will den Pullover nicht anziehen, da packt Heinz meinen rechten Daumen und biegt ihn mit aller Gewalt nach hinten. Ich schreie vor Schmerzen, doch er lässt den Daumen nicht los. »Hörst du jetzt auf, dich zu wehren, du Scheißtier!« Er lässt kurz locker, aber nur um den Daumen erneut nach hinten zu biegen. So geht das ein paar Mal, ich werde fast wahnsinnig vor Schmerzen. Dann wird ihm wohl klar, dass ich in so einem Zustand nicht aufs Standesamt gehen kann, und lässt los. Aber nur, um mich noch eine Weile zu beschimpfen, bis er dann endlich geht. Ich versuche, meine Hand irgendwie zu kühlen, und falle ins Bett. Als ich nachmittags aufwache, ist der Daumen dunkelblau und dick angeschwollen. Ich habe schlimme Schmerzen, auch das Kühlen hilft nicht. Vielleicht wird es nach einem Bier besser? Es wird auch nach ein paar Flaschen Bier nicht besser.

Ein paar Tage später gehe ich endlich zum Arzt, Heinz passt das nicht. Aber der Daumen schaut furchtbar aus, ich kann ihn nicht mehr bewegen. Im MedCenter stellen sie fest, dass der Daumen dreifach gebrochen ist. »Was haben Sie denn gemacht?«, fragt mich der Arzt, und ich gebe meine Standardantwort: »Unglücklich draufgefallen.« Ist mir doch egal, was die glauben. Hoffentlich geben sie mir was gegen die Schmerzen. Ich bekomme eine Gipsschiene und soll sie drei Wochen lang tragen.

Irgendwie ist die Hochzeit vom Tisch. Ein Glück, Heinz lässt mich in Frieden. Aber er verfolgt ja auch einen ganz neuen Plan: Er will die Vormundschaft für Herbert. Er ist auf der Suche nach einem Rechtsanwalt, der ihm bei seinen Plänen helfen soll. Und so gut, wie er gerade gelaunt ist, scheint das auch zu klappen. Inzwischen wohnt Herbert im Club, und zwar in einem fensterlosen Abstellraum im Keller, mit einem Eimer für die Notdurft. Aber da ist er ja eh nicht pingelig. Er denkt immer noch, er hätte mich gekauft. Doch wir sehen uns kaum. Heinz nimmt ihn jetzt auch schon mal bei seinen Ausflügen in die Spielbanken mit. Anschließend sperrt er ihn im Club wieder in seinem Kellerzimmer ein.

Wenn er mit Herbert fertig sei, sagt Heinz immer wieder, dann würde er ihm einen Mühlstein um den Hals hängen und ihn in den Main schmeißen oder ihn im Wald in Tschechien verscharren. Manchmal sitzt Herbert auch daneben, wenn Heinz so über ihn spricht – und sagt kein Wort. Schnallt der wirklich nicht, was hier abgeht?

Heinz hat ihm nun fast schon alles Geld abgenommen, jetzt stehen nur noch zwei Posten auf seiner Rechnung: Herberts Elternhaus in der Oberpfalz und die Abfindung, die ihm die Firma zahlen muss. So beschränkt er auch ist, er hat seit über 20 Jahren für eine Firma gearbeitet, die Maschinen und Armaturen herstellt. Nach dem Tod seiner Eltern hat er sich krankschreiben lassen und fing an, sein Geld zu uns in den Club zu tragen. Jetzt geht es darum, dass er für sein Ausscheiden aus der Firma noch Geld bekommen soll. Heinz fummelt wieder irgendwas mit seinem Anwalt.

Das Haus in der Oberpfalz bietet er gerade einem Autohändler an – zwei Luxusschlitten für die Hütte. Doch der Händler springt ab. Dafür meldet sich ein Ehepaar aus der Gegend bei Heinz auf die Annonce. Das Geld holen die Leute in bar bei der Bank ab, bei der ich mit Herbert auch schon war. Herbert nimmt die 77 000 Euro entgegen – und gibt sie gleich weiter an Heinz. Der hat ihm eingeredet, dass er dafür den Club kaufen würde. 50 000 Euro für mich und 77 000 für den Club. Herbert ist glücklich. Wir haben jetzt einen neuen »Chef« – Herbert! Der wohnt weiter im Keller, in seinem Loch.

Heinz hat alles erreicht, was er wollte, und was ist mit mir? Vor ein paar Tagen hat er mir gesagt, dass wir heiraten könnten, aber nur wenn ich mir endlich die Brüste vergrößern lasse. So richtig dicke Dinger wünscht er sich. Meint er das jetzt ernst? Oder verarscht er mich so, wie er es mit dem Spasti Herbert macht? Ich weiß nicht mehr, was ich glauben soll. Aber er wünscht sich ja schon so lange, dass ich größere Brüste habe. Also stimme ich zu. Ich lasse mich dafür nach Prag fahren. Größe 75 H! Die Operation kostet 3500 Euro, natürlich zahle ich das von meinem Geld. Nachts verblute ich fast – und das in einer Klinik, wo niemand etwas anderes als Tschechisch spricht. Es ist wie in einem Vampirfilm. Alles ist voller Blut, das Bett, der Boden, die Wände. Eine Drainage war aufgegangen. Doch es geht alles gut und einen Abend später sitze ich schon wieder in meiner Bar am Tresen.

Wann kann ich nur endlich auf meinem Reitstall leben? Wo sind die Pferde, unser Kind, das er mir versprochen hat? Er kommt jetzt manchmal tagelang nicht hierher. Und ich habe den Kerl am Hals, der glaubt, er sei der Chef hier. Ist das der Plan vom guten Heinz?

Er lässt den Spasti von der Leine und treibt mich, seine Sonja, in den Wahnsinn. Soll ich mich jetzt totsaufen? Mittlerweile ist es Mitte März. Heinz kommt nur noch sporadisch vorbei, schläft hier und hat ansonsten keine Zeit zum Reden. Auf meine Anrufe reagiert er nicht. Ich versuche es mit SMS:

Ich sitz wie ein Depp hier in der Bar rum. Kein Mensch auf diesem Planeten glaubt, dass Du mich ehrlich willst, ich auch nicht mehr so wirklich. Falls doch, halte ich es noch genau bis zum 1. Mai aus. Aber keinen Tag länger und dann gibt es auch keine Ausreden mehr. Überleg Dir, was Du willst. Wenn sich bis zum 1. Mai nichts getan hat, sind wir geschiedene Leute.

War es richtig, ihm so die Pistole auf die Brust zu setzen? Was, wenn er jetzt gar nicht mehr kommt? Mein Mann, mein Master, mein König. Was mache ich denn ohne ihn? Ich bereue die SMS in dem Moment, in dem ich sie abgeschickt habe. Und natürlich bekomme ich keine Antwort darauf. Zwei Wochen später schreibe ich ihm noch eine SMS, völlig verzweifelt:

Wenn ich einen Wunsch freihätte, ich würde mir wünschen, dass Du mich liebst.

Ich weiß nicht mehr, was ich tun soll. Er hat mir doch versprochen: »Wenn du Riesentitten hast, dann heirate ich dich.« Und jetzt? Alles nur Lüge. Bin ich wirklich so blöd? Ich fühle mich wie jemand, der auf einer Eisscholle hockt, die immer kleiner wird. Meine Welt, meine Träume, alles zerbricht. Wie kann er mir nur so wehtun? Ich habe doch alles gemacht, was er wollte. Immer. Ich bin so froh, dass ich wenigstens wieder Kontakt zu meiner Familie gefunden habe. Jetzt bin ich nicht mehr allein, wenn das hier wirklich zu Ende geht.

Ich bin betrunken, und wenn ich betrunken bin, dann habe ich auch den Mut, Heinz zu schreiben. Gerade war er hier und wollte wieder Geld von mir. Er bekommt es nicht. Früher hätte ich das nicht gewagt. Ich merke, dass Heinz langsam seinen Einfluss auf mich verliert, und schreibe ihm noch eine SMS:

Das Geld spare ich jetzt für die Mitgift. Du kannst mich ja heiraten, so wie Du es versprochen hast. Ansonsten gibt es nichts mehr. Dann wird alles verkauft, was wir, in dem Fall Du, besitzt, und wir teilen. Dann kann jeder seiner Wege gehen. Ich würde lieber mit Dir zusammen bleiben …
Was hast Du mir nicht alles versprochen? Am Anfang habe ich für unseren eigenen Reitstall gearbeitet. Dann hast Du mir erzählt, dass wir ein eigenes Haus haben werden, mit Swimmingpool, in dem ich mit Dir nackt baden kann. Du hast mir von einer Kreuzfahrt erzählt, wo wir es uns richtig gut gehen lassen können. Du hast mir von einer Ferienwohnung am Tegernsee erzählt … Ich habe immer gehofft und daran geglaubt, dass Du irgendwann hältst, was Du versprochen hast.

Ich habe eine Stinkwut auf meinen Mann. Der Kellermann nervt, früher hat Heinz ihn wenigstens weggesperrt oder mitgenommen. Jetzt rennt der hier rum und spielt sich auf. Was glaubt Heinz eigentlich, was er noch alles mit mir machen kann? Langsam komme ich ihm auf die Schliche. Vor vier Monaten habe ich einen Privatdetektiv eingeschaltet. Heute erfahre ich, was er rausgefunden hat: Unser Reitstall gehört gar nicht Heinz. Dafür stehen unsere Pferde auf einem anderen Hof, und da läuft eine Frau rum, deren Beschreibung auf Sandra passt.

Ich glaube nicht mehr daran, dass er mich noch heiraten wird, dass er mich irgendwann einmal heiraten wird. Dann will ich wenigstens meinen Anteil an dem Geld, an dem Hof, an den Pferden und den ganzen Sachen, für die ich seit fast elf Jahren schufte. Das schreibe ich ihm jetzt.

Mir ist das schon völlig egal. Es liegt jetzt an Dir. Wenn Du mit mir zusammenbleiben willst, dann kümmere Dich darum, wo wir ab dem 1. Mai wohnen können, mit Pferden und Hunden – und kümmere Dich um Deine Scheidung. Ansonsten machen wir halt zum 1. Mai korrekt Schluss. Dann verkaufen wir alles, wir machen halbe-halbe, und jeder geht seinen Weg.

Heute ist der 8. April 2011 – ich sitze an der Bar, es ist früh am Abend und ich mache mir noch ein Bier auf. Die Buchführung habe ich schon erledigt und jetzt denke ich über Heinz und mich nach. Er hat mir nicht geantwortet. Natürlich nicht. Und vorbeigekommen ist er auch nicht. Geht jetzt wirklich alles zu Ende? War alles umsonst?

Einen Tag später ist er wirklich da, der letzte gemeinsame Tag mit Heinz. Irgendwann nachts muss er gekommen sein und hat sich in unser Bett gelegt. Als ich runterkomme, um schlafen zu gehen, gibt es Streit. Alles endet in einer letzten Orgie von Blut und Gewalt. Heinz schlägt mich ein letztes Mal mit all seiner Brutalität zusammen, ich erleide Todesangst. Morgens am 9. April 2011 rufe ich die Polizei zu Hilfe. Als ich aus dem Krankenhaus komme, steht meine Schwester Conny da, und ich weiß, dass ich nicht mehr für Heinz lügen kann.

Meine Schwester erstattet Anzeige wegen versuchter Tötung und schwerer Körperverletzung. Heinz wird zur Fahndung in ganz Bayern ausgeschrieben. Am 13. April 2011 wird er an der Autobahnabfahrt Bayreuth-Süd von der Polizei gestoppt und festgenommen, in einem seiner ebenfalls zur Fahndung ausgeschriebenen Autos, einem schwarzen Mercedes.

Zwei Tage vorher, am 11. April 2011, gehen Kripobeamte, die gegen Heinz ermitteln, in den Keller des Clubs. Irgendjemand muss ihnen vom »Kellermann« erzählt haben, einem armen Deppen, der im alten Heizungskeller schläft und dort meistens eingesperrt wird. Die Polizisten geben später zu Protokoll, dass sie im Keller auf einen nur mit Unterhose bekleideten Mann stießen, der auf dem Bett herumsprang und auf ihre Frage, wer er denn sei, stotternd erklärt hat: »Ich bin der Chef hier, der Chef vom Club.«

18

Hells Angels und Russen-Mafia

Stück für Stück bricht der Boden unter meinen Füßen auseinander. Seit ein paar Tagen wohne ich bei Conny in Bamberg, in den Club darf ich nicht mehr zurück, das hat mir die Kripo verboten. Die Frauen wollen den Betrieb dort erst mal aufrechterhalten. Wenn Conny morgens zu ihrer Dienststelle fährt, lege ich mich schlafen. Unser Rhythmus ist ja noch völlig verschieden. Ich werde nie den Tag vergessen, als ich hörte, wie sie mit ihren schweren Polizeistiefeln zur Eingangstür hereinkam und in mein Zimmer rannte: »Sie haben ihn, er ist verhaftet.« Sie haben Heinz verhaftet. Das war der 13. April 2011. Eigentlich sollte ich mich darüber freuen, aber in mir ist nur eine unendliche Traurigkeit. Mein Mann im Gefängnis, mein Leben in Trümmern, und ich habe keinen Schimmer, was aus mir werden soll. Nach der Strafanzeige hatte die Bayreuther Polizei mit einer Ringfahndung nach ihm gesucht, er und seine drei Luxuswagen waren zur Fahndung ausgeschrieben. Als er mich zum ersten Mal in einen Puff zum Arbeiten gebracht hat, da fuhren wir noch in seinem klapprigen alten Golf.

Ich komme mit dem ganzen Leben hier draußen nicht zurecht. Die Fenster in Connys Wohnung, die vielen visuellen Eindrücke, sie überfordern mich. Seit Jahren kenne ich nur dunkle Räume und schwarz verklebte Fenster. Mir fehlt jeder Tag- und Nachtrhythmus. Ich bin es nicht gewöhnt, Entscheidungen zu treffen. Heinz hat das immer für mich gemacht. Heinz, mein Mann, der jetzt irgendwo im Gefängnis hockt – und ich, ich habe keine Ahnung, wie ich weiterleben kann ohne ihn. Dabei ahne ich noch gar nicht, dass ich gerade dabei bin, zwischen die Fronten von Zigeunern, Russen-Mafia und Hells Angels zu geraten. Es geht um den Club. Heinz, der Chef, ist im Gefängnis. Ich als Frau zähle nicht in dem Milieu. Und es gibt ein paar Halbweltgrößen, die den mittlerweile wieder gut laufenden Betrieb nur zu gerne übernehmen möchten.

Mein Vater schaut mit mir die Verträge durch, die ich in den letzten Jahren auf Anweisung von Heinz unterschrieben habe. Offiziell läuft alles auf mich, und ich weiß gar nicht, wie ich das alles bezahlen soll. Die Geldangelegenheiten hat immer Heinz geregelt, ich weiß auch nicht, ob wir irgendwo Rücklagen haben. Er ist mit mir regelmäßig zur Bank gefahren, und ich musste das Geld in bar abheben, was wir nicht für die laufenden Kosten gebraucht haben. Was er damit gemacht hat? Ich weiß es nicht. Ich dachte ja immer, er investiert es in unseren Hof. Der größte Brocken ist aktuell der Pachtvertrag für mich. Ich muss mit dem Vermieter sprechen, wie wir aus dem Pachtvertrag rauskommen können. Er läuft noch fast fünf Jahre und Monat für Monat werden 3500 Euro fällig. Der Vermieter schaltet auf stur. Ich komme nur vorzeitig raus aus dem Vertrag, wenn ich das Gebäude außen und innen in einen »neuwertigen Zustand« versetze. Das habe ich so unterschrieben. Unmöglich. Das kostet mich mindestens 100 000 Euro, und das Geld habe ich schon gar nicht.

Daraufhin melden sich die »Zigeuner« bei mir. Keine Ahnung, wie ich sie politisch korrekt nennen soll. Für uns waren das immer die

»Zigeuner«, die viel bei uns gefeiert haben. Gute Gäste. Und mir wäre es ganz lieb, wenn ich den Club an sie abgeben könnte. Oder wenigstens untervermieten. Das darf ich, so steht es im Vertrag. Aber der Vermieter will die »Zigeuner« nicht. Dann ist auch noch Heinz am Club interessiert. Das höre ich jedenfalls von der Polizei. Und, dass er vom Gefängnis aus über Strohmänner versucht, mir die Russen-Mafia auf den Hals zu hetzen. Was daran stimmt, weiß ich bis heute nicht. Aber das jagt mir große Angst ein.

Der Vermieter bleibt stur und die Verhandlungen ziehen sich bis in den November. Zwischen meiner ersten und der zweiten Aussage bei Gericht taucht ein weiterer Bewerber auf: die Hells Angels. Sie sind schon bis Hof im Rotlichtmilieu aktiv und wollen sich jetzt bis Bayreuth ausbreiten. Was zwischen ihnen und dem Vermieter läuft, weiß ich nicht, aber er sagt ihnen offenbar zu, und ich komme endlich aus dem Vertrag raus. Das allein zählt. Später höre ich, dass die Rocker zum 1. Januar 2012 den »Club Erotica« übernommen haben. Ein Problem weniger.

Seit April 2011 versuche ich, mein Leben irgendwie in den Griff zu bekommen. Eigentlich bin ich völlig lebensunfähig. Ohne meine Schwester und meine Familie wäre ich aufgeschmissen.

Inzwischen wohne ich in meiner Wohnung. Eigentlich war es immer mein Traum gewesen, mit Heinz zusammen eine Wohnung zu beziehen. Eine richtige Wohnung, keine umgebaute Garage wie im Club. Meine Wohnung ist klein, eigentlich nur ein Zimmer, mit Kochecke und einem schmalen Balkon. Am Anfang kam es mir so unwirklich vor, hier allein zu wohnen.

Zu meinem neuen Leben gehört auch, dass ich seit September wieder zur Schule gehe. Das war in den ganzen Jahren mein großer Wunsch: wieder lernen und Abitur machen. Und danach irgendeinen Beruf, in dem ich mit Zahlen arbeiten kann. Mit »Publikumsverkehr«

will ich nie mehr etwas zu tun haben. Es war gar nicht so einfach, eine Schule für mich zu finden, ich bin schon 28 Jahre alt. Wo wieder einsteigen? Ich bin ja nach der 10. Klasse abgegangen. Doch es hat geklappt. Ich gehe auf die Berufsoberschule in Bayreuth. Und ich habe mich für ein Vorbereitungsjahr angemeldet, es ist schließlich elf Jahre her, dass ich ein Schulbuch in der Hand hatte. Zur BOS kann ich laufen, es sind gut zwei Kilometer. Aber das tut mir gut, allein, um morgens wach zu werden. Ich lebe jetzt ja in einem völlig verkehrten Rhythmus: Früher bin ich um sieben ins Bett, heute muss ich um diese Uhrzeit aufstehen, um mir noch schnell einen Kaffee zu machen und eine Zigarette anzustecken. Dann geht es ab zur Schule.

Am ersten Schultag, dem 13. September, hat mich mein Vater gebracht. Das war ziemlich komisch. Er fuhr mich auf seinem Roller und parkte wie immer mitten vor dem Eingang. Er hatte noch angeboten, am Abend vorher bei mir zu übernachten. Ein Mann in meiner kleinen Wohnung? Nein danke. Auch nicht, wenn er mein Vater ist. Aber ich freue mich, dass er mich abholt und bringt.

Als ich mein Klassenzimmer gefunden habe, setze ich mich ganz nach vorne vors Pult, da wollen die wenigsten hin. Ich bin natürlich die Älteste in der Klasse. Meine Lehrer wissen nicht, dass ich mit links schreibe, weil ich die rechte Hand nicht mehr dazu gebrauchen kann. Und ich erzähle auch niemandem, dass ich gerade erst angefangen habe, mit links zu schreiben, das fällt mir noch ziemlich schwer. Eine Lehrerin regt sich auf, weil sie mein Namensschild nicht lesen kann. Ich schreibe ganz klein, es geht nicht anders mit links. Da kommt mir Dimi, eigentlich Dimitri, zu Hilfe und schreibt mit extra großen Buchstaben meinen Namen auf ein Schild. Seither sitzen wir nebeneinander. Dimi ist ein paar Jahre jünger als ich und mit zehn Jahren aus Kasachstan mit seinen Eltern nach Deutschland gekommen. Er ist der farbloseste Mensch, den ich kenne: helle Haut, helle Augen, helle Haare. Wir sind bis heute befreundet. Dimi ist der Erste, dem ich etwas von meiner Vergangenheit erzähle. Ich kann oft nicht zur Schule gehen, weil ich krank und erschöpft bin. Ich spreche sonst mit niemandem, kann keinen anschauen. Die anderen in der Klasse halten mich bestimmt für einen Alien.

Meine Familie und ich wollen vor dem Prozess so schnell als möglich ein »normales« Leben für mich organisieren – Schule, Therapie, Wohnung. Alle Punkte »arbeiten« wir nach und nach ab. Ich will gut vorbereitet sein, wenn ich im Prozess vor die Richter trete und gegen Heinz aussagen muss. Aber ich bin noch gar nicht bereit für ein normales Leben. Ich war elf Jahre eingesperrt, dressiert, wurde missbraucht, geschlagen und gedemütigt. Elf Jahre lang. Tag für Tag. Und jetzt plötzlich soll ich allein wohnen, soll zur Schule gehen, ganz normal leben. Was ist das überhaupt, ein normales Leben? Ganz normale Dinge wie einkaufen, essen, telefonieren – all das macht mir Probleme. Bei den wenigen Malen, bei denen Heinz mit mir einkaufen gegangen ist, hat er mir eingeredet, dass mir alle Leute hinterherschauen würden, weil ich mich so bescheuert benehmen würde, meine Beine so krumm wären … Ich war gar nicht mehr lebensfähig, als mich Conny unter ihre Fittiche genommen hatte. Anfangs war ich ein echter Pflegefall.

Conny, ohne sie wäre ich nicht mehr am Leben. Ihr habe ich in meiner ersten Zeit »draußen« wirklich viel zugemutet, sie hatte ein Wrack in Empfang genommen und gesund gepflegt. Ich hatte ja nicht einmal Klamotten, mit denen ich auf die Straße konnte, Conny hat mir Sachen von sich gegeben und ist für mich einkaufen gegangen. Sie hat mich zur Kripo gefahren, zu den vielen Vernehmungen.

Einmal haben wir sogar zusammen nach einer Wohnung gesucht, die sich Heinz in den letzten Monaten unserer gemeinsamen Zeit gemietet hatte. Vielleicht war ja dort ein Teil des Geldes gebunkert, das er mir abgenommen hat. 1,5 Millionen Euro, so viel habe ich für ihn verdient und abgeben müssen. Nach der Verhaftung stellte sich heraus, er hatte kein Bankkonto, offiziell keinen Cent. Also lag vielleicht etwas in der Wohnung, in die er mich einmal mitgenommen hatte, um mich bei Laune zu halten? Er hatte mir ja vorgemacht, das sei »unsere neue Wohnung«. Ich konnte mich aber nur noch an eine Autobahnabfahrt erinnern, da ging es rechts nach Zell und links nach Zeil. Dann sind wir durch zwei Dörfer gefahren, eines hieß irgendwas mit Unter …, das andere mit Ober … Trotz der höchst ungenauen Schilderung machte sich Conny mit mir eines Tages auf den Weg. Die Abfahrt haben wir noch einigermaßen gefunden, aber wo waren bloß die Dörfer? Wir kurvten in Connys schwarzem Golf durch die Gegend. Irgendwann haben wir wirklich die Dörfer gefunden: Oberschleichach und Unterschleichach. Danach ging es durch einen Wald, und irgendwo in einem Hinterhof in einem der nächsten Dörfer musste die Wohnung sein – wir haben sie tatsächlich gefunden und den ermittelnden Beamten von der Kripo die Adresse gegeben. Doch leider fand sich dort kein Geld.

19

Der Prozess

Morgen beginnt der Prozess gegen Heinz. Mir kommt das alles so unwirklich vor. Er fehlt mir so sehr. Es ist so ungerecht, dass er jetzt eingesperrt ist und ich in Freiheit bin. Was heißt denn schon Freiheit für mich? Ich kann damit nichts anfangen, alles ist so fremd. Meine Welt ist aus den Fugen geraten, und ich weiß nicht, wem ich trauen kann und wem nicht. Jahrelang wurde ich belogen. Daher frage ich mich ständig: Ist das jetzt wirklich so, wie sie es mir erzählen? Alles macht mir Angst. Ich sehne mich zurück in mein altes Leben.

Wie es ihm wohl geht, da, wo er jetzt ist? Denkt er an mich? Wahrscheinlich ist er total wütend auf mich. Ja, dieses Mal habe ich nicht für ihn gelogen! Ich konnte nicht mehr, nicht mehr als meine Schwester vor mir stand.

Vor ein paar Wochen habe ich es nachts nicht mehr ausgehalten, habe mir eine Flasche Bier geschnappt und bin ums Gefängnis herumgelaufen. Ich wollte in seiner Nähe sein, irgendwie. Die Bayreuther Justizvollzugsanstalt ist ein großer dunkler Gebäudekomplex, der von einer hohen Mauer und Stacheldraht umgeben ist. Heinz ist zum Greifen nahe, aber doch unendlich weit weg. Denkt er manchmal an mich?

Ich sitze hier in meiner kleinen Wohnung und sehne mich nach IHM! Wie schön das doch war, wenn er im Club die Bettdecke hoch gemacht hat und ich drunterschlüpfen durfte. Das waren die schönen Momente, da habe ich mich so geborgen gefühlt. Und jetzt? Wer kümmert sich um mich? Wer sagt mir, was ich tun soll? Ich habe Angst in jeder einzelnen Minute. Ich habe es ja nie gelernt, Entscheidungen für mich zu treffen. Alles wurde mir vorgegeben. Und jetzt das Gerichtsverfahren gegen Heinz, ich bin heillos überfordert.

Wenn der Wecker schellt, muss ich sofort das Radio andrehen, ich ertrage die Geräusche von draußen nicht. Im Club lief den ganzen Tag Musik, da gab es keine Stille. Nie. Höre ich Stimmen im Flur oder klingelt jemand versehentlich an meiner Tür, dann versetzt mich das in totale Panik. Mein Zufluchtsort ist dann mein kleines Bad. Ich verrammle die Tür und hocke mich neben die Wanne auf den Boden. Und hoffe, dass die Gefahr bald wieder vorüber ist. Über die Neonröhre habe ich eine rote Papierserviette geklebt. So habe ich Rotlicht, wie im Club.

Im Radio berichten sie schon seit Tagen über den Prozess. Das ist wirklich surreal, wenn Menschen, die dich nie gesehen haben, über dich sprechen. Im Radiosender Mainwelle reden sie über die »Sexsklavin« – das bin ich! Über einen Reitlehrer, der sich an eine 14-Jährige herangemacht hat – das ist Heinz! Auch der *Kurier* schreibt seitenweise über den Prozess – »Hörigkeit in der Sex-Hölle« – und auch über die »Sexsklavin«. Die *Nürnberger Nachrichten* auch, im Internet finde ich sogar die »Bordell News«, die sich den Prozess natürlich auch nicht entgehen lassen.

Und ich? Ich wünsche mir so sehr, dass ich aufwache – und alles war nur ein böser Traum. Ich stehe irgendwie neben mir, schaue und höre mir das Ganze an. Völlig unwirklich, so, als würde ich in einem Raumschiff kreisen und auf einen fremden Planeten und fremde Wesen runterschauen. Ganz Bayreuth spricht über den Prozess, so kommt mir das vor. Ich bin froh, dass es keine Fotos von mir gibt. Niemand weiß, wie ich aussehe. Ich könnte es nicht ertragen, wenn mich Leute deswegen auf der Straße ansprächen. Von Heinz gibt es ein paar undeutliche Fotos, die bei Reitturnieren aufgenommen wurden. Von mir, zum Glück, nichts.

Ich kann nicht anders und sammele jeden Artikel, ja sogar den kleinsten Zeitungsschnipsel, und hefte alles gründlich ab. Schon morgens um sechs hocke ich vor dem Radio und nehme mit dem Handy jede Nachricht über den Prozess auf. Nachts höre ich mir das wieder und wieder an. Das ist die letzte Verbindung zu meinem alten Leben. Die letzte Verbindung zu Heinz. Die reden und schreiben über mein Leben! Mir wird das zu viel, ich kann das kaum noch aushalten. Ich sitze in meiner Wohnung und heule vor mich hin. Trotzdem hocke ich ständig am Radio, ich darf nichts verpassen. Früher hatte ich den Monitor, auf den ich stundenlang geschaut habe, der mein Fenster in die Welt draußen war. Heute ist es das Radio.

10. Oktober 2011, Radio »Mainwelle« – Nachrichten für Bayreuth und die Region:

»Heute hat der Prozess begonnen, der nur noch als Sexsklavinnenprozess bezeichnet wird. Der Angeklagte hat zehn Jahre lang den Club Erotica in Bayreuth geleitet beziehungsweise im Hintergrund mit gemanagt. Er soll jahrelang eine junge Frau in die Prostitution gezwungen haben und sie als Sexsklavin gehalten haben.«

Jetzt ist er da, der Tag, vor dem ich so viel Angst hatte: Heute ist der 10. Oktober 2011. Um 9 Uhr beginnt im Schwurgerichtssaal 2002 im Landgericht von Bayreuth der Prozess gegen Heinz vor der 1. Strafkammer. Ich bin als Nebenklägerin zugelassen, darf aber am Prozess nicht teilnehmen. Einmal, weil ich vor meiner Zeugenaussage nicht in die Verhandlung darf, zum anderen, weil meine Ärzte gesagt haben, dass ich unter keinen Umständen in der Lage bin, in

Anwesenheit von Heinz auszusagen. Schon vor Prozessbeginn wurde darum vereinbart, dass ich in einem kleinen Saal nebenan als Zeugin vernommen werde. Heinz kann meine Aussage über einen Monitor verfolgen, seine Reaktionen bekommen aber nur die Richter mit. Ich kann ihn nicht sehen. Meine Vernehmung ist quasi eine Verhandlung ohne Angeklagten. Vor mir werden Richter und Schöffen sitzen; der Staatsanwalt, die Gutachter, der Anwalt von Heinz und natürlich meine Anwältin werden im Saal sein.

Conny holt mich morgens in meiner Wohnung ab. Mir geht es ziemlich schlecht. Ich habe Angst vor dem Verfahren, Angst vor der Ungewissheit, was nun kommen wird, Angst eigentlich vor allem. Meine Schwester fährt mit mir zur Kripo, das Backsteingebäude ist mir vertraut. Es liegt ein paar hundert Meter vom Justizbezirk entfernt, in dem auch der einschüchternd prächtige Justizpalast liegt. Hier bei der Kripo haben sie mich stundenlang vernommen. Hier habe ich versucht, alle Informationen über die letzten elf Jahre so detailgenau und richtig wie möglich wiederzugeben.

Bei Kriminaloberkommissar Michael Merkel habe ich viele Stunden mit meiner Schwester gesessen und musste meine Aussagen machen. Merkel kommt von der Sitte, ein Hüne von einem Mann, kennt meinen Fall schon seit vielen Jahren. 2000 hat er einmal sogar gegen mich ermittelt: Ich hatte einen Freier, und Heinz hat mitbekommen, dass der nicht ganz helle Typ viel Geld hatte. Und in solchen Fällen lässt Heinz nicht locker, bis er dem Freier sein ganzes Geld abgenommen hat. Ich musste den Freier anrufen und immer neue Hausbesuche mit ihm ausmachen, zu 2000 D-Mark jeweils. Die holte ich mit ihm am Geldautomat seiner Bank ab, die Bankmitarbeiter wurden misstrauisch und schalteten die Polizei ein. Auf den Überwachungskameras war Heinz' roter Golf zu sehen. Und so kam Merkel erst auf Heinz und dann auf mich. Aber es war ein ganz normales Geschäft im Milieu und Dummheit auszunutzen ist ja nun mal nicht strafbar.

2008 hatte auch Mrs. Miller mit Merkel über mich gesprochen, nach einer Lösung gesucht, wie sie mich aus meinem Gefängnis befreien konnten. Auch meine Eltern waren mehrmals bei ihm. Aber der Kripobeamte konnte damals nichts unternehmen, weil ich meinen Mann nicht angezeigt habe. Bis zum 9. April 2011, dem Tag, an dem sich alles geändert hat.

Conny und ich warten, trinken viel zu viel Kaffee und gehen zum Rauchen vor die Tür. Eigentlich soll ich nachmittags schon als Zeugin gehört werden. Aber das Verfahren zieht sich. Staatsanwalt Hoffmann hat morgens die Anklage verlesen: Heinz wird Menschenhandel und Zuhälterei vorgeworfen, schwere Vergewaltigung, gefährliche und vorsätzliche Körperverletzung, Freiheitsberaubung und Betrug. Angeklagt ist Heinz wegen der Dinge, die er mir und dem »Kellermann« angetan hat. Der Staatsanwalt fordert zehn Jahre Haft.

Später erfahre ich aus dem Radio, was der Staatsanwalt im Detail vorgetragen hat: Heinz sei seit den 70er-Jahren im Rotlichtmilieu tätig. Man hätte keine Anhaltspunkte für eine selbstständige oder nicht selbstständige Tätigkeit gefunden, mit der Heinz sein Geld verdient hat. Seine eigene Frau sei für ihn anschaffen gegangen, und als sie nicht mehr so gut verdient hat, habe sich der Angeschuldigte nach einer neuen Frau umgesehen, die in Zukunft für ihn als Prostituierte arbeiten sollte. Das war ich. Heinz hätte eine »starke emotionale Bindung« zu mir aufgebaut und mich »systematisch von meinem Elternhaus und meinem Freundeskreis entfremdet«. Geholfen habe ihm dabei, dass ich mich »pubertätsbedingt in einem Loslösungsprozess« von meinem Elternhaus befunden habe. Er hätte mich ganz gezielt von sich abhängig gemacht und in die Prostitution gedrängt. Zwischen September 2000 und April 2011 hätte der Angeschuldigte, so der Staatsanwalt, mindestens 1,45 Millionen Euro mit mir eingenommen. Das sind meine Zahlen, muss ich mir dabei denken. Zum

Glück habe ich ein gutes Zahlengedächtnis und hatte auch immer ein paar Listen mit den Einnahmen versteckt. Verschlüsselt, aus Angst vor dem Finanzamt.

Vor der Auflistung der einzelnen Straftaten beschrieb Staatsanwalt Hoffmann, wie sich unsere Beziehung aus seiner Sicht dargestellt hat: Heinz hätte, unter allen Umständen, seinen Willen durchsetzen wollen. Und wenn ich seinen Wünschen nicht entsprach, sei es regelmäßig zu Gewalttaten körperlicher und sexueller Natur gekommen.

Zu Ende der Anklage ging der Staatsanwalt auf die vielen Vorstrafen ein, die Heinz bereits erhalten hat. Ich erinnere mich noch, dass mich Mrs. Miller vor Jahren darauf hingewiesen hatte, dass Heinz ein Krimineller mit langem Vorstrafenregister sei. Damals mochte ich das nicht glauben. Inzwischen weiß ich, dass sie recht hatte. Das war auch der Grund, warum alles auf meinen Namen laufen musste, der Pachtvertrag für den Club, die Autos bis hin zur Schanklizenz. Heinz hätte all das mit seinen Vorstrafen nie bekommen. Auch alle Bankkonten vom Club liefen auf meinen Namen. Als Polizei und Steuerfahndung nach dem Geld fahndeten, mussten sie feststellen, dass Heinz kein Bankkonto hatte. Zumindest gab es keines, das auf seinen Namen lief, und die Club-Konten waren leer.

Nach dem Verlesen der Anklage wurde Heinz vom Gericht angehört – und ließ sich ausführlich zu den Vorwürfen ein. Damit hatte beim Gericht niemand gerechnet, normalerweise verweigern die Angeklagten in solchen Fällen erst mal die Aussage zu den Anklagepunkten und schauen, was das Verfahren so bringt. Aber Heinz wollte reden: alles Lüge, alles falsch. Ich, die 14-Jährige, habe ihn verführt, und es wäre meine Idee gewesen, auf den Strich zu gehen. Nie habe er Geld genommen, mich nie vergewaltigt und so weiter.

Wir erfahren das alles aus dem Radio; wir sitzen nach wie vor bei der Kripo. Auch Conny kann nicht an der Verhandlung teilnehmen, sie ist selbst noch als Zeugin geladen. Die »Mainwelle« und die Berichte von Chefreporter Horst Mayer werden zu meiner wichtigsten Informationsquelle über das Geschehen, das sich ein paar hundert Meter weiter abspielt. Ich hatte ja keine Ahnung, was der Prozess für eine Welle auslösen würde. Wochenlang gibt es in Bayreuth und Umgebung kein wichtigeres Thema. »Mainwelle« und »TV-Oberfranken« bringen Sondersendungen am laufenden Band; als der Prozess losgeht gleich mehrfach an jedem Verhandlungstag.

Mir geht es sauschlecht. Ich habe seit Tagen fast keinen Alkohol getrunken. Meine Familie und Freunde haben mir eindringlich geraten: »Du musst nüchtern sein, wenn du deine Aussage machst.« Prosecco und harte Sachen trinke ich schon lange nicht mehr. Dafür aber Bier. Bis zu einen Kasten am Tag, um meinen Alkoholpegel zu halten. Jetzt bei der Kripo spüre ich, wie mir der Alkohol fehlt. Meine Hände zittern, wenn ich mir eine Zigarette anstecke. Dann die Nachricht, dass ich erst am nächsten Verhandlungstag angehört werde. Heinz' Aussage hat so lange gedauert. Das Warten macht mich fast verrückt. Noch mal eine Woche nicht schlafen, noch mal eine Woche Angst vor dem, was kommt.

20

Vor Gericht

Dann ist es so weit, am 19. Oktober bringen mich Conny und die Polizisten ins Gericht. Ich zittere vor Angst und Aufregung. Aber ich reiße mich zusammen. Ich weiß inzwischen, dass Heinz im Gericht mit Hand- und Fußfesseln vorgeführt wurde. Die Kripo schätzt ihn als gefährlich ein; dort hat man die Sorge, dass mir Hintermänner noch etwas antun können. Darum fahren drei verschiedene Zivilfahrzeuge vom Kripogebäude los zum Gericht, in einem sitze ich, die anderen sollen von mir ablenken. Ich komme mir vor wie in einem James-Bond-Film, nur, dass das hier kein Spaß ist für mich.

Connys Kollegen sind wirklich nett, aber ich bin starr vor Angst. Am liebsten würde ich mich wieder in dem Bunker verkriechen. Wir fahren mit dem Fahrstuhl in den zweiten Stock. Über Funkgeräte verständigen sich meine Begleiter mit den Vollzugsbeamten, die Heinz zu einem Raum im Gericht bringen, in den per Video meine Aussage übertragen wird. Wir sollen uns unter keinen Umständen auf dem Flur begegnen.

Der Saal, in dem ich aussagen soll, ist kleiner und nicht ganz so Furcht einflößend wie der, in dem der Prozess eigentlich stattfindet. Conny ist vor ein paar Tagen schon mal mit mir ins Gericht gefahren, damit ich mir alles anschauen und mich darauf einstellen konnte.

Auch hier gibt es eine Richterbank, wo jetzt der Vorsitzende Richter Michael Eckstein, sein Kollege und die beiden Schöffen Platz nehmen. Die Videokamera wird eingeschaltet. Ich bekomme mit, wie der Richter Heinz fragt, ob er alles sehen und hören kann. Die Antwort bekomme ich nicht mit. Später, aus dem Radio, erfahre ich, dass Heinz immer wieder den Kopf geschüttelt und gelacht haben soll bei meiner Aussage.

Der Richter ist ein älterer Mann mit sehr kräftiger Stimme – und er zeigt Verständnis für meine Ängste. Ich habe schnell den Eindruck, dass ich vor einem Richter sitze, der wirklich die Wahrheit wissen will.

Ich habe mich akribisch vorbereitet. Wie immer. Wenn Dimi nach der Schule eine halbe Stunde über seinen Hausaufgaben sitzt – er macht immer nur das Nötigste –, dann brauche ich sechs Stunden. Ich will immer alles ganz genau machen. Und hier geht es schließlich darum, mein Leben zu rekonstruieren: Was war in den letzten 14 Jahren? Wie hat es angefangen? Wann wurde Heinz gewalttätig? Wann hat er mich vergewaltigt und zusammengeschlagen? Welche Geldsummen habe ich verdient? Mir kommt mein gutes Zahlengedächtnis zugute. Ich konnte im Club sturzbesoffen gewesen sein, meine Abrechnungen haben immer gestimmt. Von jeder der Frauen wusste ich genau, wie viele Gäste sie bedient hatte, wie viele Piccolos sie konsumiert hatte. Da gab es nie ein Vertun. Außerdem hatte mir 2008 Mrs. Miller den wichtigen Rat gegeben, alles aufzuschreiben. Diese Briefe waren eine Art Lebensversicherung für mich. Und im schlimmsten Fall wären sie Beweise gewesen, wenn Heinz mich umgebracht hätte.

Die Fragen des Richters kenne ich aus den Vernehmungen bei der Kripo, gefühlte 100 Stunden habe ich da schon Rede und Antwort gestanden. Mittags geht es bei Gericht in die Pause. Meine Vernehmung ist noch nicht beendet. Die Kripobeamten fahren mich wieder zu ihrem Gebäude. Ich habe stechende Kopfschmerzen vor lauter Anspannung. Mir ist nur noch schlecht.

Nachmittags geht es weiter. Der Richter will wissen, wie das mit den Einnahmen war. Ich erzähle ihm, dass sich Heinz ums Geld gekümmert hat, auch wenn die Konten auf meinen Namen liefen. Für mich war das völlig normal, der Mann kümmert sich um das Geld. Ich habe das nie infrage gestellt. Das kannte ich auch von zu Hause so. Und ich war ja auch fest davon überzeugt gewesen, dass er meine Einnahmen für unsere Zukunft anlegt und gut investiert. Daran hatte ich nie gezweifelt. Wirklich nicht! Der Richter schaut mich ziemlich ungläubig an.

Zu meinem Leidwesen werden wir auch jetzt nicht fertig. Ich muss am nächsten Verhandlungstag, dem 7. November, noch mal aussagen.

20. Oktober 2011, 6.30 Uhr, Nachrichten Radio »Mainwelle«:

»Unter Ausschluss der Öffentlichkeit ist vor dem Landgericht Bayreuth der Prozess gegen den langjährigen Pächter vom Club Erotica in Bayreuth fortgesetzt worden. Grund war die ganztägige Vernehmung der 28-jährigen Frau, die vom Angeklagten über mindestens ein Jahrzehnt hinweg zur Prostitution gezwungen worden sein soll. Eine Verhandlung ohne Publikum hatte der Rechtsbeistand der Frau erwirkt, außerdem musste der Angeklagte die Verhandlung vor einem Monitor verfolgen, weil die Hauptzeugin eine zu große psychische Belastung geltend gemacht hatte. Für das Gericht ging es am zweiten Verhandlungstag hauptsächlich darum, den Weg der Hauptzeugin in die Prostitution nachzuvollziehen. Dabei gab die Frau an, sie habe schon als Minderjährige angeschafft. Entsprechende Kontakte und Arbeitsplätze habe ihr der Angeklagte vermittelt. Für einen Paukenschlag sorgte die Frau mit der Aussage, als 17-Jährige habe sie in einem Bayreuther Bordell auch einen Bayreuther Polizisten zum Kunden gehabt.«

20. Oktober 2011, 6.40 Uhr Korrespondentenbericht der »Mainwelle« zum zweiten Verhandlungstag am 19. Oktober 2011:

»Was war die Kernaussage?«, fragt der Moderator den Chefreporter Horst Mayer.

»Sie hat den Angeklagten schwer belastet, sie hat geschildert, dass sie schon als 17-Jährige in Bordellen gearbeitet hat, vermittelt und gemanagt von diesem Mann. Sie hat geschildert, wie ihr der, so hat sie das wörtlich gesagt, Kindfaktor Einnahmen von damals über 1000 Mark täglich eingebracht hat, und das Geld hat sie dann immer schön brav an den Mann abgegeben. Und sie hat auch geschildert, wie sie schon als Minderjährige sexuelle Gewalt von diesem Mann erfahren hat.
Jetzt fragt sich jeder und das Gericht sowieso: Wie hat es der Angeklagte geschafft, diese Frau sich untertan zu machen? Warum ist sie nicht einfach mal abgehauen, anstatt sich jahrelang sexuell ausbeuten zu lassen?«

Moderator: »Ja, das ist eine harte Nuss, auch für das Gericht.«

Mayer: »Die Frau hat das so erklärt in der Verhandlung: Sie hätte sich als 14-Jährige bereits unsterblich verliebt in diesen immerhin 35 Jahre älteren Mann, und sie habe immer das Gefühl gehabt, dieser Mann sei der einzige Mensch, den sie auf Erden habe. Mit ihm zusammen wollte sie glücklich werden, ein Leben lang. Und sie hat die Qualen in der Beziehung und in den Bordellen nur ertragen in der Hoffnung, irgendwann habe man mal genug Geld und könne aufhören und gemeinsam einen Pferdehof betreiben.«

Ich höre mir die Radioberichte wieder und wieder an. Es tut weh, aber es ist nun mal die einzige Verbindung in mein altes Leben. Bis zuletzt habe ich daran geglaubt, dass wir irgendwann unseren Hof haben. Sonst hätte ich das doch alles gar nicht ausgehalten. Unsere Pferde, Hunde, ein Kind … Warum hat er mich nur so betrogen? Warum bin ich so auf ihn reingefallen?

Ich muss noch einmal aussagen vor Gericht. Es ist noch nicht vorüber. Ich bin völlig erschöpft und weiß nicht, woher ich die Kraft nehmen soll, noch einmal auszusagen. Am 7. November werden sie mich wieder abholen und zum Gericht bringen. Ist das jetzt ein gutes Zeichen oder nicht? Im Radio bringen sie immer noch viel über den Prozess. Inzwischen werden Parallelen zum Fall Natascha Kampusch gezogen, dem Mädchen, das in Österreich über Jahre von einem Mann in einem Kellerverlies gehalten wurde. Ich habe ihr Buch *3096 Tage* gelesen und vieles konnte ich aus eigener Erfahrung nachvollziehen.

8. November 2011, morgens in der »Mainwelle« – Nachrichten für Bayreuth und die Region:

»Am dritten Verhandlungstag ist für uns Reporter Horst Mayer dabei. Ist diese mittlerweile 28-jährige Frau wirklich jahrelang weggesperrt worden wie Natascha Kampusch? Nicht in einem Kellerverlies, sondern in diesem Fall in einem Bordell?«

Mayer: »Die Aussagen der jungen Frau lassen beinahe keinen anderen Schluss zu. Es wurde heute bei der Verhandlung aus einem Brief zitiert, den die Prostituierte 2008 geschrieben hat, ›… jeder Tag für mich ist gleich seit sechs Jahren, meine Verbindung zur Außenwelt ist der Monitor im Eingangsbereich des Bordells … Es ist ein hartes Leben, Gewalt und Demütigung sind hier an der Tagesordnung. Sieben Tage in der Woche.‹«

Moderator: »Heißt das, dass die junge Frau jahrelang in einer eigenen Welt gelebt hat?«

Mayer: »Die Frau gab heute an, dass sie über die Jahre jeden Bezug zur Realität verloren hat. Die einzige Bezugsperson sei der Angeklagte gewesen, der habe ihr absolut seinen Willen aufgezwungen … Durch den

Kontakt zu einer früheren Lehrerin, der sie Briefe geschrieben hat, habe sie sich langsam aus dem Milieu lösen können.«

Moderator: »Danke schön, Horst Mayer, der Prozess gegen den Pächter des Club Erotica geht weiter. Hier auf der Mainwelle halten wir Sie natürlich auf dem Laufenden.«

Noch mal zwei Verhandlungstage für mich: 21. und 22. November 2011. Irgendwie finde ich es gut, dass der Richter alles so genau wissen will. Dann muss ich die Tage hier eben auf mich nehmen. Heute wird gefragt, was wir denn so unternommen haben, wenn wir mal ausgegangen sind, Heinz und ich? Ein Jahrmarktbesuch in Mannheim, ein paar Mal im neuen Stall und einige wenige Ausflüge zu Spielbanken. »Das war's dann auch«, rutscht mir raus, und der Richter und sein Beisitzer müssen schmunzeln. Nicht viel für elf Jahre, denke ich mir.

Die »Mainwelle« und der *Kurier* berichten immer weiter, zuletzt schrieb der *Kurier* über meine Aussage, dass Heinz mich »zur Nitribitt von Bayreuth machen wollte, zur Sexbombe«. Ja, das war wirklich sein Plan. Er wollte mich zur Superhure machen, darum die schmerzvolle »Ausbildung«; auch Sadomaso habe ich bei ihm gelernt und was man so alles mit »Natursekt« und »Kaviar« macht. Ekelhaft. Aber für Heinz war alles gut, was Geld brachte, viel Geld. Zum schönen Schein der Superhure gehörte auch das rote Mercedes-Cabrio, das von meinem Geld angeschafft wurde, das aber Heinz fuhr. Was nicht so ganz zur Nitribitt gepasst hat.

23. November 2011 – »Mainwelle«, Korrespondentenbericht 8.41 Uhr:

»Da sitzt die Hauptzeugin, 1,80 groß, schlank, immer schwarz gekleidet an drei Tagen nahezu 20 Stunden auf dem Zeugenstuhl, wird mit Fragen

eingedeckt und beantwortet alles nicht nur flüssig, sondern auch schlüssig. Sie drückt sich gut aus, beeindruckt mit Schlagfertigkeit, und jeder, der zuhört, kann es nicht packen, dass die Frau, wie es Zeitungsreporter geschrieben haben, im Hurenhaus eingesperrt war und die Sexhölle durchlebt hat.«

Moderator: »Geht es hier um Hörigkeit? Hat das Gericht dafür eine Erklärung?«

Horst Mayer: »Dass sie mit psychischen Mitteln von dem Angeklagten eingeschüchtert worden ist. Ja, die Hörigkeit kann sich mit dem Lebenslauf der Zeugin erklären lassen. Dass sie sich schon in der Pubertät mit ihrem Elternhaus überworfen hat, sie hatte schon als Teenie Nervenzusammenbrüche, sie litt an Bulimie und hat im Alter von 14 Jahren ein Verhältnis mit dem Angeklagten begonnen, der damals Besitzer eines Pferdehofs war. In den Folgejahren soll sich der Angeklagte zur einzigen Vertrauensperson der Zeugin entwickelt haben. Isoliert von Freunden und Familie, hat das junge Mädchen, die junge Frau, ihr Leben, ihre Zukunft in die Hände eines mutmaßlichen Zuhälters gelegt. So ließen sich jedenfalls die Aussagen interpretieren.«

Heute, am 28. November, müsste ich eigentlich eine Klassenarbeit in Deutsch schreiben. Aber ich bleibe zu Hause, um den Prozess am Radio zu verfolgen. Die Klassenarbeiten, die ich versäume, kann ich praktischerweise immer samstags nachschreiben. Ich musste das jetzt schon ein paarmal so machen. Weil ich ständig krank bin, denn der Gerichtsprozess geht mir sehr nahe. Mein Körper ist ausgelaugt und braucht eigentlich Ruhe. Ich kann mir einfach nicht vorstellen, in der Schule zu sitzen, während im Justizpalast über mein Leben verhandelt wird. Darum muss ich wenigstens vor dem Radio sitzen, mein Handy aufnahmebereit in der Hand.

Ich weiß ja, dass ich heute zu Hause bleibe. Darum habe ich gestern Nacht ein Bier mehr getrunken. Dann kommt der Anruf von der Kripo, der Richter hat noch eine Frage, sie holen mich gleich ab. Verdammt! Ich haste ins Bad, suche mir ein paar Klamotten aus dem Schrank, und da klingelt es schon. Die Hausmeisterin von oben bekommt Stielaugen, als mich zwei hochgewachsene Männer im zivilen Polizeiauto abholen. Es geht um mein Häuschen in Grafengehaig, ganz in der Nähe vom Schloss der Guttenbergs. Ich hatte es 2006 für Renate gekauft, sie hatte sich so verliebt in das alte Bauernhaus, und ich hatte ziemlich genau die Summe vor Heinz versteckt und schon die ganze Zeit Angst, dass er dahinterkommt und mir die 27 000 Euro wieder wegnimmt. Da konnte ich es genauso gut in ein Häuschen für Renate stecken. Meine »Big Mama«, mein Muttersatz.

Die Kripobeamten hatten im Vernehmungsprotokoll etwas nebulös formuliert, ich hätte damals »knapp 30 000 Euro für die Zukunft angelegt«, damit meine dortige Adresse geheim bleiben konnte. Heinz' Anwalt war dahintergekommen und ich musste deshalb noch einmal aussagen. Die Sache lässt sich zum Glück schnell aufklären. Ich bin froh, wieder in meiner Wohnung zu sein. Ziehe die dunklen Vorhänge zu und stelle das Radio an.

Der Richter will jetzt an allen Werktagen zwischen Weihnachten und Neujahr verhandeln. Im Radio spekulieren sie trotzdem darüber, ob der Prozess erst im nächsten Jahr zu Ende geht. An dem Tag, an dem ich noch mal schnell zur Aussage geholt werde, gibt es noch eine sehr wichtige Zeugin. Ich höre mittags im Radio, was der Chefreporter der »Mainwelle« darüber berichtet. Und mir laufen dabei die Tränen über das Gesicht – meine Lehrerin Mrs. Miller war im Zeugenstand.

28. November 2011, Radio »Mainwelle«,12.42 Uhr, zum neuesten Stand im Verfahren Club Erotica:

Horst Mayer: »Es hat eine ganz wichtige Frau ausgesagt, eine Frau, die offenbar ganz entscheidend dafür gesorgt hat, dass der Fall überhaupt an die Öffentlichkeit gekommen ist und dass in diesen Wochen verhandelt wird. Und das ist eine frühere Lehrerin dieser Prostituierten, die hat im Jahr 2008 aus heiterem Himmel einen Anruf bekommen von ihrer ehemaligen Schülerin, und sie hat die Hilferufe nicht überhört. Und ihre ehemalige Schülerin, die ins Rotlichtmilieu abgeglitten war, hatte gelernt, ihr zu vertrauen, sich ihr anzuvertrauen. Das waren die ersten Schritte der Prostituierten, Kontakt nach draußen aufzunehmen, diesem Milieu zu entkommen. So hat es die Lehrerin heute Morgen in einer fast zweistündigen Aussage geschildert. Ein weiterer Paukenschlag in diesem sowieso schon aufsehenerregenden Prozess. Die ehemalige Lehrerin hat es geschafft, die junge Frau aus der Sexhölle zu befreien. Deren Familie hat es nicht geschafft, die Polizei hat es nicht geschafft, und die Behörden haben es auch nicht geschafft.«

Moderator: »Kann man davon ausgehen, dass diese Aussagen den Angeklagten zusätzlich stark belasten?«

Mayer: »Sehr belastende Aussagen. Wer da heute Morgen zugehört hat, der kann nur den Eindruck gewonnen haben, ja, diese Frau ist mit allen möglichen Mitteln so beeinflusst worden, dass sie diesen Job jahrelang gemacht hat. Diese Lehrerin hat mitbekommen, wie ihre ehemalige Schülerin misshandelt wurde. Sie hat mitbekommen, wie krank diese Frau im Jahr 2008 gewesen ist. Sie war schwer alkoholabhängig, bulimiekrank und auch sonst in einem katastrophalen Zustand. Und das alles hat sie dem Gericht sehr bewegend geschildert. Es habe ein unfassbares Abhängigkeitsverhältnis zwischen der Frau und ihrem Zuhälter gegeben. Man habe fast den Eindruck gehabt, dass in der Frau zwei Persönlichkeiten gewohnt hätten. Die eine wollte unbedingt weg aus dem Bordell, die andere sei eingeschüchtert und hörig gewesen.«

Meine Schwester und Kommissar Merkel waren im Prozess und nach der Verhandlung haben sie noch mit Mrs. Miller gesprochen. Sie hat ihnen ein Geschenk für mich mitgegeben. Mein kleines schwarzes Schäfchen, das ich ihr einmal geschenkt habe. Sie brauche es nicht mehr, hat sie ihnen gesagt, ich bräuchte es jetzt sicher viel mehr. Conny bringt mir das Schäfchen mit, und ich kann kaum etwas sagen, bin überwältigt von meinen Gefühlen. Ich freue mich so sehr über ihr Geschenk, aber ich kann nur weinen, ich weine, bis ich ins Bett gehe, und weine mich dann in den Schlaf, das Schäfchen fest in meinem Arm.

Das Gericht hat im Dezember noch an sechs Verhandlungstagen viele Zeugen gehört. Heute, am 29., gibt es die Plädoyers. Der Richter will fertig werden. Alle sind gespannt auf das Schlusswort des Angeklagten. Eigentlich hätte er das gestern schon halten müssen. Doch sein Anwalt bat noch mal um einen Tag Aufschub, sein Mandant müsste sich noch überlegen, was zu sagen ist. Daraufhin soll es höhnisches Gelächter gegeben haben. Normalerweise weiß man schon zu diesem Zeitpunkt, was man sagen will. Aber gut.

Der Staatsanwalt hatte zu Beginn des Prozesses zehn Jahre gefordert. Die Höchststrafe. Der Gutachter Adorf, Facharzt für Psychiatrie und Psychotherapie aus Würzburg, sprach sich in seinem forensisch-psychiatrischen Gutachten für anschließende Sicherungsverwahrung aus – der Mann sei eine Gefahr für die Allgemeinheit. Er hält Heinz für einen Sadisten.

Das Gutachten kann ich erst Wochen später lesen: Demnach liegt bei Heinz eine »dissoziale Persönlichkeitsstörung in Verbindung mit emotional-instabilen sowie reizbar-explosiven und sadistischen Zügen« vor. So eine Persönlichkeitsstörung zeige sich in der großen Diskrepanz zwischen dem Verhalten des Untersuchten und geltenden sozialen Normen. Die Betroffenen hätten eine geringe Frustrationstoleranz und die Schwelle für gewalttätiges Verhalten sei niedrig. Sie wären unfähig, Schuldbewusstsein zu zeigen und aus Erfahrungen zu lernen. Das gelte auch für Therapien. Solche Menschen hätten die Neigung, andere zu beschuldigen für etwas, das sie selbst getan haben. Heinz erfülle all die Kriterien einer dissozialen Persönlichkeit.

Ich darf immer noch nicht in den Prozess. Das ist so ungerecht. Niemand hat mir das vorher gesagt; ich dachte, ich sage ohne Heinz' Anwesenheit aus und kann dann an der Verhandlung, wenigstens an der Urteilsverkündung teilnehmen. Ich will meinen Mann doch noch einmal sehen. Nur einmal noch sehen.

21

Das Urteil

Morgen ist der Tag, dann wird das Urteil gesprochen. Und ich bin innerlich wie zerrissen. Wie tot. Alle um mich herum möchten, dass Heinz am besten gar nicht mehr aus dem Gefängnis kommt. Und ich? Ein Teil von mir sieht das so wie alle um mich herum: Er gehört eingesperrt, nur so bin ich frei und in Sicherheit. Der andere Teil von mir trauert. Ja, ich bin unendlich traurig. Ich will doch gar nicht, dass er eingesperrt wird. Ich will mich doch nicht an ihm rächen. Und ich möchte ihn so gerne noch einmal sehen. Bei der Urteilsverkündung morgen habe ich noch mal die Gelegenheit. Hoffe ich.

Meine Familie und Freunde versuchen, mich abzulenken, sie kommen zum Kaffeetrinken, sie holen mich zum Essen ab. Im Radio höre ich, dass der Staatsanwalt in seinem Plädoyer am Ende des Verfahrens erneut zehn Jahre Haft fordert. Zehn Jahre Gefängnis, ich kann mir gar nicht vorstellen, Heinz so lange nicht zu sehen.

Heute Morgen wurde mir gesagt, dass ich auch heute nicht in den Prozess darf. Ich will ihn doch noch einmal sehen, nur einmal. Meine Anwältin hat alles versucht, aber es geht nicht. Das ist ganz furchtbar für mich. Da drinnen wird ja auch über mein Leben verhandelt, es ist meine Geschichte – und ich muss draußen bleiben. Meine Familie,

Freunde, alle gehen in den Prozess. Connys Freund bleibt bei mir. Es gibt nur noch eine Möglichkeit, Heinz zu sehen. Auf dem Hof hinter dem Gericht, wenn er in den Gefangenentransporter steigt.

Wir warten in der Nähe des Gerichts. Der Anwalt von Heinz hielt morgens noch sein Plädoyer. Nun will der Richter das Urteil verkünden. Conny informiert mich per SMS aus dem Gerichtssaal: Neun Jahre hat Heinz bekommen. So lange! Ich kann mich nicht freuen wie meine Schwester. Alle hätten sie sich an der Hand gehalten, als der Richter das Urteil im »Namen des Volkes« verkündet hat, schreibt sie mir, und dass der Vorsitzende Richter Eckstein noch immer die Begründung vorliest. Conny und alle anderen haben auf ein so hartes Urteil gehofft. Deren größte Angst war es, dass Heinz mit einer Bewährungsstrafe davonkommt oder einer kurzen Haftstrafe, die mit der Untersuchungshaft abgegolten ist.

Per SMS erfahre ich Bruchstücke aus der Urteilsbegründung. Das Gericht hat nicht die geforderte Höchststrafe von zehn Jahren verhängt, weil Heinz einen Teil der Taten dann doch noch eingeräumt hat. Er hat zugegeben, dass er mich zur Prostitution gebracht hat und dass ich ohne seinen Einfluss wohl nicht Prostituierte geworden wäre. Zum Teil hat er auch gestanden, Geld von mir bekommen zu haben. Und er will sich in einem Brief bei mir entschuldigen.

Irgendwie bin ich erleichtert. Er sieht es also ein, was er mir angetan hat. Endlich. Das tröstet mich irgendwie. Hoffentlich schreibt er mir bald. Dann gibt es doch noch eine Verbindung. Vielleicht empfindet er noch was für mich? Und ich? In seiner Begründung sagte der Richter, dass er den Eindruck hätte, ich liebe Heinz noch immer. Und er hat recht. Heinz gehört immer noch ein Teil meines Herzens, ich kann mir gar nicht vorstellen, wie es ist, ohne ihn zu leben.

Ich kann nichts dagegen machen: Ich vermisse meinen Master und König. Er hat mir so viel angetan, aber ich vermisse ihn trotzdem und fühle mich jetzt schuldig an seinem Schicksal. Die Kripobeamten, mit denen ich so viele Stunden gesprochen habe, meinen, ich hätte das Stockholm-Syndrom. Danach verbünden sich die Opfer mit ihrem Täter. Keine Ahnung. Sie raten mir zu einer Therapie. Dringend. Ich weiß nicht, wie es weitergehen soll. Was nach dem heutigen Tag kommt. Ich bin so wahnsinnig durcheinander. Und er fehlt mir so unendlich, weil ich mich an ein Leben ohne ihn nicht erinnern kann. Er war immer da.

Kurz vor 13 Uhr fahre ich mit Connys Freund los, zum Hof hinter dem Gericht. Ich sitze hinten im Auto und starre auf den Ausgang des Gerichts. Conny schreibt eine SMS:

Der Richter ist gleich fertig.

Mein Herz schlägt wie verrückt. Ich starre weiter auf den Ausgang und sehe ihn, endlich … Das ist nicht mehr der Heinz, den ich kenne. Da schlurft ein alter Mann mit Hand- und Fußfesseln zu einem dunkelroten Bulli, der hinten vergittert ist. Ich bin wahnsinnig erschrocken, wie sehr er gealtert ist in dieser kurzen Zeit. Ich muss weinen und kann mich kaum beruhigen. Inzwischen ist Conny gekommen, sie versucht, mich zu trösten. Doch dann muss ich mich um meine Schwester kümmern. Als der Gefangenentransporter wegfährt, klappt sie zusammen. Ihr Freund fängt sie auf. Meine kleine, starke Schwester. Das war alles zu viel für sie.

Jetzt kommen die anderen aus dem Gericht, ihre Gesichter strahlen. Meine Mutter nimmt mich in den Arm, dann mein Vater. Für sie alle ist es ein schöner Tag, nur ich bin unendlich traurig. Ich kann mich nicht freuen.

22

Ein Ordner voller ungelesener Briefe

Wir haben inzwischen Herbst 2018, ich arbeite bereits seit vier Jahren mit Barbara Schmid an dem Buch und hole für sie etwas aus meinem Keller, was ich mir bisher selbst noch nicht ansehen konnte: einen grauen Aktenordner, den ich vor langer Zeit beschriftet habe mit »Briefe und Postkarten, Eltern und Geschwister, ab 2001«.

Heinz hat immer versucht, Briefe und Päckchen an mich abzufangen. Er hat sie dann in die Auffahrt zum Haus meiner Eltern geworfen und sich einen Spaß daraus gemacht, wenn alles im Dreck gelandet ist. Aber er konnte es nicht verhindern, dass ich einen Teil der Post auch selbst ganz normal aus dem Briefkasten am Club genommen habe, wenn er es vergessen hatte oder nicht da war. Briefe erreichten mich auch über meine Frauenärztin; meine Eltern wussten ja über die Abrechnungen für die private Krankenversicherung, dass ich immer noch bei ihr in Behandlung war. So bekam ich auch Briefe in die Hand, die mein Vater an Heinz geschrieben hatte. So wie diesen vom 3. Dezember 2001, der erste, den ich in diesem Ordner abgeheftet habe:

Sehr geehrter Herr Hütter!

Auch im Interesse meiner Tochter bitte ich Sie, mir die Möglichkeit zu verschaffen, mit ihr an einem Ort Ihrer Wahl unter vier Augen persönlich zu sprechen. Ich verspreche ihr, keinerlei Zwang auf sie auszuüben und auch keine Polizei einzuschalten. Ich möchte sie nur nach eineinhalb Jahren einmal sprechen und aus ihrem eigenen Mund hören, wie es ihr geht und ob sie diese Sache freiwillig macht …

Hochachtungsvoll

Die Briefe meines Vaters, das fällt mir heute auf, als ich den Ordner in die Hand nehme, waren am Anfang noch geschäftsmäßig höflich, ganz im Duktus des Rechtsanwalts, wie es im Briefkopf meines Vaters steht. Mit den Jahren gab es keine Höflichkeitsfloskeln mehr, aber immer noch sachliche Schreiben, wenn es etwa um meine Krankenversicherung ging, die mein Vater die ganzen Jahre weiter für mich bezahlt hat. In der Anlage, ganz mein Papa, die Zahlungsbelege von der Versicherungskammer Bayern.

Damals war es mir nicht möglich, die Briefe und Postkarten zu lesen. Es war einfach zu schmerzhaft für mich. Um mich selbst zu schützen, habe ich damals versucht, meine Familie aus meinem Kopf zu löschen. Ich wollte nicht noch mehr verletzt werden von ihr. Ich erinnere mich daran, dass ich anfangs ein paar Mal angefangen hatte, ihre Briefe zu lesen. Doch dann musste ich unendlich weinen und es überkam mich eine große Traurigkeit. Es war jedes Mal ein Stich ins Herz, wenn ich die Handschrift meiner Mutter auf einem Briefumschlag gesehen habe, ihre große ordentliche Schrift. Eine Zeit lang hatte sie blaues Briefpapier, das hat mir schon von Weitem den Rest gegeben. Und ich habe bis heute noch nicht alles gelesen. Damit sind so viele traurige Erinnerungen verbunden. Ich kann das einfach noch immer nicht.

Wegwerfen mochte ich die Briefe damals nicht, darum hatte ich sie versteckt vor Heinz. Als ich 2014 angefangen habe, mein Leben zu ordnen, fielen mir die Briefe und Postkarten wieder in die Hände. Ich habe sie dann gelocht und in den grauen Ordner eingeheftet. Der stand bis zu dem Tag, an dem Barbara Schmid danach gefragt hat, im Keller, mit vielen anderen Aktenordnern, mit denen ich versuche, Ordnung in mein Leben zu bringen. Ich bin ein Ordnungsfan, vielleicht schon fanatisch. Es regt mich auf, wenn nicht alles an seinem Platz liegt. Unordnung kann ich nicht ertragen. Wenn ich heute vom Einkaufen oder dem Tanken komme, werden die Quittungen sofort gelocht und abgeheftet. Mein Keller ist ein einziges Aktenlager.

Als ich mit Barbara Schmid meine Eltern besuche, sehen wir uns die Ordner meiner Mutter an. Wir setzten uns damit auf die Eckbank in der Küche, dort, wo wir früher als Kinder mit ihr gesessen hatten. Als ich meine Mutter nach den zehn Briefen fragte, die mir Heinz in den ersten Wochen unseres Verschwindens diktiert hatte, schaute sie mich verständnislos an. Auch mein Vater wusste nichts von den Briefen. Heinz hat mich betrogen, auch hier. Wie gemein. Wegen der ausgebliebenen Antworten habe ich doch die ganzen Jahre geglaubt, meine Familie will nichts mehr von mir wissen. Ich erzählte meinen Eltern, was ich ihnen in den Briefen geschrieben hatte. Dass ich damals gehofft hatte, sie würden mir doch noch glauben, dass der Mann auf dem Reitstall, der Mandant meines Vaters, übergriffig zu uns Mädchen war. Ich erzählte ihnen, warum mich die Geschichte als Jugendliche furchtbar aufgeregt und mein Gerechtigkeitsempfinden tief verletzt hatte. Als ich meinen Eltern die Vorkommnisse als Jugendliche erzählt hatte, haben sie mir nicht geglaubt und dachten – was ich heute gut nachvollziehen kann –, Heinz wollte mich für seinen Rachefeldzug instrumentalisieren. Er war es, der den Mann angezeigt hatte. Anonym, aber handschriftlich, und so stand schnell fest, wer die Anzeige erstattet hatte. Heinz hetzte mich damals auf, meine Eltern würden einem Alkoholiker und Kinderschänder helfen und hätten ihm sogar Geld geliehen, damit er seine Pferde auslösen konnte. Nur mir, mir würden sie nicht glauben.

Heinz musste damals eine hohe Geldstrafe wegen Verleumdung zahlen. Das habe ich aber erst viele Jahre später erfahren. Mir hatte er damals die Sache ganz anders erzählt: Die Richterin hätte gesagt, dass die Zeugin Katharina lügt, sie würde mich darum gar nicht anhören wollen. Da war ich nun schon wieder als Lügnerin bezeichnet worden – und Heinz hatte weiter in meiner verletzten Seele gebohrt und damit den Graben zwischen mir und meinen Eltern noch ein wenig mehr ausgehöhlt. Die Sache hatte all die Jahre zwischen mir und meinen Eltern gestanden. Heinz hatte das für seine Zwecke ausgenutzt. Nachdem ich die ersten drei Tage in Mannheim als Prostituierte gearbeitet hatte und es zu dem Streit um meine Einnahmen gekommen war, hatte er mich mit zurückgenommen. Aber wir wussten nicht, wohin mit mir, und ich musste mich im Wald verstecken. Damals, im September 2000, hatte ich großes Heimweh und war zwiegespalten. Ob ich nicht doch besser wieder nach Hause ginge? Ich wollte mich nicht prostituieren. Allein der Gedanke daran war mir unerträglich. Der Weg zum eigenen Reitstall erschien mir damals unendlich schwer, hinzu kamen die beängstigenden Umstände im Wald. Und die einsetzende Kälte.

Heinz hat die Gefahr damals erkannt, ich drohte ihm, von der Stange zu gehen, sein schöner Geschäftsplan wäre gescheitert. Darum hat er mich ermuntert, immer wieder Briefe an meine Eltern zu schreiben. »Wenn ihr mir endlich glaubt und euch entschuldigt, dann komme ich wieder nach Hause …« Das habe ich ihnen bestimmt zehnmal geschrieben, diktiert von Heinz. Die Briefe habe ich dann in ein Kuvert gesteckt, und Heinz hat sie zur Post gebracht, aber ich habe nie eine Reaktion meiner Eltern darauf bekommen. Dabei habe ich doch so darauf gehofft. Heute weiß ich, dass Heinz mich damals gnadenlos vorgeführt und keinen einzigen Brief wirklich eingeworfen hat. Mit meinen Hoffnungen auf eine Antwort meiner Eltern hat er gespielt und meine Enttäuschung für sich genutzt. Wie konnte ich ihm nur glauben, dass meine Eltern ausgerechnet ihm antworten würden und dass ausgerechnet er sich bei der Polizei als Vermittler im Streit zwischen mir und meinen Eltern angeboten hatte? Mein Leben wäre wahrscheinlich anders verlaufen, wenn es dieses Missverständnis nicht gegeben hätte. Mir und meiner Familie wäre viel Leid erspart geblieben.

Meine Mutter hat in ihren Ordnern nicht nur Kopien ihrer und meiner Briefe abgeheftet, sondern all die Briefe an Gott und die Welt, die sie damals geschrieben hat, in der Hoffnung, irgendjemand bringt ihr ihr Kind zurück. Da gibt es Dutzende Schreiben an Polizei, Staatsanwaltschaft und Gerichte. Da ist der Brief an den bayerischen Ministerpräsidenten, der damals Beckstein hieß, und an seinen Innenminister. Meine Mutter hat mit Opferschutz-Beauftragten, Frauenverbänden und Politikern korrespondiert – niemand hat geholfen. Ein paar Monate nach meinem Verschwinden bin ich volljährig geworden. Für die Behörden war ich damit selbst verantwortlich für mein Tun.

In den Ordnern befinden sich auch Schreiben von Anwälten, die Heinz damals eingeschaltet hat, um meinen Eltern jeden Kontakt mit mir zu untersagen: »Ihre Tochter ist volljährig. Sie haben also ihren Wunsch zu respektieren.« Ich erinnere mich daran, dass Heinz mehrfach mit mir bei Anwälten war, um solche Briefe zu unterzeichnen. Zu meinem Schutz sei das, hat Heinz immer gesagt, und ich habe ihm das geglaubt. Die wenigen Briefe, die ich an meine Eltern geschrieben habe, hat mir Heinz diktiert. Darunter auch den Satz, bei dem ich heute weinen muss: »Ich möchte lieber tot sein, als mich mit diesen Leuten noch mal an einen Tisch zu setzen.« Gemeint waren meine Eltern.

Wenn ich das heute lese, schäme ich mich dafür. Was müssen meine Eltern gedacht haben, wenn sie so einen Brief in meinem Namen bekommen haben? Wie weh habe ich ihnen damit getan? Ich war damals total hirngewaschen von Heinz. In einem Anwaltsschreiben vom Juni 2002 wurde meine damalige Haltung gegen sie gut wiedergegeben. Ich hätte die Entscheidung getroffen, »jeglichen Kontakt« abzulehnen, weil ich mich von ihnen gelöst hätte. Dass ich das bisherige Verhalten meiner Eltern als »Psychoterror« empfinde und bei einem Zusammentreffen fürchten müsste, sie würden mich unter »Anwendung von Gewalt« mitnehmen.

Mein Vater hat sich dadurch nicht abschrecken lassen. Das zeigt mir ein Brief, den er am 19. Juli 2002 an mich geschrieben hat.

Liebe Katharina!

Auch wenn Du mir durch Rechtsanwalt S. hast mitteilen lassen, dass wir jegliche Kontaktaufnahme mit Dir unterlassen sollen, werde ich als Dein Vater jede Gelegenheit nutzen, Dir zumindest einen Brief mit ein paar Bildern zukommen zu lassen. Ich glaube nicht, dass Du uns einfach aus Deinem Gedächtnis streichen willst und kannst.
Anbei ein Bild von der Hochzeit Deines Bruders. Wir hatten so gehofft, dass Du Dich wenigstens einmal meldest. Egal, was vorgefallen ist, Du wirst immer zu unserer Familie zählen. Keiner hat Dich abgeschrieben oder gar vergessen! Bis jetzt habe ich Dein Pferd nicht verkauft, sondern für Dich als Zeichen behalten, dass ich Dich als meine Tochter sehr vermisse. Übrigens lebt Deine Micki noch und Lux ist ein äußerst intelligenter und folgsamer Hund

geworden.
Ich warte immer auf einen Anruf von Dir. Und von mir hast Du nichts zu befürchten.

Viele liebe Grüße von allen!
Dein Vater

Meine Eltern und meine Geschwister haben in den Jahren nach meiner Flucht alles getan, um mich herauszubekommen. Es hat lange gedauert, bis ich das begriffen habe. Eigentlich konnte ich das erst nach meiner zweiten stationären Therapie in Potsdam verstehen, in der wir mein Verhältnis zu meinen Eltern bearbeitet haben und das, was Heinz mit seinen Manipulationen angerichtet hat. Die von ihm dressierte »Sonja«, sein Geschöpf, konnte nur Hass und Angst gegenüber ihren Eltern empfinden. Vor allem gegen meine Mutter. Und heute ist mir auch klar, warum das so ist. Meine Mutter hat um mich gekämpft, mit allem, was sie konnte. Sie hat ihn in aller Öffentlichkeit bloßgestellt, hat mit seiner Frau gesprochen. Ja, Heinz hat sie einmal sogar gewürgt, als sie zu ihm ging und einfach nur wissen wollte, wo ich bin.

Zu den »Sachen«, die Heinz meinen Eltern vor die Tür geschmissen hat, gehörte auch meine alte Katze Micki. Heinz hatte sich damals furchtbar aufgeregt, wie meine Mutter die schwer verletzte Katze in den Club bringen konnte. Als mir jetzt meine Mutter den Brief von damals zeigt, muss ich wieder mal ganz heftig weinen:

»Drück deine Micki noch mal fest an Dein Herz, dann kann Micki in Ruhe einschlafen. Lt. Tierärztin kann ihr nicht mehr geholfen werden. So zerfetzt wie Micki ist auch mein Herz. Ich hole sie in einer Stunde wieder ab, bitte ruf mich an, ich bin in der Nähe. Deine Mama.

Das war im Februar 2004, meine Mutter hat die Katze zum Club gefahren und Manfred von der Spielhölle nebenan gebeten, bei uns zu klingeln. Ihr als Frau hätte niemand aufgemacht. Heinz hat die arme Micki samt Korb und Brief bei meinen Eltern noch in der Nacht in den Garten geschmissen. Sie war von einer anderen Katze übel zugerichtet worden und starb ein paar Tage später. Ich konnte mich nicht von ihr verabschieden.

Heinz hat mir immer die Briefe an meine Eltern diktiert. Ich habe das damals nie infrage gestellt. Heute weiß ich, dass diese Briefe ein weiteres Mittel waren, um mich von meiner Familie zu entzweien. Auch der Abschiedsbrief kam so zustande.

Den hatte mir Heinz bei meinem Verschwinden Anfang September 2000 diktiert. Ein paar Tage später musste ich noch eine SMS an meine Eltern schreiben. Er hatte sich tierisch über den Polizeieinsatz auf seinem Hof geärgert, vier Polizisten suchten damals nach mir, und ich bin versteckt im Kofferraum seines BMW vom Hof gefahren worden.

Also den Bullen könnt ihr gleich mal sagen, sie können sich die Mühe sparen, mir ist nix passiert, bin freiwillig weg.

Eigentlich ist meine Mutter keine große Briefeschreiberin. Aber in den Jahren, in denen ich nicht da war, hat sie Dutzende Briefe an mich geschrieben. Es war ihre Art der Kommunikation mit mir, sie konnte ja nicht wissen, dass ich ihre Briefe fast nie bekommen habe. Und Mama konnte auch nicht wissen, dass ich die, die ich bekommen habe, nicht gelesen habe. Und viele konnte ich bis heute nicht lesen. Zu meinem 20. Geburtstag hat sie mir viele Seiten auf ihrem blauen Briefpapier geschrieben.

Liebe Katharina!

Du warst nicht mehr da. Kein Abschiednehmen! Kein Wort! Kein Händedruck! Keine Umarmung! Kein Kuss! Ich war Teile meiner Seele, meines Herzens beraubt. Für mich tat sich eine unendlich tiefe dunkle Dimension auf, aus der ich täglich neu herausfinden muss. Die innere Trauer um ein verlorenes Kind überschattet jedes Gefühl in mir.
Ich wünschte mir, Du könntest glücklich sein, glauben kann ich es nicht. Immer wieder stelle ich mir die Frage nach dem Warum? Nachts, wenn es keiner mitbekommt, lasse ich meinen Tränen freien Lauf. Du fehlst. Wenn Du an Deinem Leben etwas ändern willst, so helfen und unterstützen wir Dich mit unserer ganzen Kraft. Du brauchst vor niemandem Angst zu haben. In wenigen Tagen ist Dein Geburtstag und Weihnachten. Du bist herzlich eingeladen, diese Feste mit uns zu feiern. Wir holen Dich gerne ab, und wenn Du es möchtest, wir bringen Dich auch wieder zurück. Ruf uns einfach an. Wir würden uns so freuen. In Liebe, Deine Mama.

In einem anderen Brief schreibt sie über ihre Zweifel:

Hallo Katharina,

oft habe ich mir überlegt, was ich falsch gemacht habe? Habe ich Dich vernachlässigt? Habe ich Dich nicht genug geliebt? Doch mein Herz antwortet mir, dass ich Dich sehr wohl geliebt habe und es immer noch tue. Oft war ich so stolz auf meine Katharina, weil sie so willensstark und gradlinig war. Wenngleich es gelegentlich schwierig war, mit Dir und Deinem Dickkopf umzugehen. In der Pubertät hast Du Dich sehr verändert. Jemand hat in Dir eine Art Feindbild erzeugt, besonders gegen mich.

Aus meinem forschen, offenen, mutigen Mädchen wurde ein völlig in sich gekehrtes, zurückgezogenes Wesen. Irgendwann durfte ich an Deinem Leben nicht mehr teilhaben. Schließlich hast Du auch nicht mehr gehorcht. Die Situation, Deine Verschlossenheit, Unfolgsamkeit, Ärger in der Schule, Streit mit Deinen Freundinnen, war völlig neu für mich. Niemand sagte mir, wie ich damit umgehen sollte.
Du hast mich nicht mehr als Deine Mutter, sondern als Deine Feindin betrachtet. Das hat mich sehr, sehr traurig gemacht. Alle Beratungsmöglichkeiten, die ich aufsuchte, schlugen fehl. Niemand kannte die Ursache für Dein Verhalten. Zu spät erfuhr ich von den Machenschaften dieses Mannes, der Dich, ein blutjunges Mädchen, verführt hat. Vermutlich habe ich auch falsch darauf reagiert.
Die eigene Tochter in Hörigkeit und Abhängigkeit eines solchen Menschen zu wissen, bedeutet für eine Mutter und auch für die ganze Familie eine unbeschreibliche Qual.
Lass uns bitte ganz unverbindlich miteinander sprechen. Ich werde nichts von Dir verlangen. Vielleicht können wir ja mal miteinander Kaffee trinken oder essen gehen. Keine Angst, ich tue Dir schon nichts. Solltest Du Dich nicht melden, gehe ich davon aus, dass er Dich dort gewaltsam festhält und arbeiten lässt!!! Bitte sprich mit mir. Unsere Tür ist immer offen für Dich. Du bist und bleibst unsere Tochter, die wir lieben. Mama

Und immer wieder die Frage nach dem Warum:

Katharina,

erklär mir doch bitte, warum Du weggegangen bist. In Deinem Abschiedsbrief schreibst Du, dass zwischen uns alles kaputt war.

Jeder, der etwas getan hat, sollte die Chance bekommen, sich zu verteidigen. Warum dürfen wir das nicht?
… Dieser Mann denkt nicht an Deine Bedürfnisse. Du bist für ihn so was wie eine Lebensversicherung. Er tritt Deine Menschenwürde mit Füßen. Solange Du für ihn von finanziellem Nutzen bist, lässt er nicht von Dir ab. Er hat Dich willenlos gemacht, abhängig und hörig. Das ist auch der Grund, weshalb Du keinen Kontakt zu Deiner Familie haben darfst, weil wir Dir die Wahrheit sagen könnten.
Ist er Dir gegenüber auch schon gewalttätig worden? Für mich gehört er zum menschlichen Abschaum. Wir stehen zu Dir, wir bieten Dir alle Hilfe an. Katharina, man kann das Leben auch aus einer anderen Perspektive betrachten und froh darüber sein, dass es jemanden gibt, der für einen kämpft, Deine Mama.

Immer wieder hat sie mir Fotos geschickt: mein großer Bruder bei seiner Hochzeit, mein großer Bruder mit seinem Baby, der 90. Geburtstag meines Opas mit einem Gruppenfoto, mit Angaben zu allen Teilnehmern.

Liebe Katharina, Dein Opa ist 90 geworden, ich schicke Dir ein paar Fotos von seinem Geburtstag. PS: Er würde sich sehr freuen, wenn Du ihm nachträglich gratulieren würdest.

Im Mai 2004 kam ein besonders umfangreicher Brief von ihr an:

Liebe Katharina,

… was meinst Du, wie weh es tut, wenn man als Mutter mit ansehen muss, wie sein eigenes Kind ins Unglück rennt? Du warst von diesem Mann so beeinflusst, von den Pferden, von dem Leben auf

dem Hof, von der großen Freiheit, die er Dir versprochen hatte, die aber zu einer Art Gefangenschaft führte. Du besitzt keine Freiheit mehr, keinen freien Willen, Dir fehlen mittlerweile die grundlegenden Menschenrechte. Das tut mir sehr, sehr leid für Dich.
Ich werfe mir vor, dass ich nicht erkannt habe, welch großes Leid er über Dich und uns bringen sollte. Ich ahnte nicht, wie furchtbar schlimm das werden würde. Glaub mir, alle Bemühungen, die wir unternahmen, waren für Dein Wohlergehen gedacht. So blieb uns im Herbst 1999 doch nichts anderes übrig, als ihn anzuzeigen. Der benahm sich wie ein Pädophiler …
Als Du im September 2000 weg warst, sind wir behördenmäßig von »Pontius zu Pilatus« gelaufen. Niemand konnte uns helfen. Die haben Dich als Erwachsene eingestuft, die freiwillig gegangen war. Die waren nicht einmal in der Lage, ein Gespräch mit Dir zu arrangieren. Wenn ich wenigstens aus Deinem Mund die Beweggründe erfahren hätte, das hätte mich die Situation vielleicht eher verkraften lassen. Aber so war ich immer im Zweifel. Solch ein Schmerz ist kaum zu verkraften, so etwas ist fast noch schlimmer als der Tod. Sein Kind auf so eine Art zu verlieren, bedeutet unbeschreibliches Leid.
Wenn ich ganz verzweifelt bin, dann bete ich darum, dass Dir ein guter Mensch begegnet, der Dich fürsorglich an die Hand nimmt und Dich auch ein Stück vom Glück spüren lässt.
Vielleicht können wir uns doch einmal treffen, vielleicht in einem Café in Bayreuth? Du brauchst keine Angst vor mir zu haben. Ich möchte doch nur in Ruhe mit Dir reden. Für mich bleibst Du meine Tochter, der immer ein Stück meines Herzens gehört. Es grüßt Dich ganz lieb Deine Mama.

In meinem Ordner finden sich auch ganz viele bunte Postkarten – Urlaubsgrüße meiner Eltern, sie wollten mich irgendwie weiter an ihrem Leben teilhaben lassen, in der Hoffnung, mich irgendwann aus dieser Gefangenschaft lösen zu können. Mich hatten die Karten aus der Türkei, Mallorca, Italien oder dem Pustertal genervt. Außerdem wartete ich zumindest in der ersten Zeit immer noch auf eine Antwort auf meine zehn Briefe.

Per Post kamen auch immer wieder Ankündigungen, wegen wichtiger Termine nach Bayreuth zu müssen. Und, dass meine Mutter dort zwei Stunden lang in einem Einkaufszentrum auf mich warten würde. Natürlich hat sie dort vergebens auf mich warten müssen. Ich hatte auch das nicht gelesen.

Meine Mutter, sie hat wirklich alles versucht, eine Verbindung zwischen uns herzustellen. Sie schickte mir nicht irgendwelche Grußkarten, sondern welche mit Bildern, die mich an die guten Zeiten erinnern sollten. Etwa mit dem »Mädchen mit Taube« von Picasso, von dem ein schöner Druck zu Hause über dem Klavier hing, auf dem ich so gerne gespielt habe.

Hallo Katharina,

wenn ich nur die richtigen Worte finden könnte, Worte, die Dein Herz erreichen. Seit vielen Jahren haben wir nichts mehr voneinander erfahren. Jeden Tag denke ich an Dich, schließe Dich ein in mein Gebet und frage mich, wie es Dir wohl geht?
Diese Ungewissheit zermartert mich. Der Kummer drückt mich immer tiefer. Eine schwere Krankheit obendrauf verstärkt in mir noch das Gefühl unsäglicher Traurigkeit.
Ich möchte Dich so gerne einmal sehen, Dich in die Arme nehmen und ganz fest halten. Wenn Du mir dann ehrlich sagst, Dein Leben ist für Dich in Ordnung, dann kann ich auch wieder nach vorne blicken, es akzeptieren oder Dir irgendwie helfen.
Wir hatten doch eine schöne Zeit in unserer Familie.
Es grüßt Dich Deine Mama

Den Brief hatte sie mir im Mai 2008 geschrieben, und heute weiß ich, dass meine Mutter damals unter schweren Depressionen litt, mehrere Hörstürze hatte und sich therapeutisch behandeln lassen musste. Ohne ihre anderen Kinder, sagt sie heute, hätte sie nicht mehr weiterleben können. Sie hat es sich so gewünscht damals, morgens einfach nicht mehr aufzuwachen. Conny hat in dieser Zeit die Familie zusammengehalten, als meine Eltern am Ende waren.

Ich fand Ende 2008 erst langsam wieder zurück zu meiner Familie. Connys Geburtstag 2008 machte den Anfang. Die Briefe und Karten, die ich danach bekommen habe, spiegeln das wider. Im Februar 2009 war meine Mutter noch in einer Klinik, und ihre Karte liest sich schon viel optimistischer:

Hallo Katharina!

Hier hatte ich viel Zeit, über uns nachzudenken, und stellte fest, dass Du mir (uns) in den letzten acht Jahren sehr gefehlt hast. Ich habe Dich sehr vermisst. Und nun bin ich froh, dass Du den Weg wieder zu Deiner Familie entdeckt hast und wieder gegangen bist. Ich wünsche Dir viel Mut und Vertrauen auf Deinem weiteren Weg. Bleib stark!

Hab Dich lieb. Mama

23

Leben lernen

Das Jahr 2012 beginnt für mich mit einem großen schwarzen Loch. Der Prozess ist abgeschlossen, für den ich monatelang recherchiert habe. Es gibt keine Vernehmungen mehr, keine Besprechungen, nichts, gar nichts. Meine Tage haben keine Struktur mehr. Warum stehe ich eigentlich auf, für wen? Und was soll aus mir werden? Ich bin misstrauisch, jedem gegenüber: Ist Heinz wirklich verurteilt worden? Hat der Prozess wirklich stattgefunden? Ich war ja nicht dabei, ich musste draußen bleiben.

Eigentlich kümmere ich mich nur darum, dass mir der Biervorrat nicht ausgeht. Acht bis zwölf Flaschen brauche ich am Tag, und ich bin nicht in der Lage, selbst einkaufen zu gehen. Mein Freund Benni macht das für mich und schleppt mir die Kästen in die Wohnung. Benni kenne ich aus dem Club, er kam 2007 als Freier zu mir, und dann haben wir uns angefreundet. Er hat schnell gemerkt, dass ich das alles nur unter Zwang gemacht habe und, ja, manchmal wirklich zur Arbeit geprügelt wurde. Also hat er mir dann die Zeit bezahlt und wir haben uns unterhalten oder Schach und Poker gespielt. Er war nach meiner Befreiung immer da für mich. Wenn meine Schwester nicht konnte, ist er mit mir zu den Behörden gegangen, hat mich immer wieder aufgebaut, wenn es mir schlecht ging. Allein war ich ja gar nicht in der Lage, die einfachsten Dinge zu erledigen.

Wir alle wissen: Ich brauche eine Therapie. Aber das ist gar nicht so einfach. Conny schreibt sich die Finger wund, sie kennt inzwischen wahrscheinlich alle Trauma-Kliniken und -Therapeuten in ganz Deutschland. Keiner will mir helfen.

Darum hatten wir uns auch im letzten Jahr an den Weißen Ring gewandt. Für das Gespräch in der Schule hatten sie mir einen Ehrenamtler an die Seite gestellt, einen Sanitärinstallateur. Der schockte den Schulleiter gleich mit der Einleitung: »Frau M. hat als Prostituierte gearbeitet und ihr Zuhälter ist im Knast.« Ich wäre am liebsten im Boden versunken. Bei der Suche nach einem Therapeuten haben sie auch nicht geholfen und nur einen Scheck über 150 Euro für eine Erstberatung geschickt.

Eine Klinik in Dresden, spezialisiert auf Fälle mit sexualisierter Gewalt, würde mich nehmen, aber erst in 22 Monaten. Wie soll ich eine so lange Zeit überbrücken? Außerdem will ich gar nicht in eine Klinik. Für mich ist es ein Albtraum, allein die Vorstellung, Tag und Nacht unter fremden Menschen sein zu müssen. Ich habe so viele schlechte Erfahrungen mit den Entzugskliniken gemacht. Warum soll ich mir das freiwillig antun? Ich verkrieche mich in meiner Wohnung hinter zugezogenen Vorhängen oder bin bei meinen Eltern. Wir reden stunden-, nein tagelang.

Conny lässt nicht locker. Sie hat eine Klinik in Bad Kissingen gefunden, die mich nehmen würde. Sie packt mich am 17. Januar 2012 einfach in ihr Auto und fährt mich hin. Als wir dort ankommen, kann ich mit niemandem reden, muss nur weinen. Die Ärzte reden mit Conny, aus mir bekommen sie kein einziges Wort raus. Wir fahren wieder nach Hause.

Einen Monat später fährt Conny mit mir nach Bad Wildungen. Wieder eine Spezialklinik für posttraumatische Störungen. Wieder bekomme ich vor lauter Tränen kein Wort heraus. Die Ärztin dort ist mir vom ersten Augenblick an unsympathisch. Es hat keinen Sinn. Meine Schwester nimmt mich wieder mit zurück.

Zu Hause in Bayreuth droht mich alles zu ersticken. Ich warte vergeblich auf den Brief, den Heinz vor Gericht versprochen hat, zu schreiben. Dafür zeigt er mich bei der Steuerfahndung an. Eine dreiviertel Million hätte ich nicht versteuert. Ich hatte keine Ahnung von so was. Aber Unwissenheit schützt nicht vor Strafe. Das kann ganz schlimm für mich ausgehen. Am 16. Februar habe ich meinen ersten Termin bei der Steuerfahndung. Sie sitzen im Alten Schloss von Bayreuth und auf mich warten gleich drei Mitarbeiter. Wir reden fast drei Stunden lang, die drei Beamten wollen sich ein Bild von mir machen, und wahrscheinlich wollen sie auch wissen, ob man einer Prostituierten wie mir glauben kann. Wir haben noch viel Gesprächsbedarf in den nächsten Wochen. Ich mache nun das, was ich gerne tue. Listen anfertigen mit Einnahmen und Ausgaben. Zahlen, immer wieder Zahlen, die sind meine Welt, und auch hier merke ich, wie verblüfft die Steuerfahnder sind über mein Erinnerungsvermögen.

Inzwischen kommt das nächste Verfahren auf mich zu. Der »Kellermann« hat einen Anwalt gefunden, der mich auf die Rückzahlung meines »Kaufpreises« von 50 000 Euro verklagt. Hört das denn nie auf? Im Strafprozess haben die Richter verstanden, dass ich nichts dafürkonnte und nur die Erfüllungsgehilfin meines Masters war. Warum muss ich jetzt wieder vor Gericht? Ich muss lernen, dass es einen Unterschied gibt zwischen Straf- und Zivilprozessen. Der hier ist zivil – und der ganze Wahnsinn fängt noch mal von vorne an.

Meine Anwältin ist ganz optimistisch: »Das gewinnen wir locker, mit dem Urteil vom Landgericht im Rücken.« Ich bin mir da nicht so sicher. Ich bin völlig mittellos, meine Eltern helfen mir, aber irgendwann muss ich auf eigenen Beinen stehen, Abitur machen und einen

Beruf haben. Das dauert noch Jahre. Und auch das Verfahren um den »Kellermann« sollte noch Jahre dauern. Erst im Oktober 2018 sollte ich das Urteil bekommen: Es war ein durch und durch sittenwidriges Geschäft, so der Richter, ich muss keinen Schadenersatz leisten.

Mir ist so bang um meine Zukunft. Aber es gibt eine Idee, was einmal aus mir werden könnte. Ausgerechnet bei der Steuerfahndung haben sie mich daraufgebracht: Mein Verständnis für Zahlen und meine Genauigkeit haben den Beamten imponiert, mit denen ich zu tun hatte. »Warum kommen Sie nicht zu uns? Wir suchen Leute wie Sie.« Das freut mich. Endlich mal ein Lichtblick. Ich denke immer wieder an diesen Satz. Und ich suche ja wirklich nach einem Weg, was aus mir werden soll. Anfangs hatte ich eine Heidenangst vor der Steuerfahndung. Aber je länger ich mit ihnen kooperiert und gearbeitet habe, desto mehr hat es mir dort gefallen. Ja, ich kann mir wirklich vorstellen, dort zu arbeiten. Zahlen, Akten, das ist meine Welt.

Aber zunächst macht mir mein Körper einen Strich durch die Rechnung: Ich bin nur noch krank, an der Schule kann ich kaum teilnehmen. Wie soll ich da nur die Voraussetzung für die Aufnahme bei der Steuerfahndung schaffen? Im Mai bekomme ich dann noch einen beidseitigen Hörsturz. Wie meine Mutter, denke ich. Mir geht es hundeelend. In ihrer Verzweiflung reden meine Eltern und Conny mit einem Arzt, der ihnen in der Zeit meiner Gefangenschaft geholfen hat, soweit er konnte: Professor Walter Wagner, Chefarzt der Unfallchirurgie am Klinikum Bayreuth; in seiner Abteilung wurde ich ein paar Mal wieder zusammengeflickt. Ein großer Arzt mit einem noch größeren Herzen. Nebenbei ist er auch noch Arzt der deutschen Profiboxer. Er hatte meinen verzweifelten Eltern zwischendurch angeboten, mich mithilfe ein paar schwerer Jungs aus dem Club zu holen. Was meinen Eltern damals doch zu weit ging. Aber jetzt kann er helfen. Einer seiner Freunde ist Psychiater und arbeitet an einer Klinik in der Nähe von Berlin.

Am 13. Juni 2012 fahren wir dorthin. Walter und Conny bringen mich, vorher wurden noch in aller Frühe bei einer speziellen Metzgerei Leberwurstbrötchen für den Herrn Professor Wagner abgeholt. Ein paar Stunden später treffen wir Professor Robert Cielo auf der Terrasse, die zur Klinik gehört. Mir gefällt direkt, dass er keinen weißen Kittel trägt wie die anderen Ärzte, mit denen wir zu tun hatten. Er trägt schwarz, wie ich. Zuerst begrüßen sich die beiden Professoren überschwänglich, zwei alte Freunde, die sich lange nicht gesehen haben. Dann gibt es was zu essen. Und mir gefällt, dass mir dieser Psychiater einfach Zeit lässt. Erst nach dem Kaffee fragt er mich, ob wir miteinander reden wollen. Ich habe vom ersten Moment an Vertrauen zu ihm. Conny ist völlig verdutzt: »Sie sind der erste Arzt, mit dem sie spricht.« Ich fühle mich geborgen, er streckt seine Hand aus, und das verletzte Kind in mir hat sie genommen. Jetzt möchte ich bleiben, aber es geht nicht. Die Klinik ist voll. Es gibt erst im August einen Termin für mich. Wir sagen dennoch zu.

Am 1. August soll ich meine Therapie beginnen. Rechtzeitig vorher soll der Schlussbericht der Steuerfahndung Bayreuth vorliegen; als es so weit ist, fällt mir ein Stein vom Herzen. Ich muss 5000 Euro nachzahlen. Das ist für mich ein Vermögen. Aber es hätte viel schlimmer kommen können.

Conny und Mama bringen mich in die Klinik. Seit Tagen kann ich kaum schlafen, alles in mir ist in Aufruhr, fünf Wochen soll ich in dieser ungewohnten fremden Umgebung bleiben. Panik kriecht in mir hoch, als wir auf Berlin zufahren. Die Klinik liegt im Umland der Hauptstadt. Professor Cielo ist mir nach wie vor sympathisch, aber wie soll ich nur in dieser riesigen Klinik mit 300 Betten klarkommen? So viele fremde Menschen. Jede neue Situation macht mir Angst. Und hier soll ich jetzt fünf Wochen bleiben? Wie soll das gehen?

Wir haben meine Koffer im Zimmer 182 abgestellt; es ist groß und hat sogar eine eigene Terrasse. Mama findet das schön. Ich hätte lieber etwas abgeschlossenes, nichts, wo man von außen reinkommen kann, denke ich mir. Wir gehen raus in den Raucher-Pavillon und ich rauche. Conny und Mama schauen sich fragend an und verabschieden sich ganz schnell; sie haben wohl Angst, ich würde nicht hierbleiben. Damit liegen die beiden gar nicht so falsch. Mir laufen die Tränen über das Gesicht, als sie durch den Park weggehen und ihre Gestalten immer kleiner werden, bis ich sie nicht mehr sehen kann. Ich bin so einsam, so allein.

Ich mag niemanden anschauen. Was heißt »mag« – ich kann nicht. Vorsichtig gehe ich den Weg zurück in mein Zimmer. Andere Patienten gehen quatschend in Gruppen an mir vorbei, es ist Essenszeit. Aber ich kann dort nicht hin. Nicht in diesen riesigen Speisesaal mit den vielen Tischen. Ich habe Hunger und noch viel mehr Durst. Auf dem Zimmer steht Wasser. Aber ich brauche jetzt eigentlich was Stärkeres. Hier herrscht striktes Alkoholverbot. Und bald bekomme ich wieder Halluzinationen. Mein Körper giert nach Alkohol. Aber ich habe es Professor Cielo versprochen, nicht wieder zu trinken.

Die Albträume kommen, aber sie sind bei Weitem nicht so schlimm, wie ich es schon zweimal durchmachen musste. Ich fühle mich hier geborgen, bei Problemen darf ich jederzeit den Professor anrufen, er hat mir dafür seine Handynummer gegeben. Das gibt mir Sicherheit. Ich bete: »Lieber Gott, hilf mir. Bitte hilf mir, endlich wieder gesund zu werden.« Irgendwann kann ich dann einschlafen.

Eine Schwester bringt mich zu meinem ersten Therapiegespräch mit Professor Cielo. Und der wartet mit einer Überraschung auf mich: einem kleinen Steinbock. Er und ich sind vom Sternzeichen Steinbock, und das kleine Plüschtier soll mich hier begleiten, damit ich nicht allein bin. Es ist eine Leihgabe, sagt mir der Arzt, aber ich habe schon beschlossen, dass ich den kleinen Steinbock nicht mehr hergeben werde. Ich nennen ihn »Robbi«, nach Cielos Vornamen Robert.

Ich müsse an keiner Gruppentherapie teilnehmen, verspricht er mir. Normal wäre pro Woche ein Gespräch mit ihm, dem Psychiater und Psychotherapeuten. Dazu kämen drei Stunden Gruppentherapie. An der muss oder besser kann ich noch nicht teilnehmen. Dafür will der Professor dreimal pro Woche mit mir reden. Das Essen bekomme ich aufs Zimmer gebracht, solange es mir noch so schlecht geht. Als ich nach dem Gespräch mit ihm wieder auf meinem Zimmer bin, fühle ich mich erleichtert. Vielleicht kann mir hier wirklich geholfen werden.

Nach den ersten Tagen verstehe ich auch, was die Therapie bewirken soll: Cielo sieht mich als eine gespaltene Persönlichkeit. Da gibt es das verängstigte Kind, die dominante Sonja, das Geschöpf, das Heinz aus mir gemacht hat, und es gibt Katharina, den Menschen, der ich jetzt bin und der hier gestärkt herauskommen soll.

Und dann kommt etwas, das mich ziemlich aus der Bahn wirft. Heinz' Brief. Er hat ihn in meine Wohnung geschickt. Meine Eltern haben mir den Brief mitgebracht, damit ich ihn in der Klinik direkt mit dem Therapeuten bearbeiten kann. Sie haben lange überlegt, ob sie ihn mir wirklich mitbringen sollten, aber sich dafür entschieden, weil hier direkt die Möglichkeit zur therapeutischen Bearbeitung besteht und ich mich in einem beschützten Raum befinde. Eine Nachricht von IHM! Als ich den Umschlag in den Händen halte, in der mir so vertrauten großen, etwas altmodischen Schrift, klopft mir das Herz bis zum Hals. Es ist Wochenende, und ich schreibe dem Doc, wie ich Professor Cielo inzwischen nenne, eine SMS. Er rät mir, den Brief nicht zu öffnen und es mit ihm gemeinsam am Montag zu tun. Unentschlossen drehe ich den Umschlag in meinen Händen. Aber dann kann ich es nicht mehr abwarten und öffne ihn: Heinz schreibt nicht an Katharina, sondern an seine Kunstfigur: »Hallo Sonja.« Und von der vor Gericht angekündigten Entschuldigung – keine Spur. Das tut weh.* Heinz schreibt, dass ich ihm Briefmarken mitschicken soll, wenn ich ihm schreibe, damit er mir antworten kann. Er und ich seien die Dummen, mich hätten sie nur benutzt, um ihn ins Gefängnis zu bringen. Ihm ginge es gut im Gefängnis, er wisse ja, dass er unschuldig ist. Und das wisse ich auch! In mir kommen Schuldgefühle hoch. Was habe ich ihm nur angetan? Ich muss fürchterlich weinen. Wegen mir sitzt er im Gefängnis, nur wegen mir.

Durch seinen Brief ist alles wieder präsent, so, als würde er mit mir reden. In meinem Kopf höre ich seine Stimme, die Sätze, die er mir so oft gesagt hat: »Du und ich gegen die ganze Welt. Nur ich bin gut zu dir …« Und dann schreibt er am Ende des Briefes von Besuchszeiten – dienstags und donnerstags von 7.30 Uhr bis 13 Uhr. Wie ich einen Besuch bei ihm beantragen müsste. Er will mich sehen, er will mich wirklich sehen. Nach alldem, was ich ihm angetan habe? Ich bedeute ihm noch etwas! Und ich wünsche mir nichts mehr, als bei ihm zu sein.

Heute, beim Schreiben dieses Buches, weiß ich, dass er mit diesem Brief genau das erreicht hat, was er erreichen wollte. Er konnte mich damals aus seiner Haftzelle heraus noch immer so manipulieren wie in den elf Jahren, in denen er mich ausgebeutet hat. Sein Brief hat in mir wieder Schuldgefühle geweckt. Ich war ihm hörig, immer noch, er war mein Herr und Meister und König. Die Liebe meines Lebens. Ich war damals gar nicht in der Lage, den Brief als das zu empfinden, was er war: ein Angriff auf meine Psyche. In den Jahren darauf erreichten mich noch viele Briefe von ihm. Sie waren voller Vorwürfe und Anschuldigungen; kein Wort der Ent-

* Der Brief liegt uns beim Schreiben dieses Kapitels vor. Feinsäuberlich in Klarsichthülle gepackt, wie das Katharina mit all den Briefen getan hat, die sie vom Täter erreicht haben. Wir wollen nicht wörtlich daraus zitieren, um dem Täter nicht wieder einen Anlass zu Klagen zu bieten. So halten wir es auch mit seinen später zitierten Briefen.

schuldigung, keine Reue für das, was er mir angetan hat. Nicht er war der Täter, sondern ich die Schuldige. Irgendwann akzeptierte er, dass ich nicht mehr »seine« Sonja bin – er schreibt seither an Katha oder zuletzt auch an Katharina. Doch die Vorwürfe blieben. Ich hätte es den Frauen ermöglicht, viele Steuern zu sparen und schwarzzuarbeiten. Ich hätte gelogen. Alles nur Falschaussagen und das Gericht sei mir auf den Leim gegangen. Seine Verurteilung sei ein Skandal, schlimmer als der Fall Mollath. Ich hätte durch meine Sauferei alles kaputt gemacht. Ich hätte oft gar nicht gewusst, was ich gemacht habe, und so weiter und so weiter. Oft drohte er mir auch in seinen Briefen: Irgendwann käme er raus, und man sehe sich immer zweimal. Darauf freue er sich! Ich habe keinen seiner Briefe beantwortet.

Damals war ich noch nicht in der Lage, seine Briefe richtig einzuschätzen. Es bedurfte noch vieler Therapiesitzungen mit dem Doc. Seine Strategie war, meinen Kopf wieder umzuprogrammieren. Seine Kernsätze waren: »Ihr Leben gehört jetzt wieder Ihnen!« Und: »Ihr Körper gehört Ihnen!« Wieder und wieder hat er mir das gesagt, bis das fest in meinem Unterbewusstsein verankert war. Neben meiner Abhängigkeit von Heinz gab es ja auch noch die andere, lange lebensbedrohliche Abhängigkeit: die vom Alkohol.

Die Therapiestunden sind mühsam, aber ich weiß, dass mir das Ganze helfen wird. In einer Stunde fordert mich der Doc auf, meine Situation zu malen. Früher als Kind habe ich gerne gemalt. Jetzt sitze ich vor einem großen karierten Block, einen Bleistift in der Hand. Wie male ich das, was ich bin? Mir kommt ein großes Fragezeichen in den Sinn. Unten sitzt das verängstigte Kind mit dem kleinen Robbi auf dem Schoß. In der Mitte eine Figur, die mir ähnlich sieht, mit langen schwarzen Haaren. Und über der Frau kriecht Sonja am oberen Rand des Fragezeichens und versucht, nach einer Flasche Bier zu greifen. Die Flasche soll noch in ganz vielen der Bleistiftzeichnungen auftauchen, die ich in der Klinik anfertige. Manchmal ist sie riesengroß und erdrückt fast das kleine, verzweifelte Mädchen unter ihr, während sich Sonja trinkend und provozierend auf der Flasche räkelt.

Aus den fünf Wochen sind längst zwei Monate geworden. Der Professor verlängert meine Therapie immer um noch eine weitere Woche. Der Alkohol ist eine Gefahr, die ich noch nicht bewältigt habe. Und das wird auch noch dauern. Die ersten vier Wochen in der Klinik war ich wirklich trocken. Dabei haben mir auch ein paar neue Freundinnen geholfen, die mit mir hier angefangen haben. Ich habe sie am ersten Tag kennengelernt. Die Frauen reisen nun bald ab, nur meine Therapie dauert noch länger. Und sie werden übermütig, je näher ihr Abreisetag kommt. Sie reißen abends aus und gehen einen trinken, in den »Krug«. Die einzige Kneipe weit und breit und immer voller Patienten. Und ich gehe mit. Ich sehne mich so sehr nach einem Tapetenwechsel, nach ein wenig Spaß. Ich denke mir, ich trinke nur ein Gläschen, vielleicht zwei. Und das geht grandios in die Hose, denn es ist ausgerechnet das Wochenende, an dem mich Conny und ihr Freund in der Klinik besuchen kommen. Ich saufe durch und bin am nächsten Tag entsprechend drauf. Conny und ihr Freund sind völlig überfordert von der Situation. In dem Zustand wollen sie mich nicht in der Klinik lassen und nehmen mich mit in ihre Ferienwohnung.

Als ich meinen Rausch ausgeschlafen habe, bekomme ich mit, wie maßlos enttäuscht meine Schwester ist. Was habe ich ihr bloß mit dem gestrigen Abend angetan? Mir tut das unendlich leid, ich schäme mich. Das schöne Wochenende, das sie mit mir hier verbringen wollten – ich habe es total versaut. Wir sprechen kaum miteinander. Am Sonntag bringen sie mich zurück zur Klinik und fahren nach Hause.

Die Frauen-Clique reist am nächsten Tag ab, und ich nehme mir vor, jetzt wieder trocken zu bleiben. Aber es funktioniert nicht. Beim Rauchen treffe ich auf ein paar neue Patienten, alles Männer. Auch die nehmen es nicht so genau. Unter der Woche kann ich mich noch zusammenreißen, da sind schließlich auch die Gespräche mit dem Doc, und ihn will ich nicht auch noch enttäuschen. Aber am Wochenende sind die Therapeuten weg – und es wird gesoffen. Das nimmt solche Ausmaße an, dass sich die Anwohner über die vielen leeren Flaschen beschweren, die rund um den Park aus den Mülleimern quellen. Die Klinik lässt darum Mitarbeiter regelmäßig die Mülleimer um das Klinikgelände herum nach Flaschen absuchen, um sie zu entsorgen. Auch im Wald müssen sie unsere Flaschen zusammensammeln. In der Klinik wissen das alle. Das ist ein Wirtschaftsbetrieb, die Bilanzen müssen stimmen, und das klappt nur, wenn alle Zimmer belegt sind. Das Alkoholverbot besteht eigentlich nur auf dem Papier. Einmal stand ich mit ein paar trinkfreudigen Kumpels im Fahrstuhl, als eine Schwester hereinkam. Die Flaschen in einem der Rucksäcke haben ziemlich geklappert. Außerdem hatten wir alle eine mächtige Fahne. Passiert ist jedoch nichts. Die Schwester hat nicht mal mit der Wimper gezuckt.

Der Doc bekommt irgendwann natürlich mit, dass ich wieder trinke. Er verbietet es mir nicht, aber er macht mir deutlich, dass es in meiner Verantwortung liegt. Dass ich für mein Leben und meine Gesundheit verantwortlich bin. Und es tut mir immer sehr leid, dass ich mein Wort ihm gegenüber nicht halten kann. Weil der Drang nach Alkohol einfach stärker ist. Aber ich schaffe es wenigstens in der Woche trocken zu bleiben. Meistens.

Ich weiß inzwischen, dass es zwei, drei Jahre dauern kann, bis ich die alte Sonja für immer aus meinem Körper und meinen Gedanken verbannen kann. Und ich weiß auch, dass es harte Arbeit sein wird, damit wirklich fertig zu werden. Der Doc malt mir bei unseren Gesprächen meine Persönlichkeitsstrukturen auf: in der Mitte mein Ich, daneben drei Kreise verbunden mit einem Dreieck. Da sind wieder das Kind, Sonja und Katharina. Sonja, die so ganz anders ist als Katharina: eine selbstbewusste Frau, die Kümmerin, die Organisatorin, die Geschäftsfrau – aber halt auch die Alkoholikerin.

Später wird mir meine Schwester Conny erzählen, dass ich als Sonja auch ganz anders gesprochen und mich völlig anders verhalten habe. Sie hätte so immer erkannt, wenn Heinz wieder Kontakt zu mir hatte, etwa am Ende der Zeit in der Entzugsklinik in Bamberg. Plötzlich hätte ich mit veränderter Stimme gesprochen, sehr ordinär und aufgedreht. Ausländer seien nur Abschaum für mich gewesen und meine Ansichten ziemlich rechtsradikal. Eins zu eins Heinz, muss ich mir heute denken.

Katharina, so will es der Doc, soll lernen, ihr Leben in den Griff zu bekommen. Und ich bekomme Aufgaben gestellt, die mir zunächst unendlich schwerfallen. Bus fahren zum Beispiel. Mir wird schlecht, wenn ich nur daran denke, mit vielen Menschen in einem Bus zu sitzen oder in einer Straßenbahn. Was, wenn mich jemand anspricht? Wenn ich in die falsche Bahn einsteige? Wie komme ich dann wieder zurück? Ich bin ja noch nie mit öffentlichen Verkehrsmitteln gefahren, zumindest nicht in den Jahren, an die ich mich erinnere.

Beim Rauchen im Pavillon, den wenigen Gelegenheiten, bei denen ich hier mit Patienten zusammenkomme, habe ich Micha kennengelernt. Ein hochgewachsener, stattlicher Mann aus Hamburg, so um die 40 Jahre alt, mit psychosomatischen Problemen. Wir reden über meine Sorgen, und er will mir helfen: Micha fährt mit mir Bahn. Aber das ist gar nicht so einfach. Ich rutsche in dissoziative Zustände ab. Das heißt, ich bin nicht mehr Herr über meinen Körper. Die Situation überfordert mich komplett. Heinz hat mir immer eingeredet, alle Menschen würden mir nachschauen, weil ich sogar zu blöd zum Laufen sei, mit meinen krummen Beinen; ich könnte mich nicht verhalten wie ein normaler Mensch. Alle würden merken, dass ich bescheuert bin. Daran muss ich jetzt denken. Aber Micha beruhigt mich. Niemand schaue mir hinterher. Alles in Ordnung. Er bringt mir bei, wie ich eine Fahrkarte am Automaten ziehe. Er zeigt mir die Fahrpläne und wie man sie liest. Ich komme mir wirklich vor wie ein Mensch von einem anderen Stern.

Aus den fünf Wochen sind inzwischen drei Monate geworden, hier in der Traumaklinik. Und sie sollen mit einer Abschlussprüfung enden, hat mir der Doc heute eröffnet: Ich soll allein mit der Bahn von der Klinik über Berlin nach Bayreuth fahren. Unmöglich, denke ich mir, völlig unmöglich.

Dann ist der Tag da – und es geht viel schief. An diesem 23. Oktober 2012 stehe ich mit meinem Koffer am Bahnhof. Die Fahrt mit dem Bus von der Klinik hierher hat schon mal geklappt. Jetzt muss ich mit der S-Bahn nach Berlin fahren. Hier steige ich schließlich in den ICE nach Dresden, dort muss ich in den ICE nach Bayreuth umsteigen. Ich bin knapp dran und schaffe es nicht rechtzeitig zum Gleis 19 – und sehe den Zug nur noch beim Abfahren hinterher. Panik kriecht in mir hoch. Was soll ich jetzt machen? Ich bin völlig verzweifelt. Das übersteigt meine Kraft. Ich renne völlig aufgelöst am Bahnsteig hin und her. Mein schöner Plan und jetzt stimmt alles nicht mehr. Dem Doc schreibe ich eine SMS: »Was soll ich jetzt machen?« Der Doc hat Urlaub und liegt irgendwo in der Sonne an einem Strand in Portugal. Ich kaufe mir erst mal eine Flasche Bier. Als ich die getrunken habe, nehme ich meinen ganzen Mut zusammen und gehe zur Auskunft. Dort frage ich, mit welchem Zug ich weiterkomme.

Der nächste Zug, den ich nehmen kann, fährt nach Bratislava. Und ich habe die nächsten Stunden, die er bis Hof braucht, nur eine Angst: Ich darf nicht einschlafen, sonst bin ich völlig verloren. In Hof steige ich ein letztes Mal um. Nach neun Stunden bin ich endlich zu Hause in Bayreuth. Danach habe ich erst mal die Nase voll vom Zugfahren.

24

Neuanfang

Die Wochen und Monate danach versuche ich, mich wieder in der Schule zurechtzufinden. Meine Mitschüler und Lehrer hatten gar nicht mehr geglaubt, dass ich nach den drei Monaten in der Klinik noch mal zum Unterricht komme. Aber ich will unbedingt mein Abitur machen. In meinem Kopf gibt es immer noch den Traum von der Ausbildung zur Steuerfahnderin, dafür brauche ich Abitur. Das ist die Voraussetzung für den höheren Dienst.

Aber es fällt mir schwer, im Februar habe ich einen Nervenzusammenbruch. Bei einer Klassenarbeit in Deutsch verkrampft sich meine linke Hand so sehr, dass ich auch mit ihr nicht mehr schreiben kann. Ich bin völlig verzweifelt und fange an, zu weinen. Wie soll ich denn jemals Abiturarbeiten schreiben, wenn ich beide Hände nicht mehr benutzen kann?

Darum überlege ich schon, mich ein Jahr zurückstellen zu lassen, damit ich ein besseres Abitur schreiben kann. Doch dann kommt etwas, was mich völlig aus der Bahn wirft. Neue Briefe von Heinz. Seitenlange Briefe, voller Vorwürfe und Fragen. Ob ich kein schlechtes Gewissen habe? Ich hätte »Scheiße« erzählt und das Gericht hätte mir das alles abgenommen. Betrug, Falschaussagen, Lügen, Schwarzarbeit … alles hätte ich zu verantworten. Er schreibt auch ellenlange Briefe an meinen Anwalt.

Das alles weckt in mir wieder Schuldgefühle. Mein Weltbild, das ich mir in den letzten Monaten so mühsam erarbeitet habe – es stürzt in sich zusammen. Ich weiß nicht mehr, was ich tun soll. Ich weiß nicht mehr, was gut und schlecht ist. Ich will nicht mehr leben. Was ist das denn für ein Leben, das ich hier führe? Ich fange wieder an, exzessiv zu trinken, zehn, zwölf Flaschen Bier an einem Tag. Richtig aufgehört hatte ich nie, aber ich hatte mich im Griff. Maximal sechs Flaschen habe ich mir vorgenommen, und das habe ich auch geschafft, bis die Briefe mich wieder ins Elend stürzen. Ich trinke immer mehr, damit ich schlafen kann. Nach ein paar Stunden bin ich wieder wach, dann trinke ich wieder, um schlafen zu können. Und so weiter. In meinem Tagebuch notiere ich: »Völlig durchgedreht!«

Meine Familie macht sich ernsthaft Sorgen, dass ich mir etwas antue. Conny telefoniert mit Professor Cielo. Am 9. Juli 2013 werde ich notfallmäßig in seiner Klinik wieder aufgenommen. Meiner Familie fällt ein Stein vom Herzen, weil sie mich dort wieder in guten Händen wissen und auch, weil es jetzt wieder einen anderen gibt, der die Verantwortung übernimmt. Und ich? In meinen lichten Momenten will ich auch wieder zu meinem Doc.

Ich bin ein Wrack, als ich da ankomme. Zunächst geht es nur darum, die Briefe von Heinz zu bearbeiten und meine Einstellung dazu. Bei den Gesprächen wird dem Doc immer deutlicher, dass wir viel tiefer gehen müssen. Und mir steht jetzt eine Therapie bevor, die viel schmerzhafter ist als die erste. Damals ging es um die Stabilisierung meiner Persönlichkeit als Katharina und die Trennung von der Kunstfigur Sonja. Jetzt geht es um die Aufarbeitung meiner Kindheit und dem, was danach gekommen ist.

Am normalen Klinikalltag kann ich gar nicht teilnehmen, ich spreche auch nicht mehr mit anderen Patienten. Ich bin ganz auf mich konzentriert und schreibe tagelang meine Gedanken nieder. Der Doc hatte mich zu dieser Biblio-Therapie ermutigt. In Deutschland ist diese »Heilkraft der Sprache« nicht weit verbreitet, dafür mehr im englischen Raum. Es geht darum, dass man seine Gedanken niederschreibt und damit Prozesse auch verarbeiten und abschließen kann. Bei mir nimmt das unglaubliche Ausmaße an, entwickelt sich zum reinen Schreibwahnsinn. In meinem Kopf sind ständig Sätze, die ich am Laptop niederschreiben muss. Tage- und nächtelang. Am Ende werden es 1089 Seiten, eng bedruckt.

Die Therapie mit dem Doc ist so intensiv, dass ich mit anderen keinen Kontakt mehr halten kann. Ich packe es nicht, zu den normalen Zeiten in den Speisesaal zu gehen; es macht mir eh Angst, mit 300 Leuten in einem Raum zu sein. Also gehe ich frühmorgens, wenn die Kantine aufmacht, ans Büffet und schmiere mir Brötchen, die ich mir in die Taschen meiner Jogginghose stecke. Dazu nehme ich mir noch ein paar frische Brötchen mit, die ich später im Zimmer trocknen will. Für die Zeit, wenn ich es nicht in die Kantine schaffe. In meinem Zimmer gibt es ein kleines Schränkchen, mein »Überlebensschränkchen«. Dort bunkere ich die in Würfel geschnittenen und getrockneten Brötchen, dazu Pakete mit Kaffee und Filtertüten. Und natürlich Zigaretten. Vorratshaltung ist alles! Den Kaffee koche ich mir in der Patientenküche auf dem Flur vor meinem Zimmer. Da gibt es auch einen Wasserspender.

Ich reise zurück in meine eigene Vergangenheit – und es kommt vieles zutage, das sehr schmerzhaft ist. Heinz ist nicht der Einzige, der mich missbraucht hat. Da war der Mandant meines Vaters, der mich berührt hat, wie er das nicht gedurft hätte. Meine Eltern haben mir das damals nicht geglaubt und mich im Stich gelassen. Ich war zu der Zeit ganz allein mit meinem Kummer und meinem verletzten Gerechtigkeitsempfinden. In den Therapiegesprächen mit dem Doc arbeiten wir heraus, dass alles so war, wie ich es damals gesagt hatte. Das ist eine große Erleichterung für mich.

In der Therapie erlebe ich noch einmal alles so, als würde es gerade geschehen: meine Verzweiflung über die Missachtung meiner Eltern, die Einsamkeit, das Gefühl, von niemandem verstanden zu werden. Aber ich erlebe auch die brutale Gewalt, der ich elf Jahre lang ausgesetzt war: Ich spüre die Schläge in meinem Gesicht und am ganzen Körper, spüre, wie mich Heinz erwürgen will. Ich sitze beim Doc im Behandlungszimmer und bekomme plötzlich keine Luft mehr, während ich die Hände von Heinz ganz deutlich an meinem Hals fühle.

Ich mache alles noch einmal durch: Bin wieder magersüchtig und bekomme danach Bulimie – und ich ritze mich. Während der Therapie schneide ich mir wieder mit einer Rasierklinge die Arme auf, quer zum Handgelenk bis in die Ellenbeuge. Durch die alten Narben hindurch. Die Schmerzen sollen mir Erleichterung verschaffen und mich gleichzeitig in der Realität halten. Mit dem gefühlten Schmerz tief in dir drin drohst du abzugleiten. Diesen Druck versuche ich, durch den echten Schmerz zu überdecken. Es tut zwar fürchterlich weh, aber das wird wieder heilen. Irgendwann schneide ich mir die Oberschenkel auf, weil ich mit den Armen durch bin.

Nach genau vier Monaten in der Klinik kommt der absolute Tiefpunkt – und es ist zugleich der Wendepunkt. Meine Vergangenheit ist aufgearbeitet, so schmerzhaft es auch war. Der Doc beginnt, mich aufs Leben vorzubereiten. Es geht mir besser, das Ritzen hat aufgehört. Die Wunden heilen. Ich fange an, die Welt um mich herum wieder wahrzunehmen. Conny muss doch bald Geburtstag haben? Die Zeitumstellung fällt mir auf, ganz normale Dinge. Ich bin wieder da. Eine Bahnfahrt wird mir jetzt erspart. Mein Freund Benni holt mich am 20. November 2013 ab und fährt mit mir nach Bayreuth.

Zu Hause bereite ich mich jetzt auf einen ganz wichtigen Termin in der Therapie vor: Am 19. Dezember soll ein Gespräch mit meinen Eltern und dem Doc stattfinden. Für mich ist das Gespräch mit meinen Eltern das große Finale. Es soll der Höhepunkt in dieser Therapie werden – und auch ein Abschluss sein. Wir wollen gemeinsam Ereignisse aus der Kindheit besprechen. Meinen Eltern macht der Termin große Sorgen. Sie haben erwartet, dass ich nach dem stationären Aufenthalt zu ihnen nach Hause komme. Nach der ersten Therapie hatte sich unser Kontakt ja sehr gut entwickelt und ich war auch oft bei ihnen in Bamberg. Aber jetzt will ich in meine Wohnung und erkläre ihnen, dass wir erst noch das Gespräch gemeinsam mit dem Doc bräuchten.

Einen Tag vorher reise ich an und habe noch mal ein Einzelgespräch beim Doc. Dieses Mal fahre ich die 340 Kilometer allein und mit dem Auto! Das habe ich in den letzten Wochen richtig geübt und habe vorher noch eine Probefahrt nach Potsdam gemacht, mit Benni. Das hat auch geklappt. Ich habe zwar schon lange einen Führerschein, aber gefahren bin ich fast nie. Mir gehört der schwarze Mercedes SL, das Auto von Heinz, das von meinem Geld gekauft wurde und auch auf meinen Namen lief. Der Wagen war nach Heinz' Flucht zur Fahndung ausgeschrieben und stand wochenlang in einer Werkstatt, bis sie mich als offizielle Halterin angeschrieben haben. Natürlich, um die hohe Rechnung zu bezahlen.

Der Doc freut sich, dass ich selbst mit dem Wagen gekommen bin. Und ich fühle mich auch richtig gut dabei. Ich bin gespannt, was das Gespräch mit meinen Eltern bringt. Und ich freue mich wirklich, in der Klinik zu sein und noch einmal hier zu übernachten. Das Personal, die Ärzte, alle kennen mich von den langen Aufenthalten und freuen sich mit mir, dass ich es so weit geschafft habe. Die meisten Patienten bleiben ja maximal sechs Wochen, ich war jetzt schon sieben Monate hier, in zwei Etappen. Trotzdem bin ich nervös, als ich heute Mittag zum Zimmer vom Doc gehe. Wir haben abgesprochen, dass er schon da ist, wenn meine Eltern kommen. Denn ich will nicht allein auf meine Eltern treffen. Ich bin so auf ihn fixiert, dass ich mir ein Gespräch ohne ihn gar nicht vorstellen kann. Ich weiß ja nicht, was dabei herauskommt. Das Einzige, was ich weiß: Dieses Gespräch mit meinen Eltern wird das Ende dieser Therapie bedeuten. Doch wird es auch ein Neuanfang? Schaffen wir das, was wir uns erhoffen? Trotz meines guten Gefühls bin ich verunsichert. Wir haben uns seit fünf Monaten nicht mehr gesehen, seit dem Beginn der zweiten Therapie. Ich wollte in der ganzen Zeit keinen Besuch. Es ging ja um die Aufarbeitung meiner Zeit als Kind und Heranwachsende. Auf meiner Zeitreise zurück wollte ich nicht einmal mehr mit ihnen telefonieren. Nur mit Conny halte ich Kontakt. Sie und Benni sind meine engsten Vertrauten.

Heute früh im Bad habe ich angefangen, wie ein Wasserfall zu reden. Worte und Sätze, sie sprudelten aus mir heraus wie die Lava bei einem Vulkanausbruch. Mein Mundwerk explodierte! Ich redete und redete mit mir selbst. Ich bin es ja gewohnt, dass sich Gedanken- und Gefühlsgewitter in meinem Kopf abspielen. Aber Wortexplosionen aus meinem Mund kannte ich bisher noch nicht. Dazu zuckt mein rechtes Auge wie verrückt. Zappelig, quatschend und mit zuckendem Auge mache ich mich auf den Weg zum Doc.

Als ich an seiner Tür klopfe, ist der Doc nicht da. Typisch. Ich habe Herzklopfen wie ein kleines Kind. Und quassle immer noch aufgeregt vor mich hin wie ein kleines Kind: »Oh Gott! Oh Gott! Bitte Doc, holen Sie mich hier ab, ehe meine Eltern da sind. Bitte lassen Sie mich jetzt nicht im Stich!« Ich hatte mir schon einen Fluchtweg überlegt, wie ich vor ihnen davonlaufen könnte, wenn sie vor dem Doc da wären. Der hat die Ruhe weg und kommt gerade noch ein paar Minuten, ehe meine Eltern den Gang entlanggehen. Er begrüßt mich und lädt mich mit seinem »bitte schön« in sein Zimmer ein. Er ist ganz relaxt, ich ein dauerquatschender Zappelphilipp.

In der Therapie ist herausgekommen, wie sehr es mich verletzt hatte, dass meine Eltern mir nicht geglaubt hatten. Die Sache mit dem Mann im Reitstall. Den Vorgang, den Heinz benutzt hat, um mich von meiner Familie zu isolieren. Sie hatten mich damals im Stich gelassen und nur noch mehr in die Arme von Heinz getrieben. Wie werden meine Eltern darauf reagieren?

Meine Eltern sind genauso aufgeregt und verunsichert wie ich. Und dann ist es so, wie es der Doc vorhergesagt hat: Meine Mutter redet, nachdem sie mich als »Katharinchen« begrüßt hat, mein Vater sitzt dabei. Es geht um mich, wie schwierig ich war in der Pubertät, dass sie irgendwann nicht mehr an mich herangekommen ist. Dass mein Vater eigentlich immer nur gearbeitet und sich um meinen großen Bruder und dessen Sportkarriere gekümmert hat. Dass sie allein war mit uns drei kleinen Kindern und dass sie von der Situation überfordert war und keine Zeit hatte, sich mit mir, der »großen« Tochter, zu beschäftigen. Dass sie keinen Zugang mehr zu mir fand, als ich mich im Stall immer mehr zur Außenseiterin entwickelt habe.

Dann kommt das Thema Gewalt in unserer Familie zur Sprache. Es ist meinen Eltern unangenehm, darüber zu sprechen. Das sehe ich ihnen an. Aber sie sind ehrlich. Sie geben zu, dass Gewalt in meiner Kindheit üblich gewesen ist und dass wir Kinder uns öfter Schellen und einen versohlten Hintern eingefangen haben. Damals, vor fast 25 Jahren, waren das noch gängige Erziehungsmethoden.

Dann übernimmt der Doc meinen Part als Kind und schildert meinen Eltern, was aus meiner Sicht alles schiefgelaufen ist. Die Schläge waren nicht das Schlimmste, es hat mich viel mehr verletzt, dass sie mir damals die Übergriffe durch den Mann nicht geglaubt haben. Dass das der Grund war, weshalb ich mich immer mehr von ihnen zurückgezogen habe. Warum ich ihnen nicht mehr vertrauen konnte. Zu meiner Überraschung hatten sich meine Eltern damit auch schon beschäftigt. Es tut ihnen leid, versichern beide. Sie sehen ein, dass sie einen Fehler begangen haben. Einen Fehler, von dem damals aber niemand ahnen konnte, wohin er führen würde.

Mir wird bewusst, dass meine Eltern mir endlich glauben. Ich bin so erleichtert. Sie wissen, dass ich die Wahrheit erzähle und immer erzählt habe. Dieser Mann hatte das Mädchen Katha berührt und mit ihm Dinge gemacht, die er nicht hätte tun dürfen. Beim Gespräch mit dem Doc schließt sich der Kreis. Endlich. Vor Erleichterung laufen mir die Tränen über das Gesicht. Bei allen noch so schweren Gesprächen mit dem Doc, ich habe niemals bei ihm weinen können. Auch meiner Mutter laufen die Tränen über das Gesicht und selbst mein Vater bekommt ganz feuchte Augen. Der Doc schafft es auch jetzt wieder, einem schmerzhaften Gespräch eine gute Wendung zu geben. Am Ende sprechen wir vom Tennis, wie gut ich einmal war. Und der Doc berichtet vom Bogenschießen, das ich hier in der Klinik gelernt habe. Ich habe auf das Bild des Täters geschossen, mit ganz vielen Pfeilen. Und ich habe gut getroffen.

Mein Vater will dann wissen, was denn in Zukunft mit dem Alkohol ist. »Muss ich mein Oettinger vor ihr verstecken?« Wir müssen alle lachen. »Mein Gott, Papa!«, sage ich und beruhige ihn. Das Alkoholproblem würde ich schon angehen, aber erst im nächsten Jahr.

Dann nehmen wir uns alle in die Arme. Mama malt mir mit dem Finger ein Kreuz auf die Stirn und sagt dazu: »Schutzengerla beschütze dich.« Das hat meine Oma Gunda auch schon immer so mit mir gemacht. Meine Oma war eine tiefgläubige Frau, von ihr habe ich das Beten gelernt. Meine Eltern gehen und ich bleibe noch einen Moment. »Das war der Wahnsinn!«, sage ich zum Doc. Ich bin glücklich, hibbelig und zappelig. Es ist ganz wunderbar verlaufen, das Gespräch mit meinen Eltern. Ich freue mich wirklich; eine unbeschreiblich große Last fällt mir von den Schultern. Und auf dem Weg zu meinem Zimmer quatsche ich vor mich hin: »Ich bin glücklich, ich freu mich! Ich bin glücklich, ich freu mich!«

Für dieses Buch habe ich noch einmal meine Aufzeichnungen durchgelesen, vieles hatte ich nicht mehr so genau in Erinnerung. Noch einmal: 1089 Seiten lang ist mein Kliniktagebuch von der zweiten Therapie, ich wollte alles festhalten – und damit auch ablegen können. Schreibwahnsinn nenne ich das in der Rückschau. Heute ist mir klar, dass die ganze Ka-

tastrophe mit einer verhältnismäßig kleinen Sache anfing: Eltern reagieren falsch auf etwas, das ihrem pubertierenden Kind sehr viel bedeutet. Sie verletzen das Gerechtigkeitsempfinden eines jungen Menschen. Und sie finden zu keinem Gespräch darüber. Bei uns hat es bis zu dem Gespräch beim Doc gedauert, bis endlich die Wahrheit herausgekommen ist.
Mir ist klar, dass der Täter genau diese Schwachstelle erkannt hat. Psychopaten haben eine Gabe, andere Menschen für sich einzunehmen und zu beeinflussen. Er wusste genau, wie er mich gegen meine Eltern aufbringen konnte. Und er hat die ganzen Jahre lang Salz in diese Wunde gerieben.
Was der Bekannte meiner Eltern mit mir damals im Reitstall gemacht hat, hatte mit Sexualität zu tun. Heute würde man diese Anfummelei mit sexuellem Missbrauch beschreiben. Wir Kinder wussten damals nicht, was mit uns geschieht. Über Sexualität wurde bei uns zu Hause nie gesprochen. Bei einer Kussszene im Fernsehen hat meine Mutter früher das Fernsehprogramm gewechselt. Ich habe damals nie Zärtlichkeiten zwischen meinen Eltern gesehen, ein Kuss etwa vor unseren Kinderaugen war undenkbar.
Und auch ich bin bis heute, trotz meiner elfjährigen Vergangenheit, ein prüder Mensch. Sexualität ist für mich immer noch etwas, über das man eigentlich nicht spricht und was man schon gar nicht offen zeigt. Es fällt mir schwer, Gefühle zu zeigen. Bis heute. Die »geile« Sonja war ein Kunstgeschöpf, die Superhure, wie sie der Täter haben wollte. So kam es zur Spaltung meiner Persönlichkeit. Zwei Teile, die nichts miteinander zu tun hatten.
Das Elterngespräch mit mir und dem Doc war der erhoffte Neuanfang. Wir fingen an, uns wieder zu vertrauen. Es war ein langer Prozess: Wir haben uns wieder kennengelernt, die Familie ist nach dem Therapiegespräch wieder zusammengewachsen.

Aber ich kann nicht von jetzt auf gleich den Schalter umlegen. Unser Verhältnis ist sehr fragil am Anfang. Von allen Seiten. Wir wollen nicht verlieren, was wir endlich wiedergefunden haben. Es liegt eben eine lange Zeit dazwischen. Mit vielen Missverständnissen und vielen Verletzungen. Darum fahre ich nach dem Gespräch allein in meine Wohnung und meine Eltern fahren in ihr Haus bei Bamberg.

Ich weiß, meine Eltern wünschen es sich so sehr, mit mir Weihnachten zu feiern. Aber ich bin noch nicht so weit. Und darum verbringe ich zum ersten Mal in meinem Leben Weihnachten ganz allein. Es sind so viele Dinge, die ich noch verarbeiten muss. Ich brauche einfach noch Zeit. Aber ich bin mir sicher, dass das Schlimmste hinter mir liegt. Dass ich mit der Hilfe von Professor Cielo einen Weg aus dem Elend herausgefunden habe und jetzt endlich auf eigenen Beinen stehen kann.

25

Selbstmordversuch

Am Silvestermorgen fahre ich noch mal Richtung Berlin und besuche das Kind Katha, das ich dort zurückgelassen habe. Der See liegt in der Nähe der Klinik und in ihm habe ich vor Monaten das Mädchen Katha und mit ihr meine schlimme Vergangenheit versenkt. Katha steht für alles, was man mir angetan hat. Darum lege ich auch Wert darauf, dass mich heute alle bei meinem vollen Namen nennen: Katharina. Nur meine alte Lehrerin darf mich noch so nennen, aus alter Gewohnheit oder vielleicht weil ich es ihr mit 80 Jahren nicht mehr zumuten will, sich umzugewöhnen.

Katha im See zu versenken, das war eine Idee vom Doc in der zweiten Therapie. Erst habe ich das für eine Spinnerei gehalten. Aber dann konnte ich mich damit anfreunden. Ich habe einen Stein genommen und den Namen Katha darauf geschrieben. Ich hielt den Stein lange ganz fest in meinen Händen und habe alles hineingelegt, was mich bedrückt. Dann habe ich den Stein in einem großen Bogen, so weit ich konnte, hinaus in den See geworfen.

Dorthin gehe ich bis heute regelmäßig und besuche das Mädchen, und manchmal habe ich auch ein kleines Teelicht dabei und zünde es für sie an. Der See ist wie ein Friedhof für mich, eine Ruhestätte für das Mädchen. Es ist schön, einen Ort zu haben, zu dem man immer wiederkehren kann.

Silvester 2013 ist ein ganz besonderes für mich. Hinter mir liegt ein Jahr der Aufarbeitung, das Verhältnis mit meinen Eltern hat wieder eine gute Entwicklung genommen, und ich muss entscheiden, wie es mit mir weitergehen soll. All die Jahre hatte ich davon geträumt, wieder zur Schule zu gehen und das Abitur nachzuholen. Inzwischen weiß ich, dass das viel Kraft von mir erfordert. Zu viel im Moment. Eigentlich brauche ich das Abitur, wenn ich zur Steuerfahndung will. Aber es gibt auch den Weg über den mittleren Dienst im Finanzamt und die Weiterqualifizierung. Das erscheint mir heute der bessere Weg für mich zu sein. Ich will endlich etwas Bodenständiges machen, eine Ausbildung, und anfangen, zu arbeiten.

2014 wird darum ein Neuanfang für mich. Conny kennt sich mit dem Beamtensystem aus und hat mich auf den mittleren Dienst gebracht; im Finanzamt werden händeringend Mitarbeiter gesucht. Der Gedanke gefällt mir. Wir recherchieren am Computer, wie ich mich bewerben kann. Es gibt nur einmal im Jahr eine Einstellungsprüfung beim Landespersonalausschuss, kurz LPA genannt. Die ist zwar erst im Juli, aber die Bewerbung muss ich bis zum 2. Mai abschicken.

Die Prüfung ist recht anspruchsvoll, schließlich geht es ja um den Beamtennachwuchs für den Freistaat. Vor allem werden da aber Dinge gefragt, von denen ich keine Ahnung habe. Erdkunde, Wirtschaft, Geschichte, Recht und Staatsbürgerkunde – alles Sachen, die ich jetzt gründlich lernen muss. Ich habe ja elf Jahre lang ohne Fernsehprogramme, Zeitung und Radio gelebt. In der Zeit nach meiner Befreiung war ich eigentlich nur damit beschäftigt, irgendwie klarzukommen. Ich muss viel nachholen.

Darum werden jetzt die Nachrichten zu meiner Hauptbeschäftigung. Ich schaue mir alle Nachrichten- und Magazinsendungen an, die ich finden kann, und mache mir Notizen dazu. Was ich da sehe, beschert mir anfangs furchtbare Albträume: Massenvergewaltigungen in Indien, Schießereien in Amerika, blutige Revolten in Afrika. Das alles ist neu und ziemlich aufregend für mich. Von Bennis Vater bekomme ich die *Süddeutsche Zeitung*, ich brauche Stunden für eine Ausgabe. Dazu lerne ich mit meinem Vater Grundlagen in den Fächern Wirtschaft und Recht.

Auch die Therapie geht weiter. Jetzt ambulant in der Klinik bei Berlin. Ich fahre dazu immer am Donnerstag hin und samstags zurück. Es geht darum, mich zu stabilisieren und alles zu besprechen, was mich bedrückt. Der Doc und ich reden auch immer wieder über meinen Alkoholkonsum. Ich brauche immer noch meine fünf, sechs Flaschen Bier. »Ein Sixpack«, sage ich zum Doc, als er mich danach fragt. Ob ich noch härtere Sachen trinke? »Nein, etwas anderes als Bier rühre ich nicht mehr an«, kann ich ihm versichern, und so ist es auch. Ich will nie mehr in die Schnapsfalle tappen. Der Entzug von Wodka und anderen harten Sachen war mir eine Lehre. Das möchte ich nie mehr erleben. Ich möchte auch meinen Bierkonsum verringern. Aber der Stress mit dem Lernen, die Ungewissheit, ob ich die Prüfung schaffe – nein, ganz ohne Alkohol schaffe ich es noch nicht.

Doch je näher die Prüfung kommt, desto mehr muss ich trinken. Das liegt aber auch an dem unerträglichen Baulärm im Haus, in dem ich wohne. Das Dach wird neu gemacht, ausgerechnet jetzt. Jeden Morgen weckt mich der Lärm von Schlagbohrern. Ich kann das kaum noch ertragen. Mein Tinnitus wird wieder heftiger. Ich gleite immer tiefer in eine Depression. Inzwischen ertrage ich es nicht einmal, dass jemand mit mir spricht. Meine Mutter schicke ich gleich wieder nach Hause, als sie mich besuchen kommt.

Dann ist er da, der Tag der Prüfung, 7. Juli 2014. Balkonsaal in der Stadthalle von Bayreuth. Mir geht es so schlecht, dass mich die Mutter von Benni fährt und sogar bis an meinen Platz begleitet. Es fängt mit einem Deutschtest an und dann kommen ganz viele Fragen zum Zeitgeschehen. Wir Prüflinge bekommen 24 Seiten Unterlagen, teilweise zum Ankreuzen. Dann müssen wir noch einen Aufsatz schreiben, zu den Vorteilen von normalen Büchern und E-Books. Mir ist nichts Dümmeres eingefallen als reinzuschreiben, dass der Vorteil beim E-Book sei, dass beim Essen keine Flecken aufs Papier kommen. Viele Fragen werden zum Zweiten Weltkrieg gestellt, ich hatte mich besser auf den Ersten Weltkrieg vorbereitet. Es ist total heiß, ich bekomme Kopfschmerzen und mich nervt inzwischen sogar das Vogelgezwitscher draußen im Park. Nach einer halben Stunde geben die Ersten auf, ich halte durch. Nach drei Stunden bin ich fertig und total erledigt. Jetzt fängt das Warten an. Anfang September sollen wir erst das Ergebnis bekommen.

Ich habe bestanden und freue mich riesig. Als Nächstes muss ich zum Amtsarzt. Er muss klären, ob ich gesundheitlich dem Beamtenjob gewachsen bin. Vorher gehe ich zu meiner Hausärztin, meine Blutwerte sind okay, trotz der Sauferei. Von der Seite droht mir keine Gefahr, denke ich.

Der Amtsarzt sitzt im Landratsamt. Ich bringe am 23. Oktober 2014 meine Blutwerte mit, auch einen HIV-Test, der verlangt war. Vorher habe ich einen mehrseitigen Anamnesebogen ausgefüllt. Bis hierhin ist alles gut gelaufen. Doch jetzt will er wissen, ob ich Alkohol trinke. Ja, sage ich, und er fragt nach: »Wie oft und wie viel?« Ich denke nicht groß nach und sage: »Sechs Flaschen Bier.«

»In der Woche?«, fragt er nach. Und ich antworte: »Nein, pro Tag.«

»Dann müssen Sie erst einen Entzug machen!«, verlangt er von mir. Alkoholiker würden immer mehr trinken. Wenn ich jetzt schon sechs Flaschen bräuchte, dann würde ich bald die Kontrolle verlieren. Ich versuche, ihm zu erklären, dass es bei mir genau andersherum ist. Ich käme von ganz oben und hätte es jetzt auf sechs Flaschen geschafft. »Ich bin arbeitsfähig, trinke nur abends und habe mich unter Kontrolle«, sage ich ihm. »Ich kann das kontrollieren!« Doch er glaubt mir nicht und lacht mich aus. So was hätte er ja noch nie gehört. Ich müsste erst zum Entzug. Und dann, nach zwei abstinenten Jahren, könne ich mich noch mal bewerben. Dann komplimentiert er mich hinaus.

Auf der Straße bekomme ich einen Heulkrampf. Den ganzen Weg nach Hause muss ich weinen, ich kann einfach nicht mehr. Jetzt bin ich am Ende. Was soll nur aus mir werden? Und immer noch höre ich den Amtsarzt lachen, wie er sich lustig macht über mich. Wieder nimmt jemand nicht erst, was ich sage. Dabei ist es doch die Wahrheit.

Zu Hause heule ich immer weiter. Ich habe keine Perspektive, niemand gibt mir eine Chance. Warum muss ich das alles ertragen? Ich verliere zunehmend den Boden unter den Füßen. Ich will doch nur endlich arbeiten, nützlich sein, eigenes Geld verdienen. Einen geregelten Tagesablauf haben. Dafür habe ich jetzt monatelang geübt und gearbeitet. Was soll nur aus mir werden? Ich kann es einfach nicht verstehen. Der Staat gibt mir einen Schwerbehindertenausweis, erkennt an, dass ich unter einer posttraumatischen Belastungsstörung leide aufgrund meiner Geschichte und ausdrücklich auch, weil ich alkoholkrank bin. Dieser Staat sagt, ich brauche besonderen Schutz, besondere Hilfen, weil ich behindert bin. Und der gleiche Staat hilft mir nicht, wenn ich für ihn arbeiten will. Verweigert mir die Hilfe wegen meiner Behinderung.

Ich fange an, zu trinken. Ein Bier, noch ein Bier. Ich heule und trinke. Ich trinke immer mehr. Das wird ein totaler Absturz, und ich habe keine Kraft, mich dagegen zu wehren. Irgendwann rufe ich meine Eltern an und heule ihnen die Ohren voll. Die ganze Arbeit für die Prüfung, die Vorbereitung für den Amtsarzt, alles umsonst. Ich bin dann wie im Delirium. Ich will schlafen und trinken. Ich lege mich hin und kann nicht schlafen. Ich stehe auf und trinke weiter, versuche, erneut zu schlafen. Immer wieder trinken, um endlich zu schlafen.

Und es gibt noch ein ganz wichtiges Thema, das ich in den letzten Wochen verdrängt habe: die Bezahlung meiner Therapien. Den ersten Teil davon 2012 beim Doc hat die AOK bezahlt, die nächste Therapie 2013 und die anschließende ambulante Behandlung wollten sie nicht mehr übernehmen. Es ginge hier um eine Rehamaßnahme und die stünde mir nur alle vier Jahre zu. Das Zentrum Bayern Familie und Soziales hatte zugesagt, die Kosten für weitere Therapien zu übernehmen. Als Schwerbehinderte habe ich Anspruch auf eine solche Heilbehandlung. Als es dann allerdings so weit war, haben sie sich geweigert, und meine Eltern sitzen jetzt auf Kosten von 17 420 Euro, die sie für die Behandlung vorgestreckt haben. Mein Vater klagt vor dem Sozialgericht dagegen.

Am 18. November 2014 ist die Verhandlung vor dem Sozialgericht in Bayreuth, ganz in der Nähe der Kripo, ein mir vertrauter Ort. Papa und ich gehen hin. Ich bin in einem furchtbaren Zustand. Vom Termin beim Amtsarzt habe ich mich nicht wieder erholt. Was soll aus mir werden? Ich bin nur eine Last für mich und meine Familie. Meine Gedanken kreisen schon die ganze Zeit um ein Thema – Selbstmord. Will ich noch leben? Will ich nicht? Ich habe einfach keine Kraft mehr. Meine letzte Hoffnung setze ich jetzt auf die Gerichtsverhandlung.

Seit dem Gespräch mit dem Amtsarzt möchte ich eigentlich nur eines: zum Doc. Dort fühle ich mich sicher, beschützt. Aber ich kann nicht hin, weil niemand die Kosten übernimmt. Ich schreibe ihm täglich, unser Kontakt ist nie abgerissen. Er versucht, mich zu beruhigen. Amtsärzte wären leider keine Therapeuten und häufig ignorant. Meine bisherigen Fortschritte könnte mir niemand nehmen, versucht er, mir Mut zu machen.

Das Sozialgericht gibt der AOK und dem Zentrum Bayern Familie und Soziales recht. In der Verhandlung geht es so fachspezifisch zu, dass ich nicht verstehe, warum meine Anträge abgelehnt werden. Ich verstehe nur, dass ich verloren habe, und niemand die Therapie bezahlt. Aber ich kann nicht mehr Jahre darauf warten. Mein Papa und ich gehen ganz geknickt aus der Verhandlung; draußen vor dem Sitzungssaal passt uns der AOK-Vertreter ab. Es täte ihm leid, wie das alles gelaufen ist. Er bietet an, am Nachmittag noch mal über alles in seinem Büro zu sprechen. Vielleicht gibt es doch noch eine Lösung? Es ist nur ein Strohhalm und was habe ich schon zu verlieren? Nachmittags gehe ich allein zu ihm ins Büro. Er lässt sich meinen Fall noch mal in aller Ausführlichkeit schildern. Ich erzähle ihm, dass Professor Cielo jetzt in eine Klinik in Bayern gewechselt ist. Das ist gut für mich, die Fahrt wäre nicht mehr so lang. Der AOK-Vertreter sieht sich die Klinik im Internet an. Als er vom Computer hochschaut, sehe ich schon: Das geht nicht gut aus. Es tue ihm furchtbar leid, sagt der Mann, aber Cielos neue Klinik sei eine reine Privatklinik, für eine AOK-Versicherte sei eine Behandlung dort nicht möglich.

Ich bin fertig, fertig mit der Welt. Aber ich will nicht abstürzen. Jetzt nicht. Verzweifelt versuche ich irgendwie, nicht abzustürzen. Ich versuche, mich abzulenken, schreibe etwas, lade mir Musik aufs Handy hoch. Dann mache ich mir einen Kaffee, setze mich zum Rauchen auf den Balkon und überlege, wie es weitergehen kann. Aber ich finde keinen Ausweg. Das war einfach zu viel. Die Gerichtsverhandlung, der Termin mit der AOK, erst die Hoffnung, dann die Enttäuschung, das ist alles zu viel. Ich will nicht mehr leben. Ich kann nicht mehr leben. Ich kann einfach nicht mehr. Im Bad bekomme ich einen Heulkrampf. Als ich mich ausgeheult habe, steht mein Entschluss fest. Ich setze mich ins Wohnzimmer und schreibe eine Mail an den Doc.

Hallo Doc, ich weiß gerade gar nicht mehr, wo mir der Kopf steht oder wohin mit all meiner Verzweiflung. Ich würde Ihnen gerne von dem Gerichtstermin berichten. Aber ich kann das jetzt nicht. Ich kämpfe schon wieder auf verlorenem Posten!!! Doc, ich ertrage das nicht mehr! Doc, wir beide, Sie und ich, sind den Weg durch die Hölle der Vergangenheit gegangen. Ich vertraue Ihnen und sonst keinem. Ich werde mit keinem neuen Therapeuten diesen Weg noch einmal gehen. Lieber gebe ich auf. Liebe Grüße Katharina.

Zwei Stunden später schreibe ich ihm noch einmal, inzwischen bin ich ziemlich betrunken:

Doc, ich kann nicht gehen, ohne »Auf Wiedersehen« zu sagen. Doc, Sie tragen keine Schuld. Sie waren immer für mich da! Doc, irgendwo endet jeder Weg und meiner endet in einer Sackgasse. Wir sehen uns im nächsten Leben! Liebe Grüße Katharina

Dann schreibe ich eine Mail an Barbara Schmid. Sie hat so viele Unterlagen von mir, wir haben uns lange unterhalten. Sie muss das Buch zu Ende bringen.

Liebe Barbara, bitte bringen Sie meine Geschichte, und halten Sie unserer Gesellschaft mein Schicksal anprangernd vor Augen. Das ist mein letzter Wille. Machen Sie es gut und liebe Grüße. Katharina.

Dann durchwühle ich meinen Schrank. Im Reitstall hatten wir Skalpelle, ein Onkel hat sie mir mal mit einem Haufen Verbandszeug gegeben, eigentlich für die Pferde, damit wir kleinere Verletzungen selbst behandeln konnten. Mit diesem Skalpell versuche ich, mir die Schlagader am linken Handgelenk aufzuschneiden. Ich habe mich ja früher oft geritzt. Jetzt muss ich halt tiefer schneiden. Aber so einfach geht das nicht. Ich finde die Ader nicht. Ich schneide, es blutet. Aber es blutet nicht so richtig. Ich bin völlig durchgedreht. Ich will, dass das alles aufhört. Alles ist voll Blut. Ich schicke ein Foto davon an Barbara. Dann schreibe ich eine SMS an meine Eltern und Geschwister. An meinen Vater schreibe ich:

Danke schön für alles! Hab Dich lieb, vergiss das bitte nie!

Ich hocke mich im Badezimmer auf den Boden, in meinen Ohren die Kopfhörer mit der brachialen Musik von Rammstein. Das Lied »Ich Tu Dir Weh« habe ich schon oft gehört, wenn ich in eine Depression abtauche, die mich tiefer und tiefer nach unten zieht: »Du liebst mich, denn ich lieb' dich nicht. Du blutest für mein Seelenheil. Ein kleiner Schnitt und du wirst geil … Ich tu dir weh, tut mir nicht leid. Das tut dir gut …«

Es blutet, und ich denke, gleich ist alles vorbei. »Ich tu dir weh, tut mir nicht leid … du liebst mich, denn ich lieb' dich nicht.« Ich bin unendlich müde, meine Augen fallen mir zu, ich will jetzt schlafen, endlich schlafen. Dann geht die Badezimmertür auf und ein Uniformierter schaut auf mich runter. Irgendwer muss die Polizei verständigt haben. Er fragt mich was. Aber ich verstehe ihn nicht. Er nimmt mir vorsichtig die Kopfhörer ab. Aber ich kann immer noch nicht antworten, ich heule und heule. Dann steht meine Schwester mit ihrem Freund da und ich bin nicht mehr zu beruhigen. Meine Mutter hat die SMS an meinen Vater gelesen und gedacht: »Das ist ein Abschiedsbrief.« Dann hat sie die 110 gewählt. Es kommen Rettungssanitäter, packen mich unter den Armen und bringen mich in den Krankenwagen. Dort wartet Professor Wagner, irgendjemand muss auch ihn verständigt haben. Auch er will mit mir reden, es geht nicht. Er gibt mir eine Spritze und langsam werde ich ruhiger. Später werde ich erfahren, dass auch Barbara Schmid es war, die Professor Wagner verständigt hatte, denn ihr war sofort klar, was meine Nachricht bedeutete: Mein Leben war in Gefahr. Zu meiner Familie hatte sie damals noch keinen Kontakt, geschweige denn Telefonnummern.

Nach gefühlt 100 Versuchen, den Professor zu erreichen, ging er endlich ans Telefon mit den Worten: »Wir sind schon im Rettungswagen, alles gut.« Sie fahren mit mir ins Klinikum. Dort wird mein linker Arm genäht. Ich hatte überall versucht, mich aufzuschneiden. Kreuz und quer, gar nicht so akkurat wie bei meinen früheren Ritzereien.

Nach so einem Suizidversuch müsste mich die Polizei eigentlich ins Bezirkskrankenhaus bringen, in die geschlossene Psychiatrie. In der Zwischenzeit hat Professor Wagner seinen Freund Cielo erreicht. Der verspricht, mich so bald wie möglich stationär aufzunehmen, und darum werde ich in die Obhut meiner Eltern entlassen.

Als die Rosa-Wolke-Spritze von Professor Wagner nachlässt, geht es mir dreckig. Ich habe Kopfschmerzen, fühle mich elend. Mir tut es leid, dass ich es nicht geschafft habe. Alle passen auf mich auf. Ich warte nur darauf, dass ich zum Doc kann. Das Gespräch findet ein paar Tage später in seiner neuen Klinik statt. Es geht jetzt nur um ein Kurzgutachten, und wir wollen beratschlagen, wie es mit mir weitergeht.

In der Zwischenzeit gibt es ermutigende Nachrichten von der AOK. Deren Bayreuther Vertreter spricht mit seinen Vorgesetzten. Sie müssen eine Grundsatzentscheidung treffen.

Ich schäme mich, als ich im Büro vom Doc sitze. Was habe ich bloß für einen Blödsinn angerichtet? Der Doc macht mir keine Vorwürfe. Er sieht es ganz eindeutig, dass der Besuch beim Amtsarzt ein »präsuizidales Syndrom« bei mir ausgelöst hat. Es drohe eine Reaktivierung der Trauma-Inhalte bei mir. In seinem psychiatrischen Kurzbefund kommt er aber auch zu einem beruhigenden Ergebnis: Es besteht derzeit keine akute Suizidgefahr.

Nun wendet sich auch der Doc an die AOK. Der Leiter der Bayreuther Niederlassung fährt in die Hauptzentrale nach München, um über meinen Fall zu verhandeln. Sie treffen im Januar 2015 die Entscheidung, dass mir als AOK-Versicherte die Therapie zu zahlen ist, auch wenn mein Arzt keine Kassenzulassung hat. Das ist eine Riesenerleichterung für mich. Endlich wieder ein Hoffnungsschimmer.

26

Die Rettung

Die schlimmen Wochen liegen hinter mir, ich habe mich erholt und will jetzt arbeiten gehen, eine Ausbildung machen und endlich Geld verdienen. Schule, Studium und vielleicht irgendwann zur Steuerfahndung, das erscheint mir viel zu kompliziert und vor allem: Es dauert zu lange. Ich habe lange darüber nachgedacht, was ich nun machen will. Wenn ich nicht bei der Steuerverwaltung unterkommen kann, dann mache ich eben eine Ausbildung zur Steuerfachangestellten bei einem Steuerberater. Seit ein paar Monaten helfe ich meinem Vater bei der Buchhaltung eines Unternehmens, das meinem Freund Benni gehört. Inzwischen sogar ganz offiziell als Teilzeitkraft. Aber mehr kann daraus nicht werden.

Im Januar rufe ich darum bei der Agentur für Arbeit an. Gleichzeitig bewerbe ich mich auf ein paar Ausbildungsstellen – und bekomme nur Absagen.

Ende Februar beginne ich nun eine ambulante Therapie beim Doc. Ich hoffe ja immer noch auf eine Lehrstelle, und darum möchte ich es ambulant versuchen und nicht schon wieder Wochen oder Monate in einer Klinik verschwinden.

Im März lerne ich »meine« Sachbearbeiterin persönlich kennen; sie ist bei der Agentur für Arbeit für die Vermittlung von Menschen mit Behinderungen zuständig. Sie will mir helfen, aber ich kann sie nicht einschätzen. Will sie mir wirklich helfen oder sind es nur leere Floskeln, die sie mir sagt? Sie erzählt mir von einem Programm zur »Förderung der Teilhabe behinderter Menschen am Arbeitsleben«. Das heißt, dass die Agentur alle Kosten für mich übernimmt und der Betrieb nichts für mich bezahlen muss. Damit es leichter wird für mich, einen Ausbildungsplatz zu bekommen. Das bedeutet: Ich brauche vom Amtsarzt der Agentur für Arbeit und dem Berufspsychologischen Service die Bescheinigungen, dass ich geistig und körperlich in der Lage bin, zu arbeiten. Als wäre ich nicht schon genug begutachtet worden. Aber ich will endlich arbeiten.

Das alles zieht sich in die Länge. Endlich, im Juni, steht fest, dass ich die Voraussetzungen für das Förderprogramm und den anspruchsvollen Beruf erfülle. Ich mache jetzt eine betrieblich betreute Umschulung, im Behördendeutsch kurz bbU genannt. Und dann geht es plötzlich ganz schnell, ein paar Tage später habe ich ein erstes Vorstellungsgespräch.

Ich bin unheimlich aufgeregt; es ist ein großes Steuerbüro. Meine Ansprechpartnerin von der bbU kommt mit. Das beruhigt mich ein wenig. Das Gespräch verläuft gut, es ist eine tolle Kanzlei, und ich würde sehr gerne meine Ausbildung dort machen. Am Ende des Gespräches kommt die Frage, warum ich denn so spät damit beginne und was ich in den vergangenen Jahren gemacht habe? Und weil ich mit meiner Geschichte eigentlich immer ganz offen umgehe, erzähle ich ihnen, was war. Die beiden Partner aus der Kanzlei können sich sogar an meinen Prozess erinnern. War ja auch ein großes Thema in den Medien 2011.

Ein paar Tage später sagen sie ab, als meine Sachbearbeiterin von der bbU bei ihnen nachfragt. Die anderen Partner hätten nicht gewollt, dass ich den Job bekomme. Es ist wegen meiner Vergangenheit. Ich bin furchtbar niedergeschlagen. Am nächsten Tag habe ich wieder ein Vorstellungsgespräch und gehe ziemlich verunsichert dort hin. Wieder eine angesehene Kanzlei, und ich habe jetzt einfach Angst, dass ich erneut keine Chance bekomme wegen meiner Vergangenheit. Das Gespräch verläuft gut. Der Chef macht einen sehr kompetenten Eindruck; er ist Steuerberater und Rechtsanwalt. Auch hier kommt am Ende die Frage nach dem Warum. Ich zögere. Dann sagt er zu meiner großen Erleichterung, dass ihn die Vergangenheit nicht interessiert. Ich kann es gar nicht glauben, er lädt mich zum Probearbeiten ein.

Ich habe heute Nacht kaum geschlafen. Steht mir wieder eine Enttäuschung bevor? Eine Woche Probearbeiten, werde ich das alles schaffen? Mein Herz klopft wie wild, als ich an diesem Morgen ins Büro gehe. Ich treffe auf fünf Frauen, die dort arbeiten. Sie geben sich große Mühe und ich fühle mich wohl. Überall Akten, das gefällt mir gut. Ich sitze in einem Durchgangszimmer, zwischen zwei Frauen und bekomme gleich Arbeit auf den Tisch: einen Karton mit Buchführungsunterlagen für ein mittelständisches Unternehmen. Sehr anspruchsvoll, aber ich habe ja mit meinem Vater schon ähnliche Buchungen erledigt. Da sind die Bankunterlagen, Belege, Einnahmen und Ausgaben und alles muss korrekt gebucht werden. Eine Kollegin ist für meine Ausbildung zuständig, sie schaut vorbei und hilft mir zum Glück.

Es ist total anstrengend, aber es macht mir auch wahnsinnigen Spaß. Das ist meine Welt. Hoffentlich bekomme ich die Stelle. Die nächsten Tage vergehen wie im Flug. Ich hoffe jetzt auf das Gespräch von meiner Sachbearbeiterin mit dem Chef des Steuerbüros. Sie vereinbart mit ihm noch mal einen Termin, bei dem wir zu dritt reden sollen.

Als ich das Büro betrete, wünsche ich mir so sehr, dass ich die Ausbildung hier machen kann. Die Kolleginnen sind so nett. Die Aufgaben haben mir so viel Freude gemacht. Im Gesicht des Steuerberaters kann ich nichts lesen. Ganz der distanzierte Jurist. Wir setzen uns, und nach einem kurzen Gespräch sagt er zu mir: »Wir probieren es.« Ich kann gar nicht beschreiben, wie glücklich ich bin. Endlich eine Chance und endlich auch dort, wo ich so gerne arbeiten möchte.

Mein erster Ausbildungstag ist der 1. September 2015, zwei Wochen später beginnt die Schule. Es ist eine duale Ausbildung, an zwei Tagen in der Woche gehe ich zur Schule nach Bamberg und an drei Tagen in die Kanzlei. Dort werde ich wegen meiner ambulanten Therapie alle zwei Wochen donnerstags und freitags freigestellt. Meine Ausbildung dauert darum drei Jahre.

Im Büro komme ich gut klar, da ist alles überschaubar, die Kollegen arbeiten ruhig und konzentriert. Aber die Schule macht mir Probleme. Die zwei Schultage in der Woche übersteigen meine Kräfte. Meine Eltern versuchen, mir zu helfen, wo sie können. Mein Vater lernt mit mir, meine Mutter fährt mich sogar zur Schule und holt mich auch wieder ab. Trotzdem bin ich oft krank und kann gar nicht am Unterricht teilnehmen. Der Lärm, die vielen Jugendlichen, die vollen Räume, das ist mir alles zu viel. Ich bekomme eine Panikattacke, als Stricke im Unterricht eine Rolle spielen. Als im Religionsunterricht über Nahtoderfahrungen gesprochen wird, renne ich heulend raus. Niemand versteht, was mit mir los ist. Ich bin wieder die Aussätzige, der Alien.

Zum Schutz der Minderjährigen in der Klasse hatte die Schulleitung angeordnet, dass über meine Vergangenheit nicht gesprochen werden darf. Doch dann drängen die Mitschüler auf eine Aufklärung. Sie wollen endlich wissen, was mit mir los ist. Mit dem Segen der Schulleitung organisiert daraufhin meine Vertrauenslehrerin in der Klasse ein Gespräch mit mir über meine Vergangenheit. Das ist wirklich befreiend. Von Mitschülerinnen, von denen ich das am wenigsten erwartet hätte, kommen dann Fragen: »Wie können wir dir helfen?« Ich hatte befürchtet, dass sie alle mit dem Finger auf mich zeigen, dass sie mich verachten würden, wenn sie alles wissen über mich. All meine Sorgen sind nach dem Gespräch wie weggeblasen. Meine Mitschüler, sie geben sich wirklich Mühe, mir zu helfen.

Am Ende des ersten Schuljahres fühle ich mich schon viel besser. Die ambulanten Therapiegespräche beim Doc haben mir mehr Sicherheit gegeben. Auch meine Schulnoten werden besser. Langsam glaube ich an eine Zukunft für mich. Ich bin angekommen in meinem neuen Leben. Endlich.

Davor habe ich noch eine letzte Krise: Die Zwischenprüfung im Juli 2016 bringt mich noch einmal an meine Grenzen. Vom vielen Schreiben ist mein linker Arm ganz entzündet, ich habe Angst, dass ich die Prüfungen nicht packe. Mein Tinnitus ist wieder da, quälend. Ich schaffe alle Prüfungen, aber danach bin ich total erschöpft. Nach der Prüfung falle ich in eine tiefe Depression. Dieser Sonntag weckt mich mit viel Sonne. Eigentlich freue ich mich immer, wenn morgens die Sonnenstrahlen ins Zimmer leuchten. Jetzt kann ich das nicht ertragen. Ich lasse die Rollläden runter, ganz fest mache ich sie zu und falle in ein tiefes schwarzes Loch. Ich trinke. Irgendwann mache ich ein Foto von dem düsteren Zimmer und schicke es ausgerechnet an meine Ausbildungsleiterin im Büro, Claudia. Warum ich ausgerechnet ihr das schicke? Keine Ahnung. Wenig später klingelt es an meiner Tür. Claudia hat sich sofort ins Auto gesetzt, als sie das Foto bekommen hat, und steht jetzt bei mir vor dem Haus. Stunden später sitzen wir noch immer auf meinem Balkon und reden. Sie hat gemerkt, dass ich Hilfe brauche, und sie ist gekommen. Ihr spontaner Besuch hilft mir aus dem tiefen Tal heraus.

Claudia ist inzwischen mehr eine Freundin als meine Vorgesetzte. Das ist für mich sehr wichtig, ich fühle mich aufgenommen. Die Arbeit im Büro macht mir Spaß und ich bekomme auch Anerkennung für meine Leistung. Es ist ein wirklich tolles Team, in dem ich arbeiten darf. Meine Tage haben eine Struktur, auch wenn mir das frühe Aufstehen für die Schultage in Bamberg immer noch nicht leichtfällt. Mein Leben hat einen Sinn. Nicht alle meine Kollegen im Büro wissen, was ich früher gemacht habe. Mein Chef weiß es. Das hat sich im Zusammenhang mit der Schule einfach so ergeben. Er hat inzwischen auch das Urteil über die Verurteilung des Täters gelesen.

Die nächsten beiden Jahre läuft es immer besser. Ich habe nur noch einen Tag in der Woche Schule. Und ich entwickle mich zur Klassenbesten. Damit hätte wohl niemand gerechnet, am wenigsten ich. So groß waren meine Lücken, als ich hier angefangen habe. Dann wählen mich meine Mitschüler sogar zur Klassensprecherin. Und damit tun sie mir einen viel größeren Gefallen, als sie vielleicht ahnen: Für meine Klasse muss ich auch schon mal streiten, mich mit Lehrern auseinandersetzen. Das stärkt mein Selbstbewusstsein. Ich werde langsam ein ganz anderer Mensch.

Am 18. Juli 2018 bekomme ich eine Auszeichnung, die mich unheimlich freut: den Staatspreis der Oberfränkischen Regierung für den hervorragenden Abschluss der Berufsschule. Ich bin jetzt Steuerfachangestellte und werde von meinem Chef nach der Ausbildung übernommen. Meine Eltern, mein Chef, meine Klassenleiterin und meine alte Lehrerin Mrs. Miller, sie alle freuen sich mit mir über diese Anerkennung.

Unsere Familie ist wieder eine richtige Familie geworden. Wir haben die schreckliche Zeit gut überwunden und wieder zueinander gefunden.

Gespräch mit der forensischen Psychiaterin Dr. Nahlah Saimeh

Dr. Nahlah Saimeh ist forensische Psychiaterin, eine Koryphäe und sehr gefragte Gutachterin bei Gericht, zuletzt im Mordfall von Höxter. Dr. Saimeh hat viele Jahre als ärztliche Direktorin die nordrhein-westfälische Landesklinik für Forensische Psychiatrie geleitet. Sie kennt alle Facetten menschlichen Handelns, alle Abgründe und Taten, zu denen Menschen fähig sind. Für sie stellt sich immer die Frage nach dem Warum. Sie kennt die Vorgehensweisen von Psychopathen und erklärt, wie Loverboys funktionieren, wie sie ihre Opfer finden und warum es für diese Opfer kein Entrinnen gibt.

Barbara Schmid: *Die Leser des Buches werden sich fragen: Warum ist die Frau nicht abgehauen? Sie war nicht eingesperrt, er hat sie ausgebeutet und mehrfach fast totgeschlagen. Warum ist sie geblieben?*

Dr. Saimeh: Das ist der klassische Fall eines Loverboys, nur, dass es hier nicht, wie sonst üblich, um einen jungen Mann geht. Loverboys haben ein hochmanipulatives Konzept. Es entsteht zwischen Tätern und Opfern eine pathologische Hörigkeit. Der Täter befriedigt zum Schein sehr tief liegende Bedürfnisse des Mädchens nach Liebe, Akzeptanz und Nähe. Diese Bedürfnisse sind häufig seit der Kindheit unbefriedigt. Der Mann beginnt mit ihr eine sehr romantisch geprägte Beziehung. Und dann schnappt die Falle zu. Danach entwickelt sich eine Misshandlungsdynamik, und das Denken der Frau wird manipuliert, sodass sie glaubt, selbst schuld zu sein, wenn sie bestraft wird.

Barbara Schmid: Das Opfer beschreibt, dass er sie programmiert hätte wie einen Computer …

Dr. Saimeh: … das ist die hohe manipulative Kunst des Loverboys. Die betroffene Frau, das Mädchen wird aus ihren sozialen Bezügen komplett herausgeschält. Die Person muss vollständig isoliert werden von ihrer Familie und dem Freundeskreis. Weil man sie dann gänzlich in die Hand bekommt und es keine äußeren Störungen mehr gibt. Durch diese soziale Isolation wird der Täter zur einzigen Bezugsperson. Das ganze Bedürfnis auf soziale Begegnung wird nur noch auf ihn konzentriert. Dadurch bekommt er eine besondere Machtstellung.

Barbara Schmid: Katharina konnte gar nicht gehen?

Dr. Saimeh: Sie konnte nicht gehen. Das ist die Kunst der Manipulation. Man bringt jemanden so weit, dass er bleibt, selbst wenn er gehen könnte. Die Fesselung ist keine äußere, sondern eine innere.

Barbara Schmid: Wie ein unsichtbares Gefängnis?

Dr. Saimeh: Das Gefängnis ist im Kopf. Es wird getriggert durch Angst. Damit sich die Person sagt: Ich trau mich nicht wegzulaufen, dann schlägt er mich tot. Es ist ein Wechselspiel aus vorgespielter Nähe, vorgespielter Zärtlichkeit auf der einen Seite und Bestrafung auf der anderen Seite. Dabei wird immer das Gefühl vorgetäuscht, eigentlich einen liebenden Partner zu haben, auf den man natürlich nicht verzichten will. Weil man ohne ihn ja hilflos ist. Und wenn es nicht gut läuft, dann liegt es an den Frauen, weil sie den Leistungsanforderungen nicht entsprochen haben.

Barbara Schmid: *Was für Leistungsanforderungen?*

Dr. Saimeh: Das eben so und so viele Freier am Tag zu bedienen sind. Dann gibt es natürlich Tage, an denen weniger Männer da waren. Und dann wird das als Versagen dargestellt. »Ich hab doch gesagt, du sollst 15 Freier am Tag schaffen, heute sind es aber nur 13. Wieso denn heute nur 13? Gestern ging es doch auch. Warum heute nicht?« Dann wird der Person eingeredet, sie hätte versagt. Sie hätte die Leistungsanforderungen nicht erfüllt und wäre nicht loyal.

Barbara Schmid: *Bei Katharina ging es einmal darum, dass sie hinter seinem Rücken ein bisschen Geld für sich behalten hat. Er hat ihr dann vorgeworfen, die gemeinsame Zukunft zu gefährden, er würde schließlich alles Geld für den gemeinsamen Reitstall anlegen …*

Dr. Saimeh: Das sind die typischen Verhaltensmuster.

Barbara Schmid: *Jeder Mensch hat doch einen Selbsterhaltungstrieb – warum hat der bei Katharina versagt? Sie war mehrmals überzeugt, dass sie sterben würde, sie war schwerst leberkrank und physisch wie psychisch am Ende.*

Dr. Saimeh: Die Macht des Täters ist so groß, dass die Frauen auch schwere gesundheitliche Schäden in Kauf nehmen und sich irgendwie durchkämpfen. Sozusagen durchhalten um der Beziehung und des Täters willen.

Barbara Schmid: *Katharina verliebte sich in den Mann, der älter war als ihr Vater. Ein Hallodri, das genaue Gegenteil zu ihrem erfolgreichen, hart arbeitenden Vater. Welche Rolle spielte das? War das vielleicht auch eine Form des Protests?*

Dr. Saimeh: Ich glaube, es spielt eine Rolle, ob sie sich vom eigenen Vater in irgendeiner Weise nicht hinreichend angenommen gefühlt hat. Wenn ein Vater sehr viel arbeitet und folglich sehr viel Zeit mit seiner Arbeit verbringt, könnte man sagen: »Dann bin ich ihm ja nicht so wichtig.« Das muss gar nicht so sein, aber es war ihre subjektive Empfindung. Pubertät ist eine sehr verwundbare Phase, eine sehr schwierige Phase, in der es wichtig ist, Anerkennung zu bekommen. Wie sind die Eltern, wie ist der Vater damit umgegangen, dass sich dieses Kind in eine junge Frau verändert hat? Und da grätscht jetzt dieser ältere Typ rein, der auch ihr Vater sein könnte und der als reifer Mann sie als junge Frau begehrt. Sie wird von ihm nicht als Kind behandelt, sondern plötzlich in ihrem Frausein angesprochen, was ja für junge Mädchen/Frauen in der Phase der Postpubertät, der Adoleszenz, auch eine große narzisstische Gratifikation ist.

Barbara Schmid: *Wir haben gerade darüber gesprochen, warum Katharina nicht wegkonnte von ihm. Weil sie glaubte, niemand anderen zu haben. Das änderte sich aber mit den Jahren. Sie hatte wieder Kontakt zu ihrer Familie, wurde vom Täter sogar zu Familiengeburtstagen gefahren. Sie hatte doch dann eine Alternative – und ist trotzdem wieder zu ihrem Peiniger zurückgegangen. Warum?*

Dr. Saimeh: Ihre Loyalität war ganz auf seiner Seite, die Beziehung zur Familie konfliktbeladen. So kann er es sich leisten, sie etwa zum Geburtstag des Vaters dahin zu bringen. Die Familie kann nicht gegen die von ihm vorgegaukelte Beziehung ankommen. Das ist wieder dieses innere Gefängnis.

Barbara Schmid: *Ist das denn auch die Erklärung dafür, dass diese intelligente Frau über elf Jahre immer an die Lügengeschichte vom eigenen Reitstall geglaubt hat?*

Dr. Saimeh: Ja, weil es im Grunde ihr eigenes Bedürfnis war. Diese Frauen sind gefangen in ihrer eigenen unerfüllten Bedürftigkeit. Und das hat nichts mit Intelligenz zu tun. Sie müssen einmal dieser Person ein Honeymoon-Erlebnis verschaffen, einen kleinen Einblick ins Paradies geben. Und es gibt immer das Versprechen, dass die Pforte wieder aufgeht, wenn man sich an die Vorgaben hält. Und es wird immer die gemeinsame Fantasie aufrechterhalten, ein großes Ziel, wofür es sich lohnt, zu kämpfen und durchzuhalten. Das ist wichtig.

Barbara Schmid: *Und wie passen die Misshandlungen ins Bild?*

Dr. Saimeh: Man fragt sich natürlich: Warum behandelt man seine wertvolle Mitarbeiterin so schlecht, es geht ja um viel Geld? Das ist Teil dieses manipulativen Konstrukts, um die Hörigkeit zu verstärken.

Barbara Schmid: *Hat der hohe Alkoholkonsum eine Rolle gespielt?*

Dr. Saimeh: Alkohol- und Drogenkonsum sind ein großes Problem bei Frauen, die sich prostituieren. Weil sie auf der einen Seite etwas tun, was sie nicht wollen. Auch das ist im Übrigen ein Loyalitätstest. Einer Frau zu sagen »Würdest du mir den Wagen waschen?« ist kein Loyalitätstest. Das kann man tun. Aber eine Frau, die nicht primär als Prostituierte arbeiten will, auf den Strich zu schicken, sie dazu zu bringen, das zu tun, ist ein echter Loyalitätstest. Sie tut etwas, was sie nicht will und was sie als abstoßend empfindet. Da ist Alkohol ein Konflikt- und Problemlöser, der hilft, Spannungen und Depressionen zu lösen. Verbunden mit einer manifesten Suchtgefahr.

Barbara Schmid: *Spielte es eine Rolle, dass der Täter Katharina in so jungen Jahren in seine Gewalt bekam? Dass sie, wie das Gericht meinte, gar keine eigene Persönlichkeit entwickeln konnte?*

Dr. Saimeh: Also, ich habe keine Statistiken über die ganze Loverboy-Szene. Aber häufig sind es sehr junge Frauen, weil die in einer biografisch besonders anfälligen Phase sind, in der sie auch in ihrer eigenen Selbstwertrepräsentanz stark auf externen Zuspruch reagieren. Junge Menschen in der Pubertät, in der Adoleszenz, fühlen sich häufig von den Älteren unverstanden. Und da kommt jetzt jemand, der sagt: »Ich sehe das auch so wie du.« Das ist das Wir-Gefühl, das auf der Seite des Elternhauses gerade wegbricht.

Barbara Schmid: *Gibt es Menschen, die besonders gefährdet sind, in eine solche Abhängigkeit/Hörigkeit zu geraten?*

Dr. Saimeh: Eine Borderline-Persönlichkeitsstruktur etwa, weil das Selbstbild so instabil ist. Da haben sie mehrere Aspekte, die das ideale Opfer für Loverboys ausmachen. Sie haben die Neigung zum selbstschädigenden Verhalten; Prostitution ist ein selbstschädigendes Verhalten bei Frauen, die sich nicht prostituieren wollen. Es gibt eine Anfälligkeit für eine sehr intensive Wahrnehmung von Emotionen, die nicht gehalten werden können. Das ist ein ständiges Kippen. Auf der einen Seite ist jemand sehr, sehr labil, während der andere als psychopathischer Täter eine hohe Stabilität hat …

Barbara Schmid: … und sehr genau weiß, was er will.

Dr. Saimeh: So ist es. Die anderen gefährdeten Personen sind sehr abhängige Menschen, die per se ein ganz, ganz hohes Bedürfnis nach unverbrüchlicher Beziehung haben. Wo die Unverbrüchlichkeit der Beziehung wichtiger ist als die Beziehung selbst. Die sich ohne eine Beziehung als hilflos ansehen. Und die eine Orientierung an einer starken Schulter brauchen, die ein großes Anlehnungsbedürfnis haben und grundsätzlich auch bereit sind, ihre eigenen Bedürfnisse hintanzustellen und den Bedürfnissen des anderen mehr Raum zu geben. Das Motto ist: Was du willst, das will ich auch. Darüber wird Gemeinsamkeit hergestellt, wird die Illusion geschaffen, es wird Gemeinsamkeit geben.

Barbara Schmid: Spielt Gewalterfahrung dabei eine Rolle?

Dr. Saimeh: Das kann es. Gewalterfahrung in der Familie führt immer dazu, dass ein negatives Selbstwertgefühl erzeugt wird. Weil Sicherheit verloren geht und ein Gefühl entsteht: »Ich habe das irgendwie auch verdient.« Es unterminiert den Selbstwert. Und der Trick des Loverboys ist immer, am Selbstwertgefühl des anderen anzudocken. Das ist sozusagen seine Kopplungsstelle. Wenn es dann nachher in Gewalttätigkeiten umschlägt, dann hat es aus der Tätersicht den Vorteil, dass der andere sowieso schon gewalterfahren ist. Es gibt Frauen, für die sind Schläge normal, die für mich den Tatbestand der schweren Körperverletzung erfüllen. Mit der Misshandlung knüpft der Täter an die Handlungsschablone an, die das Opfer schon aus der Kindheit kennt. Das war zu Hause so und jetzt dieser Mann, der mich so liebt, der sich so vergisst, weil ich ihn so reize, dass er mich schlägt. Das liegt eben doch an mir. Da spielen Gewalterfahrungen aus der Kindheit schon eine begünstigende Rolle.

Barbara Schmid: *Katharina stammt aus einer ziemlich prüden Familie, da war es doch eigentlich unvorstellbar, dass sie einmal auf dem Strich landen würde, oder?*

Dr. Saimeh: Genau das Gegenteil ist richtig, weil in einer sehr prüden Familie auch das Thema der erwachenden Sexualität ein Problem ist. Wenn ich schon bei einer Kussszene im öffentlich-rechtlichen Fernsehen umschalte, dann bleibt in einem solchen Setting nicht viel Raum für eine sich entwickelnde junge Frau. Die Sexualität und die sexuellen Bedürfnisse werden tabuisiert. Es gibt ja Familien, da kann man nicht reifen und bleibt immer das 13-jährige Mädchen. Und jetzt kommt jemand von außen, der genau darein stört, der genau das erkennt. Das ist der Trigger-Faktor für die Ablösung vom Elternhaus.

Barbara Schmid: *Katharina hat den Täter noch lange nach der Gerichtsverhandlung geliebt, vielleicht tut sie es in einer Ecke ihres Herzens noch heute. Wie kann das sein, nach allem, was er ihr angetan hat?*

Dr. Saimeh: Wir sagen: Er hat sie 50-mal verprügelt, 20-mal vergewaltigt und ihr mehrere hunderttausend Euro abgenommen. Das sind rationale Argumente. Hier aber haben wir es mit der emotionalen Ebene zu tun. Mit der Rückerinnerung an schöne Zeiten, und es gibt keinen anderen, der ihr parallel dazu dieses Gefühl geben kann. Es bleibt ihr ja nur die Erinnerung an ihn. Und sie kann das Alleinsein nicht ertragen, das ist noch angstbesetzter.

Barbara Schmid: *Hatte Katharinas Familie jemals eine Chance, das alles zu verhindern?*

Dr. Saimeh: Das ist wirklich schwer zu sagen. Am ehesten geht es, wenn man sehr früh eine außenstehende Person einbindet, nicht die

Eltern selber. Weil die Beziehung zu den Eltern ja bereits durch ein gewisses ungestilltes Bedürfnis gekennzeichnet ist. Ich glaube, wenn, dann muss man sehr, sehr früh intervenieren. Es gibt eine heikle Phase, nach der es kaum noch eine Herauslösung gibt.

***Barbara Schmid:** Lassen Sie uns über den Täter sprechen. Was ist das für ein Mensch, der ein junges Mädchen gezielt aussucht und dann mit einer ungeheuren Brutalität ausbeutet?*

Dr. Saimeh: Das sind ausgesprochen antisoziale psychopathische Täter. Psychopathie ist ein Merkmalskonstrukt aus Narzissmus, Antisozialität, einem manipulativen Interaktionsstil. Das Kennzeichen eines Psychopathen ist ein oberflächlicher Charme, das sind Leute, die sind nicht wirklich charmant, aber sie erscheinen charmant, sind im Auftreten sehr wendig, sehr eloquent. Sie können andere Leute unglaublich umgarnen, können total nett sein. Sie haben ein gewisses Charisma für bestimmte Leute. Diese Art von psychopathischem Charisma wird von Laien nicht erkannt. Das ist etwas, was auch gebildete Leute nicht erkennen.

***Barbara Schmid:** Das erklärt auch, wie er alle auf dem Reitstall täuschen konnte. Da verkehrten Ärzte, der Apotheker, die sogenannte bessere Gesellschaft. Er hat alle getäuscht.*

Dr. Saimeh: Ja, so läuft das. Von Jack Unterweger, das ist nur kein Loverboy, sondern ein Frauenmörder, war bekannt, dass er die Society von Wien begeistert hat. Psychopathen sind hochgradig manipulativ, sie arbeiten konsequent mit Lügen. Sie lügen, dass sich die Balken biegen, sind nie um eine Ausrede verlegen. Und sie geben nichts von sich preis. Das ist so wie Auto fahren bei dichtem Nebel, da sehen Sie nichts. Psychopathen haben einen ausgesprochen ausbeuterischen

Interaktionsstil. Das Ausbeuten eines anderen Menschen ist für sie völlig normal. Dieser ausbeuterische, parasitäre Lebensstil ist ein Kennzeichen eines professionellen Zuhälters.

Barbara Schmid: *Und kein Mitleid mit ihren Opfern?*

Dr. Saimeh: Kein Mitleid. Es gibt eine völlige Empathielosigkeit. Im Grunde ist die Kernüberzeugung: Die Frau ist so doof, wenn die so doof ist, dann muss sie das tun. Man verprügelt sie und dann winselt sie um einen herum und läuft eben nicht weg. Dann muss man sich als Psychopath sagen: »Die kann ich zusammenhauen, wie ich will, die merkt das nicht mal. Also, wer so doof ist, dem kann ich auch nicht helfen.« Ganz menschenverachtend, empathielos, das ist der Beziehungsstil. Prostitution ist ein sehr einträgliches Geschäft für den Zuhälter. Dadurch befriedigt er auch sein eigenes narzisstisches Bedürfnis, wie er es nie mit einer anderen Arbeit gekonnt hätte.

Barbara Schmid: *Kommt das auf Reitställen häufig vor?*

Dr. Saimeh: Vielleicht ist der Reitlehrer etwas, das ähnlich funktioniert wie der Turnlehrer oder der Skilehrer. Es geht um Körperlichkeit. Jemanden festhalten, am Schenkel berühren, an der Taille anfassen … dadurch kann man sich rantasten. Was geht und was nicht geht. Und man teilt die gemeinsame Begeisterung. Das ist wichtig für die erste soziale Interaktion. Eine gemeinsame Begeisterung zu haben. »Boah, der andere freut sich so authentisch mit mir! Vati kommt nicht zum Springreiten, weil er arbeiten muss. Aber mein Reitlehrer, der freut sich immer so sehr mit mir.« Das ist alles Manipulation.

Barbara Schmid: *Auf dem Reitstall gab es damals zehn bis 15 junge Mädchen. Hat er sein Opfer gezielt ausgesucht?*

Dr. Saimeh: Wie ein Trüffelschwein! Er weiß genau, welche davon passt und welche nicht. Mit den anderen Mädchen macht er auch nichts.

***Barbara Schmid:** Darum hat Katharinas jüngere Schwester es lange nicht geglaubt, weil er sie und die anderen in Ruhe gelassen hat?*

Dr. Saimeh: Mit den anderen macht er nichts. Da haben Psychopathen ein absolutes Gespür. Sie handeln höchst ökonomisch, haben nichts zu verschwenden.

***Barbara Schmid:** Nach den Prügelorgien hat er Katharina immer wieder versprochen, das würde nie mehr vorkommen, und sie in den Arm genommen und getröstet. Das hat er doch sicher auch getan, um seine Einnahmequelle nicht zu verlieren?*

Dr. Saimeh: Das gehört zum Konzept. Nur prügeln und nicht mehr in den Arm nehmen ist gewagt. Damit machen sie das Opfer abspenstig. Denn es gibt keine Wärme, keine Nähe mehr. Das ist riskant.

***Barbara Schmid:** Er hat Katharina mehrfach vergewaltigt. Hatte das überhaupt etwas mit Sexualität zu tun oder war das reine Machtdemonstration?*

Dr. Saimeh: Macht und Sexualität sind bei diesen Tätern eng verknüpft.

***Barbara Schmid:** Über die Jahre hat sich seine Brutalität und Verachtung gegenüber der Frau immer mehr gesteigert. Hätte das tödlich enden können?*

Dr. Saimeh: Potenziell ja. Bei schwerer Körperverletzung ist es ja häufig pures Glück, dass das Opfer überlebt. Es kann sein, dass jemand so unglücklich fällt, dass er im Rollstuhl landet oder sogar verstirbt. Wenn man häufig etwas tut, dann kann es eben auch sein, dass so etwas schiefgeht. Es gibt keinen Vorsatz bei solchen Tätern, aber es besteht das Risiko.

Barbara Schmid: *Der Täter leugnet bis heute, hält sich für ein unschuldiges Justizopfer …*

Dr. Saimeh: … das gehört ja zur Psychopathie dazu. Das ist völlig normal!

Barbara Schmid: *Vor Gericht hat er, um der drohenden Höchststrafe zu entgehen, einige Taten eingeräumt, wollte sich sogar schriftlich bei Katharina entschuldigen, was aber nie geschehen ist.*

Dr. Saimeh: … wenn Sie jetzt in einem solchen Fall ein Prognosegutachten erstellen müssen, wird der Täter Ihnen sagen: »Ich habe damals Dinge eingeräumt, aber ich wurde massiv unter Druck gesetzt. Das war der Ratschlag meines Anwalts. Das war alles falsch. Da stimmt überhaupt nichts davon. Aber wir haben eine Unrechtsjustiz und ich bin damals dazu genötigt worden.«

Barbara Schmid: *Weiß er wirklich nicht, was er getan hat?*

Dr. Saimeh: Natürlich weiß er, was er getan hat. Aber das geht ja nur ihn etwas an.

Barbara Schmid: *Sie haben in Vorbereitung auf unser Gespräch Gutachten und Gerichtsakten gelesen. Halten Sie ihn weiter für gefährlich?*

Dr. Saimeh: Solche Menschen mit einer sehr hohen Psychopathie haben eine fortgesetzte Neigung zur Kriminalität und eine hohe Wiederholungsgefahr. Die Gefahr, gerade wenn sich jemand überhaupt nicht mit der Tat und dem Unrecht auseinandersetzt, dass er das als Geschäftsmodell wiederholt, es nur etwas geschickter einfädelt, die ist gegeben. Es spielt auch eine Rolle, wie alt er ist, wenn er aus der Haft entlassen wird. Aber die Gefahr, dass er ein neues Betrugsmodell pflegt, ist relativ groß.

Barbara Schmid: Auch gefährlich, was sein Opfer angeht?

Dr. Saimeh: Er hat eine lange Haftstrafe bekommen, die er ihr zu verdanken hat. Das könnte Rachefantasien fördern. Er nimmt ja noch Kontakt auf zu ihr.

Barbara Schmid: Schreibt: »Man sieht sich immer zweimal« …

Dr. Saimeh: Es ist zumindest so, dass er ein Drohszenario aufrechterhält. Ob er das dann wirklich macht, kann ich aus der Ferne nicht beurteilen. Es kann auch sein, dass es für ihn die eigentliche Gaudi ist, einfach den Druck auf der Leitung zu lassen. Und dass es danach kein Interesse mehr gibt. Das kann ich per Ferndiagnose nicht sagen.

Barbara Schmid: Er kommt raus und ist dann über 70 Jahre alt. Wird er dann seine wiedergewonnene Freiheit noch einmal riskieren?

Dr. Saimeh: Da muss man fairerweise sagen, er wird vermutlich sagen: »Das rechnet sich für mich nicht mehr.« Das Entscheidende bei Psychopathen ist: Was rechnet sich für ihn? Wenn es sich mehr lohnt, dass er nicht bei ihr vor der Tür steht, dann steht er nicht dort. Er ist ja nicht blöd. Wenn es sich aber mehr für ihn lohnt, dass er bei ihr vor der Tür steht, dann steht er dort. Es ist immer die Frage, was sich für ihn rechnet.

Barbara Schmid: *Von Katharina ist ja nichts mehr zu holen.*

Dr. Saimeh: Materiell nicht. Aber der Schreck wäre vielleicht nett. Die Angst, die Schrecksekunde, der Test. Es ist eine Kosten-Nutzen-Abwägung, und das ist klassisch für die Psychopathie. Sie wägen strikt nur danach ab, was es ihnen nutzt.

Barbara Schmid: *Kann sich die Frau vor ihm schützen? Was raten Sie ihr?*

Dr. Saimeh: Sie muss sich sofort an die Polizei wenden, wenn er versucht, nach seiner Entlassung Kontakt zu ihr aufzunehmen. Nach meiner Erfahrung bekommen solche Täter Bewährungsauflagen, in denen auch ein absolutes Kontaktverbot zum ehemaligen Opfer verankert ist.

Epilog

Vor sechs Jahren habe ich zum ersten Mal von Katharinas Geschichte gehört. Hier war ein junges Mädchen, ja beinahe noch ein Kind aus gut situierter oberfränkischer Familie in die Fänge eines geldgierigen und skrupellosen Zuhälters geraten. Ein Krimineller, der aus ihr die Nitribitt von Bayreuth machen wollte; nach dem Vorbild der Edelhure aus den 50er-Jahren, die in den besten Kreisen verkehrte – aber niemals für einen Zuhälter gearbeitet hat. Das Einzige, was die beiden Frauen verbindet, ist ein Mercedes SL. Wenngleich Katharina ihren nie fahren durfte, das war ihrem Peiniger vorbehalten. Katharina wurde mit brutaler Gewalt zu einer anderen Art Hure abgerichtet. Sie musste jeden ertragen, der für sie bezahlt hat.

Mich hat ihre Geschichte von Anfang an interessiert, weil sie die Abgründe unserer Gesellschaft und nicht zuletzt auch die Naivität von Politikern im Umgang mit der Prostitution aufzeigt. Katharina wollte, dass ihre Erlebnisse als Buch niedergeschrieben werden, aber sie war anfangs noch weit davon entfernt, mit mir daran arbeiten zu können. Beim zweiten oder dritten Besuch haben wir uns mit ihrem damals behandelnden Psychiater getroffen. Ich wollte sichergehen, dass ihr ein solches Buch nicht schadet. Der Arzt riet uns dazu, sagte, das wäre Katharinas Art, diese schrecklichen Jahre zu verarbeiten und abzuschließen.

Aber es dauerte noch lange, bis wir wirklich mit der Arbeit beginnen konnten. Katharina musste erst eine Schule finden und dann einen Arbeitsplatz. Ich war in Düsseldorf, sie in Bayreuth. Ausgerechnet in der Stadt, in der ihr so viel Leid angetan worden ist. Telefonieren ging jahrelang nicht. Katharina hatte sich im Club so oft am Telefon vor ihrer Mutter verleugnen müssen, dass sie lange nicht in der Lage war, zu telefonieren.

So ein Buch schreibt sich aber nicht per E-Mails, die mit Fragen und Antworten hin- und hergehen. Also habe ich sie ein paar Mal in Bayreuth besucht. Zu mir zu kommen, war ihr nicht möglich. Nachdem sie im Sommer 2018 ihre Ausbildung abgeschlossen und einen Chef gefunden hat, der ihre Geschichte kennt und sie großartig unterstützt, habe ich Katharina in unser Haus nach Italien eingeladen. Die eigentliche Arbeit am Buch sollte in einer Atmosphäre beginnen, die nichts mit ihrer düsteren Vergangenheit zu tun hat. Katharina hat es tatsächlich geschafft, allein in ein Flugzeug zu steigen und sich auf das Wagnis einzulassen, in eine für sie völlig unbekannte Umgebung zu kommen.

Nach außen wirkt sie wie eine ernsthafte junge Frau, die mit beiden Beinen im Leben steht. Tatsächlich ist sie noch lange nicht dort angekommen, sie ist immer noch schwer verletzt und traumatisiert. Bei der Arbeit habe ich eine absolut ehrliche Frau kennengelernt, die nichts beschönigt und alles, auch Peinliches, offenlegt. Auch das Gericht hat sie damals beeindruckt durch ihre schonungslose Ehrlichkeit – und ihr gutes Gedächtnis und die Genauigkeit. Davon haben wir bei diesem Buch wirklich profitiert. Hinzu kam, dass alle Leute, die eine Rolle in dieser Zeit gespielt haben, eine besondere Kommunikationsweise pflegen: Sie schreiben Briefe. Das war ein großer Fundus, auf den ich zurückgreifen konnte.

Die Frau, die einmal Sonja war, hat in den Jahren, in denen ich sie kenne, eine erstaunliche Wandlung vollzogen. Sie ist selbstsicherer geworden und kann inzwischen gut über ihre Gefühle sprechen. Aus der anfänglich noch deutlich spürbaren Distanz zu ihrer Mutter ist ein enges, sehr vertrautes Verhältnis geworden; so wie mit den anderen Familienmitgliedern.

Sie hat mit großer Disziplin ihr Alkoholproblem in den Griff bekommen. Und ich hoffe, sie findet jetzt bald wieder einen Therapeuten, mit dem sie arbeiten kann, der sie versteht und ihr beim Lösen noch vieler offener Probleme zur Seite stehen wird.

Denn ein großes Problem steht ihr noch bevor, oder besser im Weg zu einer hoffentlich glücklichen Zukunft Der Täter kommt voraussichtlich in einigen Monaten frei. Was ist dann? Wird er sich rächen? Denn er behauptet ja immer noch, ein Justizopfer zu sein. Wird er, dann über 70 Jahre alt, einen ruhigen Lebensabend verbringen wollen? Niemand kann uns das sagen.

Bei den Recherchen zu diesem Buch sind mir viele Leute begegnet, die immer noch Angst vor diesem Mann haben. Ich glaube, er weiß sehr genau, was er tut. Und er weiß auch, wenn er sich jetzt noch etwas zuschulden kommen lässt, bekommt er Sicherungsverwahrung und bleibt im Gefängnis bis zum Tod.

Ich habe für dieses Buch mit Prostituierten, Zuhältern und Betreibern von Laufhäusern gesprochen, mich mit Anwältinnen und Anwälten getroffen, die regelmäßig Opfer aus dem Milieu vertreten, und habe mir von Polizisten und Polizistinnen, Staatsanwälten und Richtern ihre Erfahrungen schildern lassen. Freuen sich die einen über großartige Geschäftsbedingungen, plädieren die anderen ganz entschieden für ein Verbot der Prostitution in Deutschland.

Heute weiß ich: Katharina steht stellvertretend für Zehntausende, eher Hunderttausende Frauen und Mädchen, die in Deutschland tagtäglich brutal ausgebeutet werden, weil wir eines der liberalsten Prostitutionsgesetze weltweit haben. Das EU-Parlament hat 2014 Deutschland aufgefordert, Gesetze gegen die Prostitution zu erlassen, weil selbst einvernehmlicher käuflicher Sex die Menschenrechte und die Würde des Menschen verletzt. Das Parlament forderte alle Mitgliedsstaaten auf, strengere Regeln gegen die Prostitution zu erlassen, nach dem Vorbild der nordischen Länder. In Schweden ist Prostitution seit 1999 verboten, bestraft werden die Freier und nicht die Frauen. Ganz verschwunden ist das Geschäft mit dem Sex auch dort nicht, Insider gehen aber davon aus, dass im Verborgenen erheblich weniger Frauen ausgebeutet werden als zuvor. In Schweden wächst seither eine Generation von jungen Männern auf, für die es nicht mehr selbstverständlich ist, sich eine Frau zu kaufen. Sie wissen, Sex gegen Geld ist illegal und wird hart bestraft. Es kam keineswegs zu einem Anstieg von Vergewaltigungen, wie es Befürworter der liberalen Prostitution in Deutschland gerne ins Feld führen. Norwegen, Litauen, Irland, Island und Frankreich sind dem schwedischen Modell gefolgt. Deutschland nicht. Weil man dort noch an das Bild der selbstbestimmten Sexarbeiterinnen glaubt.

Statt die Prostitution zu verbieten gilt seit Sommer 2017 in Deutschland ein sogenanntes Prostituiertenschutzgesetz. Nach Ansicht von Experten werden dadurch Frauen nur noch mehr in die Illegalität gedrängt, weil sie sich nicht offiziell anmelden und auch nicht zur jährlichen Gesundheitsberatung gehen wollen. Ein Gutachten der nordrhein-westfälischen Landesregierung kommt zu dem Ergebnis: Das Ziel, alle Sexarbeiterinnen vor ausbeuterischen Strukturen zu schützen, wurde nicht erreicht.

Prostitution ist der gefährlichste Beruf für Frauen. Die Sterblichkeitsrate durch Alkohol, harte Drogen, Mord und Selbstmord ist bis zu 40-mal höher als im Durchschnitt. Fast alle Frauen in diesem Milieu erleben Gewalt. Auch Katharina hat das nur knapp überlebt.

Es wäre schön, wenn dieses Buch einen Anstoß zu einer neuen Diskussion über die Prostitutionsgesetzgebung in Deutschland geben könnte. Katharina gibt all diesen Unsichtbaren und Ausgebeuteten, die nicht für sich sprechen können, eine Stimme. Und vielleicht bringt ihre elfjährige Leidensgeschichte auch diejenigen zum Nachdenken, die immer noch an die Mär von der selbstbestimmten Sexarbeiterin glauben.

Barbara Schmid, Düsseldorf im Februar 2020

Danksagung

Gemeinsam mit Barbara Schmid dieses Buch zu schreiben war eine sehr aufregende und auch anstrengende Zeit für mich. Es hat noch einmal viel Kraft gekostet und eines ist mir aus den unzähligen Gesprächen, die wir geführt haben, wirklich klar geworden: Hätte ich (damals wie heute) nicht so starke Persönlichkeiten an meiner Seite gehabt, die unermüdlich um mich gekämpft haben, hätte ich dieses Martyrium nicht überlebt. Daher möchte ich die letzte Seite in diesem Buch nutzen, um all den Menschen, die mich auf meinem Weg begleitet haben, aus tiefstem Herzen zu danken.

Mein besonderer Dank gilt meiner Schwester, die zur Polizei gegangen ist, um mich aus meinem Elend befreien zu können. Die damals, im Jahr 2011, einen Pflegefall bei sich aufgenommen und sich völlig selbstlos und aufopfernd um mich gekümmert hat.

Auch möchte ich meinen Eltern danken, die mich nie aufgegeben haben und sich auch heute noch rührend um mich kümmern. Es tut mir leid, dass ich euch so viel Kummer bereitet habe!

Des Weiteren möchte ich meinen beiden Brüdern und deren Familien danken.

Ein Dankeschön auch an meinen Schwager, an die damals ermittelnden Kripobeamten, an die Taxifahrer, an meine »alte« Lehrerin, an meine Lehrer auf der BOS Bayreuth, an meine Klassenleiterin der Berufsschule in Bamberg, an meine damaligen Schulfreunde, an meinen Chef und meine Kolleginnen im Büro, an Professor Wagner, an Frau Hofmann von Solwodi, an meine damals behandelnden Ärzte und Psychotherapeuten, an die Stiftung Opferhilfe Bayern und an alle die lieben Menschen, die mich auch heute noch durchs Leben begleiten.